蓮實重彦

ショットとは何か
実践編

講 談 社

ショットとは何か　実践編

目次

à Chantal

序章

まがいものとして

『殺し屋ネルソン』

『殺し屋ネルソン』——あるいはこの上なく不自然な自然さについて

『殺し屋ネルソン』（1957）の主演俳優ミッキー・ルーニーは、いかにして「殺し屋」となるのか。より正確を期するなら、一九三〇年代には人気絶頂のMGMの子役スターだったこの役者は、ハリウッド退潮期ともいうべき一九五〇年代の中期にいきなりレスター・M・ギリスという名の囚人としてドン・シーゲルの作品に登場し、牢獄をあとにする瞬間に改めて悪の道へと誘いこまれ、残忍さで知られるBabyface Nelsonと呼ばれることになるのだが、それはいったいどのようにしてかと問いなおすべきかもしれぬ。もっとも、その問いは、間違ってもそうなることの説話論的な必然を詳《つまび》らかにすることではない。いかなる瞬間に、どのようなショットの連鎖がそれを導きだしているか、そのフィルム的な現実を身をもって受けとめることがここでの問題だからである。

とはいえ、作品が始まる以前に、いかなる情報を観客が享受していたかを見ておかねばなるまい。この作品と触れあったばかりの者が最初に目にするのは、地味な壁紙のような下地に浮きあがるユナイテッド・アーチスツという製作会社のロゴであり、それに続いて「これはFBIの対犯罪活動とその勇気ある犠牲者たちに捧げられた映画だ、云々……」というもっともらしい言葉が文字として流れ、およそ人称性を欠いた声がラジオのニュースのような単調さで読みあげてゆく。そこに述べられている言葉のあっけらかんとした白々しさは、いうまでもなく、凶悪犯罪を詳細に描いたこの作品を正当化するためのあからさまな口実にすぎない。この作品が撮られた一九五七年には、いまだ「ヘイズ法」と俗称される映画製作コードが現存しており、そこでは、犯罪者に対して観客の共感を引き出すような描写はいっさい禁じられていたのである。

クレジットに先だつこのテクストは文字として書かれ、かつ読みあげられてもいるが、それがいったん終わると、画面には1933という数字が白く浮きあがるといきなり拡大され、それに続いて、「これはジャズとオンボロ車と禁酒法、それに暗躍する犯罪者どもの時代の再現である」という文字が画面に流れ、また同じ声がそう告げてもいる。そしていよいよ画面に現実の風景が描き出されることになるのだが、それもまたおよそ人称性を欠いたどことも知れぬ都会のビル群であり、この作品のためにわざわざ撮られたものというより、ストック・ショットの活用であるかに見えさえする。そのとき、若者たちの誰もが生きることの困難に直面していた不況時代が作品の背景にほかならぬことを、あいかわらず同じ声が観客に告げている。そして画面には監獄の内部が映し出され、それがその閉ざされた獄内の庭の光景へと移る頃、「そうした若者たちは刑期を終えて娑婆にもどることになるが、保護観察官の信頼が悲劇的に裏切られることもある」という語句でそのコメンタリーは終わりを告げる。

その瞬間から、映画は、いきなり人称性が濃厚に漂う画面となる。実際、大きな汚れが目だつ日当たりのよいコンクリートの地面をスーツケースを下げて歩く小柄な男の後ろ姿が俯瞰ぎみに映し出されるのだが、看守が見まもっている彼の前では踏切のような長い柵がゆっくりと持ち挙げられ、正面の扉も開かれる。キャメラは無言のままのその男を背後から捉え続けているかと思うと、こんどは牢獄の正面の門から出てくるその無言の男をこれまたやや俯瞰ぎみに正面から写し、画面の右手へと男が歩き出そうとするときBaby Face Nelsonという原題が大きく掲げられ、「主演　ミッキー・ルーニー」Starring Mickey Rooneyという文字がそれに続くのだが、見るものはその活字の大きさに思わず度肝を抜かれる。製作者名はいうまでもなく、監督の名前さえまだ明らかにはされていないのに、この主演俳優と題名とを告げる文字の均衡を逸したまでの大きさは、いったい何を告げているのか。その問いを正当化するかのようにいきなりジャズの旋律が高まり、その小柄な男の名前がレスター・M・ギリスであることが告げられる。

無言のままのレスター＝ルーニーは、牢獄の頑丈な扉とその外部の生け垣に沿って画面の右側へと歩き始める。それに続くショットでキャメラは同じ軸で歩行を続けるその人物により接近し、その行く手に大きな黒い車が待機しているさまをとらえる。車のハンドルを握っている男が乗れと促すと、立ち止まったレスター＝ルーニーは、俺の出所をどうして知っていたのかと訝りの言葉を口にする。そんなことよりまあ乗れと改めて勧められ、彼は黙って車の先端部をゆっくりと横切るのだが、キャメラはその動作をごく自然なパンで追う。その被写体である出獄者は、開かれていた窓からスーツケースを車内に放り込むと、助手席のドアーを開いて車内に姿を消し、窓から左手で扉を閉じようとする。

まさしくその瞬間、同軸に据えられたキャメラはそうと気づかれぬままより遠ざかった距離から車の全体像を構図に収め、その距離の異なる二つのショットの連鎖が扉を閉めるという動作を完結させることで、「発車」という運動をフィルムの全域に伝播させることになる。すなわち、

『殺し屋ネルソン』(上下とも)

自分を迎えに来た理由をも詳らかにすることなく、レスター＝ルーニーは見も知らぬ男の運転する自動車に乗り込むのだが、ドアーに手を触れるという動作の反復とは見えぬ確かな反復によって、映画はその後の運動をみずからのものとしてフィルムの全域に装塡することになる。『殺し屋ネルソン』は、かくして、そのショットの連鎖の不自然なまでの自然さによって、まぎれもない犯罪活劇となる。

もっとも、車の扉を閉めるという動作を同じ軸からの距離の異なる二つのショットの連鎖で捉えるという技法は、一般にカッティング・イン・アクション、もしくはオン・アクションとも呼ばれ、ショットの連鎖を連鎖とは感じさせず、あたかもそれがひとつの運動であるかのように見せるというハリウッド伝来の古典的な編集によるものにほかならず、いささかも独創的なものとはいえまい。それは、同じ動作が異なるショットで反復され、どちらかといえば不自然なやりかたで扉を閉めるという印象をごく自然にフィルムに導入するという絡繰《からく》りにほかならず、その源流をたどればデイヴィッド・ウォーク・グリフィスに辿りつくという、むしろ伝統的な手法なのである。WBでながらく編集者として修業をつんだドン・シーゲルならではの——彼はその撮影所をクビになっているが——きわめて手際のよい手腕だといってもよい。

だが、ここでの車の発進という運動にとって、そのショットの連鎖は決定的である。誰とも知れぬ存在がさし向けた自動車に乗り込むという身振りそのものが、レスター＝ルーニーをして、やがてそのガールフレンド——あるいはその情婦——であるキャロリン・ジョーンズの役名ネルソンを名乗らせ、涼しい顔で悪事を働くことになるからだ。

それに続くのは、発車した車を正面から捉えたスクリーン・プロセスによるショットであり、

『殺し屋ネルソン』

獄中で品行方正を気どっていたからの出獄ではなく、運転手のボスであるロッカなる人物の差し金であることが知られるのだが、もちろん、そのとき、ボスの姿はまだ登場していない。車は、何やら大きな工場のような巨大で無機質的な建物の奥から姿を見せ、その瞬間から Co-starring としてキャロリン・ジョーンズやサー・セドリック・ハードウィック、さらにはレオ・ゴードン等々といった名前が示され、featuring としてテッド・デ・コルシア、エライシャ・クック Jr. などなど、名だたる助演俳優たちのそれが続く。

さらに、その建物の外壁に沿った長い階段を登って行くレスター＝ルーニーと運転手が示され、大きな外壁ぞいの回廊にそって二人は内部へと入って行く。こんどは、途方もない数のスロット・マシーンが作られている工場——おそらくは秘密の——の内部に据えられたキャメラが、アル・ジンバリストという製作者名とドン・シーゲルという監督名を画面に浮きあがらせる。騒然とした大きな工場空間を横切る二人は、どうやら社長室めいた部屋へと入って行くのだが、そこでは運転手のボスらしいロッカなる人物、すなわちテッド・デ・コルシアが、優雅なスーツ姿で誰とも知れぬ白いシャツを身にまとった男と机を挟み、どうやらポーカーに興じている。

入ってきた小柄なミッキー・ルーニーをかたわらに待たせてロッカが最後のカードを切ると、どうやら相手の勝ちが決まったようだ。すぐに胸もとのポケットから財布を取り出して出所したばかりの彼にいくばくかのドル札を手渡そうとするが、何を思ってか勝った相手にはあとで払うと言って財布を胸もとに仕舞おうとする。

その瞬間、同軸のキャメラが被写体に接近するのだが、ロッカが胸の内ポケットに財布を隠す身振りは滑らかに反復されている。つまり、先ほど乗車した車のドアーを左手で閉めようとしたレスター＝ルーニーの場合と同様に、ここでの親分もまた、左手でその財布を右の内ポケットに収める仕草を、連鎖する二つのショットで反復しているのである。それが、同軸のカッティング・イン・アクションというこの上なく不自然な自然さであることはいうまでもない。ごく自然に立ちあがるロッカは、レスター＝ルーニーの肩に手を掛け、お前さんがすべき仕事を説明しようと社長室をあとにする。その直後、監獄の門の脇に止まっていたのと同じ走行中の車が示され、すぐさま内部の二人の表情が交互に示されることになるのだから、ここでもまた、財布を内ポケットに入れるという動作の反復が車の「走行」を導きだしているのは明白である。では、なぜ、車の走行なのか。

ドン・シーゲルはその自伝 *A Siegel Film*（Faber & Faber, 1993）の『殺し屋ネルソン』の章で、製作者のジンバリストからその企画を告げられたとき、Babyface Nelson という名のギャングについて自分は何も知らなかったと記している。そこであれこれ調査を行ったというのだが、いずれにせよ、ほどなく禁酒法が廃止される一九三三年という時期こそが重要だとの結論に達したので、製作者が用意した一九四〇年代の車など無意味だから、一九三〇年代の車をぜひとも調達してほしいと要求したと書かれている（p.199）。それが叶ったので撮影が始まったというのだから、冒頭から登場する一九三〇年代の自動車への乗降が深い意味を持つのはいうまでもない。

もちろん、この作品の魅力は車のショットに限られているわけではなく、レスター＝ルーニーと再会したばかりの情婦ネルソンとの密室での短いがごく濃密なラブシーン、再逮捕された彼を田舎の駅で待ち伏せる彼女とレスター＝ルーニーとの息の合った振る舞いによる唐突な警官殴打、また負傷した彼を治療するいかがわしい医師セドリック・ハードウィックの振る舞い——何かにつけてキャロリン・ジョーンズの腰に手を当ててレスター＝ルーニーを苛立たせる——等々、見るべきシーンは点在しているのだが、ここでは、冒頭に位置する時代ものの自動車と彼との関係を見ておくこととする。

そこで、大きな工場のオフィスでポーカーに負けたロッカが財布を内ポケットに仕舞う動作を契機としたカッティング・イン・アクションで近づいた二人の人物が走行中の車内で交わす言葉を見てみると、彼らの表情がときにクローズアップで示されたりしながら、ストを指揮している組合の指導者を始末せよといわれ、そのための消音銃まで渡されたレスター＝ルーニーがそれを拒否すると、では別の仕事をやるからと笑いながらいうロッカは、すでに相手を牢獄に送り返す算段を模索している。だが、そのことに気づいてはいない出所者は、ロッカに指示されたホテルでひとまず休憩すべく、そのホテルの前で車を降りることになる。その画面の連鎖がまた秀逸であることを指摘しておかねばならぬ。

まず、都市の雑踏を遥かに捉えたかなりの距離からの俯瞰ショットが示される。画面の向って左手に位置しているホテル前に滑りこんで来て停車する黒々とした自動車を中心に据えたその全景は、すぐさま車から降りたレスター＝ルーニーを手前に据えた近くからの画面に切りかえられる。スーツケースを中から受け取った彼は、手渡された数枚のドル札を受け取り、ここでは俺のいうことなら何でも叶えてくれるというロッカの言葉を聞き流し、車から離れる。その瞬間、画面は冒頭の俯瞰ショットに切りかえられ、発車する自動車とそこから離れるレスター＝ルーニーを小さな人物像として示す。これは、同じ軸のキャメラによるものではないが、そこに捉えられ

『殺し屋ネルソン』

ている行動はまぎれもなく繋がっている。

ここで、見ているものは新たな事態に直面する。車を降りること、それはこの作品において危険きわまりない振る舞いであるというのがそれである。実際、このとき、ロッカから依頼された殺人はほかの者によって実行されることになっており、その目的で出獄させられたレスター＝ルーニーは改めて警察の手に落ちるのだが、そのことをレスター＝ルーニーはまだ知らずにいる。情婦のネルソンと組んだ巧みな戦略によって監獄に戻らずにすんだ彼は、ロッカとその手下どもを虐殺することでますます悪の道へとはまっているのだが、ここで注目しておきたいのは、この作品で、自動車を降りるのは危険な振る舞いだという現実が、冒頭から示されているということにほかならない。みだりに自動車から降りてはならぬ。それが、この作品のショットの連鎖が告げている生死を距てる宿命の苛酷さにほかならない。

上映時間85分の簡潔きわまりない『殺し屋ネルソン』の最後の最後で車から降りねばならなかった「殺し屋ネルソン」の壮絶な最期について語るには、さらに多くのことを立証しておかねばなるまい。だが、それには、同軸のカッティング・イン・アクションというこの上なく不自然に見える自然さとはおよそ異なる視点からの考察が必要となろうから、それには機会を改めねばなるまいと書くことでひとまずこの論考を終えることにする。

I

『イントレランス』撮影中のD・W・グリフィス

単純であることの穏やかな魅力　D・W・グリフィス論

Ⅰ　ドリー効果

髪に結ばれた大きなリボンとドレスの丈の短さがいかにも愛くるしい一人の少女が、木蔭の石段を駆けおり、陽当りのよい草原に走り出してくる。足首までたれたスカートの裾を気にしながらそのあとを追う母親が、少女のかたわらに跪《ひざまず》いて接吻の雨を降らせる。三つ揃いの背広を瀟洒に着こなした父親が、穏やかな表情で屈託のない二人の振舞いを見まもっている。両親の顔をやわらかな日ざしから保護している大きな花飾りの帽子と麦藁カンカン帽が、田園地帯にくり拡げられるこの家族の幸福そうな光景を、今世紀初頭か前世紀の末に位置づけることを許してくれる。

娘を抱きあげてから、父親は母と娘に別れをつげる。残された美貌の妻は、娘をともなってゆるやかなスロープを下り、釣人たちがのどかに散歩している川岸の道をこちら側にやや歩いてから、流れのほとりに二人して腰をおろす。樹々の茂みを透して望まれる家は、たぶんこの一家のものなのだろう。広大な領地を持つ地主なのか、それとも休暇を別荘で過しにやってきた都会人なのだろうか。確かなことは断言しえないまでも、彼らが余裕のある暮しぶりをしていることだけは推察することができる。と、川ぞいの道にいた粗末ななりの男が母娘のかたわらに進み出て、たぶん物売りなのだろう、手編みの籠をいくつも差し出す。釣糸をたらす娘にすっかりかかりっきりの母親は、男の申し出をとり合うふうにも見えない。商売が成立しようもないと察して立ち去りかけた男は、ふと遠ざかりつつある足を止め、何ごとかをたくらむように振り返り、足音を殺してふたたび二人に近寄ってくる。そうした一連の光景を、人はかなりの距離から目にしているにすぎない。ただ、母と娘の身に危険が迫っていることだけを理解し、何も知らずにいる二人にかわって息をつめる。背後からしのび寄る男は、ハンドバッグであろうか、何やら母親の持物を奪って逃げようとする。彼女はそれに気づいて立ち上り、激しく抵抗してもみ合いとなる。その叫びを聞きつけたのかそれとも気配を察したのか、遠くの木蔭から駆けよった父親が、強盗へと早変わりした邪悪な物売りを手荒く地面にたたき伏せる。妻と娘とを抱きよせながら、不埒《ふらち》な男に向って立ち去れと厳しい身振りで示す父親は、いかにも一家の主にふさわしい頼もしさを具現している。ひとまず危機は回避されたわけだ。

いっぽう、商売がうまく行かなかった上に肉体的な敗北まで喫した物売りは、憤懣やる方がない。幌馬車の脇に寝ころんで待っていた女の前に戻ってくるなり、走り寄って介抱しようとする彼女を荒々しく突きとばしさえする。二人は、住むべき家もない放浪の身であるらしい。開拓時代のそれを思わせる馬車には生活用具のいっさいが積みこまれているとみえ、飲み水を確保するためであろうか、大きな樽が後部に据えつけられている。

ふたたび、樹々に囲まれた陽当りのよい庭の草原。つい先刻の危険を忘れたかのように、父と娘とがボール遊びに興じている。そこは彼らの広大な庭の一部であるらしい。妻に呼ばれた父親は、その場を動かぬように言い聞かせて娘のもとを離れる。穏やかな陽光に包まれて、短いドレスの少女はとり残される。父親の姿が脇の木蔭に消えるが早いか、奥の茂みから物売りの男が足音をしのばせて近寄ってくる。少女はもちろん、自分がその邪悪な意志の犠牲になろうとしていることを知らない。物売りは、小柄な少女を軽々とかかえて茂みの奥へと逃亡する。その場に戻り、娘の不意の失踪に驚く父、母、そしておそらくは祖母であろう老婦人。使用人を呼び集めて捜索を命じる父親。

草に蔽《おお》われた斜面を、娘をかかえて走る物売りの男。その姿が視界から消えたとたんに、使用人を従えた父親が同じ光景を横切る。

幌馬車に戻った物売りは、女をせきたてて出発を急がせ、かどわかした少女を大きな樽に隠すと、手早く蓋を閉める。父親が息を切らせてやってきても、娘の姿は見当らない。追手に向って、物売りはしらを切り通す。幌の中までのぞいてみても無駄だと知っているわれわれは、立ち去る父親を見て、歯がゆい思いをする。

疑念を晴らし得ぬまま一行がその場を離れるが早いか、幌馬車は出発する。少女を隠した樽は、後部に置かれたままだ。

田舎の一本道を疾走する幌馬車。少女は、こうして愛する両親のもとから残酷に引き離される。

岸の斜面を駆け降りて浅い川瀬を渡る幌馬車。川底の不ぞろいな岩に車輪をとられたのか、大きく揺れる馬車の後部から、樽がころげ落ちる。その突発事故に気づかぬまま、幌馬車は向う岸へと遠ざかってゆく。

大きな樽は、流れにそって水面を滑る。急流にもまれ、滝を流れ落ち、岩にぶつかりそうになりながら下流を目ざす。いったい、川面を漂う見捨てられた少女はどうなってしまうのか。あたかも、そんな危惧の念をなだめようとするかのように、誰もが見なれた親しい風景が視界に浮上する。穏やかな陽ざしを浴びて、母と娘が腰をおろしていた川岸の風景である。水辺に立って釣糸をたれる男の姿を目にすると、誰もがほっと胸をなでおろす。少女の救出が約束されたわけでもないのに、ゆえのない安堵感に捉えられるのは、すでに知っている世界が目の前に拡がっているからだろうか。と、釣人は奇妙な漂流物を目にとめる。樽である。彼は釣竿をさしのべ

『ドリーの冒険』(4点とも)

てたぐり寄せ、その重さに驚いて助けを求める。父親が道の向こうから駆け寄ってきて、二人して濡れた重たい樽を岸にかつぎあげる。この不審な漂着物がいったい何かといぶかしげに見まもる二人のかたわらに、母親も姿を見せる。そのとき、樽の内部に何やらもの音を聞きつけたかのように、彼らは耳に手をあててかがみ込む。もどかしげに蓋をこじあける父親。中からは、その不意の失踪が彼らを絶望させていた少女が元気にとび出してくる。何たる驚き。そして何たる喜び。抱擁し合う親子三人の姿をかなりの距離から眺めていたわれわれの視界はゆるやかに暗転し、一つの冒険が予期された幸福な結末で終る。

思わずほっと胸をなでおろすわれわれは、娘を誘拐されて絶望の淵に沈んだでもあろうこの若夫婦が誰であるのかをまったく知らずにいる自分を、ふと訝しく思う。見も知らぬ他人の身に起ったことに、なぜこれほどの興味を示したりするのか。第一、われわれは、若夫婦の名前さえ知らないし、知らずにいる自分をさして不自然とも思わぬままに、その一人娘の冒険を視線におさめ続けていたわけだ。われわれに知らされている唯一の事がらは、樽に揺られたままそれと知らずに急流を下ってしまった少女が、ドリーという名だということのみである。それは、映画が始まった瞬間から、観客のすべてが『ドリーの冒険』（1908）という題名として読んでいた名前なのだ。さしあたっては、その固有名詞さえ知っていれば充分だといえるかもしれない。

だが、何の変哲もないその女性の固有名詞を知らずにいることが、糾弾さるべき歴史的な無知と見なされてしまう世界が存在する。われわれが日々暮しているのは、ドリーという名前が、ジャンヌ・ダルクやローザ・ルクセンブルグや和泉式部のそれに劣らぬ特権性を帯びてしまう世界にほかならない。ドリーと呼ばれる少女が意義深い分節化を演じてしまう世界の物語、それをとりあえず映画史と呼ぶことにしよう。映画の歴史とは、誰もが多少ともドリーのそれに似た冒険を生きる無数の物語からなっている。もちろん、映画の歴史が『ドリーの冒険』を起源として持つというのではない。この一巻ものの短篇が撮影された一九〇八年より十数年以上も前に映画はすでに誕生している。一八九五年いらい、エジソンに象徴される技術の歴史としても、リュミエール兄弟に代表される興行の歴史としても、その幼年期にふさわしいいくつもの豊かな体験を映画は生きているのだとさえいえる。

　では、ドリーによって演じられる意義深い歴史の分節化作用とは何か。ドリーのそれに似た無数の冒険の物語がかたちづくる映画の歴史とは、どんなものなのか。それを一口で要約するのはむつかしいが、技術とも興行とも異質の、認識の領野に起る新たな体験がそれであるように思う。たとえば、『ドリーの冒険』の終り近くで、観客たちはすでに見たことのある光景を再びスクリーン上に認め、奇妙な安堵感を覚える。それは、物語が始まってすぐ、母と娘が岸辺に腰をおろす川ぞいの道の光景である。そこで物売りの男が強盗へと変貌し、駆けつけた父親によって手痛い懲らしめを受けた場所として誰もが記憶に刻みつけている風景をそれと同定しうる観客は、視覚的に表象されている被写体を、たんにそれと同定する作業とは異質の認識による喜びを、そこから感じとることになるからだ。同一のアングルが捉える同一の風景が反復されることで得られるその喜びは、純粋な視覚性を超えて、物語的な領域での満足感を見る者にもたらす。こうした画面の組み合わせによる親密感の生成を、とりあえずドリー効果と呼ぶことにしよう。ドリー効果は、技術としての映画、興行としての映画がみずからの資産とすることを長らく回避してきたものだ。スクリーンに映し出されるものが面白ければ、観客の興味がつなぎとめられると思われていたからだ。

『ドリーの冒険』で、すでに目にしたことのある川ぞいの道を再び視界におさめるわれわれは、そこに樽が流れてくるのを見て、物語の終りが近いことを予見する。期待は、画面に現実に描かれるものに明らかに先行しているのである。こうしたドリー効果は、同じ冒険を描いたエドウィン・S・ポーターの名高い『アメリカ消防夫の生活』（1903）にも『大列車強盗』（1903）にも存在していない。そこでの認識の対象は、画面に再現されている被写体と正確に一致しているからである。事実、一九〇二―〇三年に撮られたこれらの作品には、火事があり、救出があり、金貨や貴金属の強奪があり、追跡があり、追跡隊の勝利が描かれていながら、人物の顔も、それをとりまく風景の表情も何ら物語的な満足感を生成することなく、その画面ごとに律儀に消費されるのみである。観客は、画面の連鎖に先まわりしたり、それに遅れをとる権利を持ってはいない。その意味で、ドリー効果とは、視覚的な認識と物語的な認識との二つの水準の決定的な分離として新たに定義できるかもしれない。

ドリー効果を知る以前の映画を、ここで素朴派と呼ぶことにする。少なくとも前記の二作に関する限り、ポーターの作品は、それがたんなる実写ではなくそこに虚構の仕掛けがほどこされていても、あくまで物語的な認識が視覚的な認識と同調している限りにおいて、素朴派的と呼ぶにふさわしい。それに対して、『ドリーの冒険』にみられる画面と物語との分離を、古典的な映画と名づけてみたい気がする。名前はもとよりとりあえずのものにすぎない。肝腎なのは、物語的な形式の構造的な差異がここで映画の歴史を明らかに分節しているという点だ。おそらく、スターの出現も、ヒーロー゠ヒロインといった特権的な役がらの発生も、ドリー効果と無関係ではないだろう。ドリーは、間違いなく古典的なヒロインなのである。

そこでこれから、かりにドリー効果と名づけた映画的変容をあれこれ跡づけながら、古典的映画の形式的特質をさぐりあててみようと思う。見かけの素朴さにもかかわらず、『ドリーの冒険』は、今日われわれのまわりに日々生産され消費されている数ある映画と、物語的な構造としてほぼ同じものである。映画を見ることが、スクリーンに展開される光と影や色彩が表象する視覚的な被写体を、そのつどそれと識別する作業とは別に、すでに形成されている物語的な枠組に従い、その一部を判読する作業でもあるという点は、誰もが体験として知っているはずだ。人は、いまなおドリー効果に忠実なのである。われわれは、ドリー効果が分節化した映画の歴史の中にここ七十年来閉じこめられている。その状況を打開するためにも、ドリー効果そのものが、いま、分析の対象とされねばなるまい。

事実、映画史の秀れた作家たちは、誰もがドリー効果に意識的だったといってよい。そのことに最初に意識的だった秀れた作家が『ドリーの冒険』の監督デイヴィッド・ウォーク・グリフィスであったことはいうまでもない。ドリーのそれとともに映画史に意義深い分節化作用をもたらしたのは、もちろん、グリフィスという名の固有名詞である。だがそれにしても、映画史にあって、デイヴィッド・ウォーク・グリフィスとははたして固有名詞なのだろうか。彼の真の偉大さは、自分の名をたんなる普通名詞として世界に普及させたことではなかろうか。あらゆる固有名詞を保護する普通名詞としてのグリフィス。それは、映画という単語の同義語として、そう名ざされることもなく、日々、いたるところに流通しているように思う。

新聞売りから季節労働者まで、ありとあらゆる種類の職業を遍歴しながらも舞台への夢を捨て切れず、芝居の脚本など書きまくっていた一人の演劇青年が、三十四歳という決して若くはない年齢で唐突に映画作家へと変貌する。その第一回監督作品は『ドリーの冒険』。これといって野心的な題材ではない。一九〇八年六月十八日、十九日の両日、コネチカット州サウンドビーチでロケーション撮影され、ニューヨーク市十四番街のバイオグラフ社スタジオで仕上げられ、初公開は七月十四日。七一三フィートの呎数を持つ一巻ものの短篇であり、ほぼ十二分という当時の興行形態にもきわめて忠実である。

バイオグラフ社の正式名称は、アメリカン・ミュートスコープ・アンド・バイオグラフ・カンパニー。トマス・エジソンの僚友であったウィリアム・ディクスンによるキネトスコープ原理の改良されたシステムがミュートスコープである。バイオグラフはプロジェクターの名前であり、運動を連続的な画像として再現する技術的開発をそのまま映画製作会社の名前としていたのだから、時代はいまだ映画の揺籃期であったといえるだろう。パラマウントだのユナイテッド・アーチスツだのといった映画会社のマークがスクリーンを輝かしく彩るのは、もっと先のことだ。アメリカ映画の歴史と不可分のものとなるだろうハリウッドはいまだ発見されてさえおらず、撮影所のほとんどはニューヨークに集中している。

第一回作品『ドリーの冒険』を撮ったとき、グリフィスはまだバイオグラフ社と正式の契約を結んでさえいない。エジソン社のエドウィン・S・ポーターのもとで役者としてデビューしたのち、バイオグラフ社でも、ローレンス・グリフィスの名で俳優として映画との関係を深めながら、何本かの脚本を採用されたにとどまっていた無名の演劇青年が監督として契約書に署名するのは、『ドリーの冒険』の公開直後のことである。

以来、一九一三年にミューチュアル社に移籍するまでに四百本以上の作品を撮りあげたというのだから、グリフィスは映画監督という作業に天職を見出したということになるのだろうが、その時代の作品の大半が修復不可能である現在、彼の映画作りの発展ぶりを一作ごとに跡づけることはとてもできない。移籍の翌年に撮った長篇大作『国民の創生』（1915）がその名声を世界的に確立してから、三一年にトーキー第二作『苦闘』（1931）を最後に早すぎる隠退を強いられたその栄光と悲惨の歴史は、あらゆる書物が語る映画史の常識だろう。自国の後進作家や諸外国の映画界に及ぼした影響の大きさはいまさらいうまでもあるまい。モンタージュやクローズ・アップの効果的使用によって映画的表現の繊細化と豊饒化に貢献したという事実なら、どんな書物にも語られていることだ。

だが、ここでたどり直してみたいのは、そうした公式の映画史が語る作家グリフィスの位置ではない。もちろん、それらが多くの歴史的誤りを含むから修正せねばならぬといった野心があるからではなく、あらゆる歴史がそうであるように映画史にもある不可逆的な展開というものがあり、その決定的な結節点をドリー効果と呼ぶことで素朴派から古典的映画への移行を跡づけ、同時にその刺激が副次的な効果を映画の全域へと波及してゆくさまを測定してみたいのである。

ところで、すでに素朴派の典型とみなしておいたエドウィン・S・ポーターの『大列車強盗』

は、映画として決して単純でもなければ、その表現も稚拙ではない。たとえば強盗に襲われる瞬間の駅の電信室で、危機を察知して抵抗しようとする電信技師の背後の窓には、通過中の列車の車影が早いリズムで流れている。また、盗賊たちが郵便車を襲って現金を強奪する場面でも、大きく開かれた扉の向うを戸外の風景が流れ続けて列車の疾走感をきわだたせ、それを可能ならしめた技術的な達成を充分に予測させてくれる。さらには、強盗一味の全滅によって物語が終ってから、不意に賊の一人がスクリーンに大写しとなり、観客に向って拳銃を発射するといった衝撃的な仕掛けまでほどこされているのだから、『大列車強盗』が単純でも稚拙でもないことが納得されるだろう。これは技術的に見てかなり複雑な作品なのである。にもかかわらず、『ドリーの冒険』にくらべて素朴さの印象を与えるのは、その複雑さが一つの画面限りで消費され、その連鎖の上に有機的な流れを生むことのない未整理の状態にとどまっているからだ。映画の古典的な説話技法に親しんでいるわれわれは、最後のクローズ・アップがもっと早い時期に導入され、盗賊の首領を主役としてきわだたせるような働きをしてくれたならと口惜しい思いをする。つまりエドウィン・S・ポーターが手にしている複雑な技法は、説話論的な持続に経済的な介入ぶりを示さないのである。

グリフィスがその処女作で発揮したドリー効果とは、何よりもまず、大胆な単純化による物語の経済的有効性の確立にほかならない。映画は、視覚的表象による被写体の再現とは異質の次元に、説話論的な構造の時間的表象化という問題をかかえており、素朴派から古典的な虚構への移行は、グリフィスによって、単純化の身振りとして実現されたものなのである。複雑な要素を単純な要素に還元すること。それはまず、作中人物の数の上に認められる単純化なのである。

『大列車強盗』には、数え切れないほどの人物が登場する。強盗一味も複数だし、貴重品を奪われる乗客達も三十人は下るまい。追手の数も賊の人数に劣らず多い。その中で、同一性をかろうじて識別しうるのは、冒頭で賊に縛られて床に投げ出される駅の通信技師一人にすぎない。事件が発生してしばらくたってから、ふと駅に足を踏み入れる少女が床に転がった通信技師を発見して驚く姿を見ながら、人は、ああ、やっとこれで追跡が始まるなと思う。観客が、視覚的な認識とは異質の物語的な認識を許されるのは、その瞬間のみだといってよい。

『ドリーの冒険』は、こうした瞬間ばかりでなりたった作品である。その登場人物は、庭師だの釣人だのといった副次的な人物をいれても十人といないだろう。しかも、重要な役割を演じているのは、正確に五人に限られている。このきわめて経済的な単純性は、少女ドリーをはさんで、その両親である若夫婦と彼女を誘拐する物売りの男とその同行者の女性という図式的な対照を浮かびあがらせる。ドリーの冒険とは、文字通り、この二組の男女の間を少女が往復する運動に還元されているのだ。

そこで、いわゆるドリー効果のいま一つの側面が明らかとなる。それは、物語が対照的な二要素の葛藤として語られることにふさわしく、視覚的な諸表象にも一貫した対立性が強調されるという事実にほかならない。

『ドリーの冒険』にあって葛藤関係に入る第一の要素は、対照的な二組の男女の生活様態である。それは定住と放浪というかたちで対立をきわだたせるものだ。若夫婦には、広大な庭に囲まれた館がある。家屋そのものが直接の舞台となることはなくても、遥かに望まれる家が彼らの所有に属するものだと納得させる構図が周到に選ばれている。それに対立するものとして、幌馬車が物売りの男女の生活の場として示される。事実、彼らは、ドリーを誘拐するが早いか幌馬車ごと逃亡するだろう。

こうした生活様式の違いに続いて、さらに衣裳の違いが対立を浮上させる。ドリーの両親である若夫婦は、富裕な市民生活をいとなむにふさわしい衣服を念入りに着込んでいる。その点は、映画の最初のショットから見るものに印象づけられているものだ。それに対して、開拓時代のそれを思わせる幌馬車の男女の服装は貧困と怠惰とを直截《ちょくせつ》に語っている。少女を誘拐するという邪悪なる意志が芽ばえるのは、もちろん、粗末な服を着た男の心の中なのである。

この視覚的な単純化が作品に何をもたらしているかは明らかだろう。たとえ遠方からであろうと、あらゆる登場人物が確実に識別しうるにとどまらず、その行動の契機さえをも納得しうるかたちで人物が物語を演じることになるのである。同一の人物が次の画面に登場してもそれと判別しがたい『大列車強盗』との最大の違いはそこにある。エドウィン・S・ポーターにあっては、追跡場面が描かれていながら、強盗と追手とを視覚的に識別しえず、従って悪人と善玉とがほぼ同じ輪郭におさまっていたことを想起するなら、ドリー効果の何たるかがわかってくるような気がする。グリフィスにあっては、市民的な衣裳をまとった男女に危機が訪れ、放浪者ふうの身なりの男女が邪悪な振舞いに及ぶという図式的な対立性が一貫しているのだ。

こうした対立関係の鮮明化は、ことによると、グリフィスを並行的モンタージュによって映画の古典的な形式を確立した巨匠であるとは認めながら、その「不可避的な二元論」が、貧困と富裕という「先験的なカテゴリー」にもとづくブルジョワ的な道徳観の反映であるとするエイゼンシュテインの評価をあらかじめ肯定しているかにみえる。また、奪われた少女が無事に若夫婦のもとに帰りつくという結末は、「伝統的で家父長的な田舎ふうのアメリカ」の秩序のひそかな勝利を語っているというエイゼンシュテインの視点を補強するものかもしれない。だが、その点をめぐってはのちに論ずることにする。ここでぜひとも指摘しておきたいのは、この図式的な単純化によって有効化される物語的な経済性が、その対立の圏外にある一つの対象をきわだたせる役割を演じているという点である。それは、いうまでもなく、樽という小道具の特権的な使用法にほかなるまい。

『大列車強盗』でも、ここでの少女ドリーの誘拐のように、多くの貴金属や金貨が悪人によって持主の手から奪われる。だが、盗みの対象とされたものは、その後、ほとんど視覚的に活用されることがない。ところが『ドリーの冒険』の樽は、それ自体でまぎれもなく物語的な機能を演じており、しかもそれは、流れる川の水という自然の表情をかりて、定住と放浪といった生活様式の違いを無視する独自の運動を演じているのだ。見逃しえないのは、水面を漂う樽という小道具の横断的な媒介性である。もはや若夫婦も幌馬車の男女も視界に浮上することのない風景の中で、水面を滑走する樽のイメージにわれわれは一喜一憂する。というより、さらに正確にいうなら、それを見て一喜一憂しただろう当時の観客の物語的な興奮そのものに自分をなぞらえ、ある考古学的な恍惚感を追体験する。だから、ドリー効果とは、その図式的な単純化にもかかわらず、たんなる二元論に還元されることのない唐突な豊かさを改めて物語に導入するものだといえよう。だから、真のドリー効果とは、二元論的な対立がきわだたせる葛藤そのものではなく、そこに醸しだされる劇的な対立をあたかも嘲笑するかのように、異質な二要素の間に拡がり出す時間的＝空間的な距離を奇跡のような自在さで漂流する運動そのものにほかならない。映画にあっての画面とは、その自在な漂流を支えるスクリーンのようなものだ。

実際、ドリーを隠しているはずの大きな樽が幌馬車からころげ落ち、水面をゆるやかに滑走しはじめるとき、人は、川が流れるという事実を初めて認識したかのような感動をおぼえる。水面に落ちる空の輝き、岩かげの飛沫、岸辺に生い繁る樹木の枝といったものを、時間と空間の表情そのものとして瞳に刻みつけ、濡れた樽の表面の鈍い輝きをこれまで見たことのない何かとして記憶することになるだろう。だから、最後の瞬間に救出がもたらされるか否かに息をつめることとはまったく異質の感覚的な体験が、そこに生きられることになる。画面とは、まさしくそうした体験へと瞳を誘うものなのだ。

たとえばコッポラの『地獄の黙示録』（1979）で小さな船が河を遡行し始めるときに人が感じる魅力は、まさしく画面の誘惑に瞳をゆだねることの快感なのであり、行方不明の米軍将校を救出しうるか否かの劇的興味によるものではない。それとまったく同じことが、一九〇八年に撮影されたグリフィスの短篇無声映画に起っているのである。いまや、ドリー効果がどんなものかは明らかだろう。映画が、映画の画面を発見した瞬間がそこに刻みつけられているのだ。だがそれにしても、画面を発見したというデイヴィッド・ウォーク・グリフィスとは、本当に固有名詞なのだろうか。

Ⅲ　あの美しい大きな帽子

『ドリーの冒険』のほとんどすべてのショットは、人間の眼の高さに据えられたキャメラからのアングルで撮られており、登場人物たちは、距離の違いこそあれ、いずれも全身像で画面におさまっている。『散り行く花』（1919）のリリアン・ギッシュにレンズが向けられたとき最も印象的なものとなるクローズ・アップも、『東への道』（1920）の最後を彩る華麗な並行モンタージュも、『イントレランス』（1916）で世界中の人びとを驚嘆させたあの超ロングの俯瞰撮影も、『国民の創生』でヘンリー・B・ウォルソールに率いられた南軍が敗けを覚悟で突撃に移る瞬間のトラック・バックもここには用いられていない。近景から遠景へと移行するときの同軸上のつなぎも、ソフト・フォーカスによる輪郭の柔かさも、アイリスによる細部の特権化も行われることなく、あらゆる瞬間に固定されているキャメラは、一つのショットが終るまで被写体に近づくことを慎しんでいる。その意味では、稚拙なものながらパンもあれば俯瞰もあり、クローズ・アップさえ用いられている『大列車強盗』にくらべて、遥かに素朴な撮影技法が選択されているというべきだろう。

こうした技術的な慎重さは、それが第一回監督作品であったという事情にもまして、撮影技師がアーサー・マーヴィンであることと無関係ではないかもしれない。事実、グリフィスは、監督としての契約を結んだ直後の数本ではバイオグラフ社の実質的な経営者であるヘンリー・N・マーヴィンの実兄アーサーにキャメラをゆだねている。グリフィスとともにありとあらゆる撮影技術を開発し、映画の貴重な資産とすることに貢献したビリー・ビッツァーの名前は、『ドリーの冒険』のクレジットには登場していない。

にもかかわらず、二人の神話的な共同作業がすでに『ドリーの冒険』から始まっていた事実を、多くの資料が証言している。ビッツァー自身の回想によると、上映技師という肩書きでバイオグラフ社に籍をおいていた彼は、撮影現場でのあらゆる雑務をこなしていたという。『ドリーの冒険』にも裏方として参加し、新人監督グリフィスに多くの助言を与えたというビッツァーは、美術監督など存在しない時代のスタッフにふさわしく、幌馬車の幌にあたる大きな布切れを調達するかと思えば、ごく簡単なものながら、コンテのようなものの書き方まで伝授したらしい。彼の記述に従うと、樽の流れる光景の撮影にあたって、監督の選択したアングル通りの画面を撮るために川の中にキャメラを据えることに難色を示し、安易に仕事を切りあげようとする撮影技師とあくまで当初の希望を貫き通そうとする監督との間に、ちょっとした軋轢があったようだ。そんなとき、グリフィスが不満をうったえに行ったのが、ビリー・ビッツァーのもとだったという。

以後、親身な助言を惜しまないビッツァーにグリフィスがキャメラをゆだねることになるのは、ごく順当な成行きだというべきだろう。誰もが反対した夜間撮影を『国民の創生』でやってのけるのも彼だし、『イントレランス』の「バビロニア篇」で、まだクレーンなど撮影所に存在してもいない時期に、風船にキャメラをつるしたり特殊な昇降装置を据えつけてクレーン撮影と同じ効果を実現してみせるのも彼である。ことによったら、そんな協力者がキャメラをまわしていないことが、『ドリーの冒険』にある種の技術的単調さをもたらしているのかもしれない。

だが、この見せかけの単調さがいささかも素朴さに通じるものでない点は注目に値いする。そればかりか、ここでの画調は、『大列車強盗』などにくらべて遥かに繊細なものとなっている。光と影との戯れが、大気の温度とか吹きぬける微風といった目に見えないものを的確に伝えるものとなっているからだ。それは、グリフィスの光線に対する無類の感受性を証明しているのだろ

『イントレランス』

うが、すでに述べた単純化の原理に従って、彼が全篇を戸外のロケーションとして撮影していることも見逃されてはなるまいと思う。

『ドリーの冒険』は、何よりもまず田園地帯の映画である。太陽があたりに万遍なくその日ざしを降りそそぎ、樹々が影を落すなだらかなスロープの芝生があり、そのさきに小川が流れている。そうした光景の中に若夫婦とその一人娘を登場させるグリフィスは、快晴の日の昼間という情報以上のものを画面に表現している。それは、全身で陽光をうけとめる三人家族のまわりに、屈託のなさという時間的な要素を漂わすことになるあくまで穏やかな光である。時間は刻々と過ぎてゆくはずでありながら、ふと、時が流れを止めたかのように錯覚されるような快い宙吊りの瞬間。それは、いわゆる日常性とも異質の、あらゆる義務から解放され、何ごとにもせきたてられることなく、安逸にふけりうるようなひとときでもあるだろう。グリフィスはそんな屈託のなさを、たった二つのショットに降り注いでいるやわらかな光で表現してしまう。もちろん事件が起るのは、その穏やかな時間＝空間の内部でのことなのだが、こうした時空を直截に実現しうる視覚的な資質は、グリフィス独特のものである。

おそらくは、そこにドリー効果のいま一つの側面が認められるだろう。それは、視覚的に表象された被写体の認識ではなく、その表象の素材としての光と影それじたいの魅力に向けての知的な武装解除へと感性を導くものだ。画面に再現された陽光が美しいのではなく、再現行為を支える光そのものが美しいのであり、その美しさが、見るもののうちにまどろんでいる無意識的な記憶をよびさます。ドリー効果は、そのとき、認識を生の充実感へと変貌させる。グリフィスにあって、真に貴重なのは、この変貌を惹起させうる資質にほかならない。

グリフィスが、はたしてそれを意図的に行っているかどうかという疑念が生ずるかもしれない。たしかに、すべてが意識に統御されたものだと断言するのはむつかしい。だが、グリフィスの演出が明らかにそんな方向を目指していると主張するにたる細部が存在する。それは、母親と娘とがまとっている衣裳にほかならない。彼女たちは、内輪の祝いごとか教会からの帰りであるかのように着飾っている。だが、ここにも単純化の原理が働いていることに注目しよう。二人は、それぞれの年齢にふさわしい身なりをしてはいるが、ともに白系統の色調のドレスで身を包んでいる。いかにも屈託のないひとときにふさわしい光線が画面に漂うのは、木蔭にいても日ざしを受けても存在をきわだたせる衣服の白さというその色調によってなのだ。美貌の母親の大きな花飾り帽や少女の髪に結ばれたリボンが、その印象を助長する。

もちろん、現実の俳優がまとっていた衣裳が純白であったか否かは問題でない。画面の中でやわらかな存在感におさまる白さが重要なのである。そしてその白さが、川岸を散歩したり竿を握っていたりする釣人たちのシャツや麦藁カンカン帽と調和し、屈託のなさをあたりに行きわたらせることになるだろう。

だが、ここでわけてもグリフィス的と思われるのは、美貌の母親がかぶっている大きな花飾り帽子であるように思う。それは、かなり近くから撮られた彼女の顔に、太陽が不自然な影を落したり、必要以上に照りはえたりすることを優雅にさまたげているのだが、そうした審美的な理由にもまして、グリフィスという個人の趣味というか、ある一貫した女優への関わり方を示しているような気がする。

一九〇九年の一月というから『ドリーの冒険』を撮って間もなく、彼は『これらのいやな帽子』（1909）という奇妙な題名の短篇をとる。それは、途方もなく大きな飾り帽子をかぶったまま映画館の客席に坐る女性のもたらす迷惑ぶりを滑稽なタッチで描いた喜劇なのだが、誰もが帽子をかぶるのが習慣だった時代のことだから、これは風俗的な興味で撮られた作品だといえるかもしれない。だが、一九一二年に、同じ大きな最新流行の婦人帽をめぐる少女と牧師との愛の物語『ニューヨーク・ハット』（1912）を撮っているグリフィスが、帽子をたんなる小道具の一つとしか考えていなかったとはとても思えない。『ニューヨーク・ハット』はメアリー・ピックフォードが可憐な娘を演じているが、どうやらグリフィスは、その時期のお気に入りの女優に、大きなリボン飾りの婦人帽をかぶらせずにはいられなかったようだ。『散り行く花』のやや子供っぽい帽子や、『スージーの真心』（1919）のベレー帽などをかぶったリリアン・ギッシュは忘れがたいが、彼女が『嵐の孤児』（1921）で妹のドロシーとともに大きな飾り帽子をかぶる瞬間、グリフィス的な帽子はその美しさの絶頂に達したといえるだろう。

そうした視点から『ドリーの冒険』の美貌の母親のことを思い返してみると、彼女の髪を蔽っていた華麗な装身具がたんなる流行の装飾品とは思えなくなってくる。というのも、この役を演じているのは、グリフィス夫人のリンダ・アーヴィドスンにほかならぬからである。そのときすでに結婚していながらも、自分の妻だとは公言することなくバイオグラフ社に入社させ、みずからの監督第一回作品に起用し、穏やかな陽光をその白い帽子と白い裾長の衣裳とでうけとめさせたのだ。

そのとき、ドリー効果のいま一つの側面が明らかになる。グリフィスとは、最愛の女性に華やかな帽子や衣裳をまとわせ、作品にもっともふさわしい光線をその周囲に散乱させずにはいられない映画作家なのだ。クローズ・アップとは、そうしたドリー効果の一つにすぎない。『散り行く花』にもっともふさわしい光線は粗末な家の灯りである。そんな薄暗がりの中でリリアン・ギッシュの顔にキャメラを近づけるとき、背後からあてられた照明によって、貧しさゆえに乱れた髪が飾り帽子のような美しさを獲得してはいなかったろうか。今では常識となっているバック・ライトの効果を最初に使用したのが、ビリー・ビッツァーの協力を得たグリフィスであることはいうまでもない。グリフィスにあっての帽子はたんなる小道具ではないし、流行の装身具ですらなく、作品にふさわしい照明の中に女性を包み込むための愛の贈りものなのだ。その意味で大都会からとどいたばかりの飾り帽子をメアリー・ピックフォードに買い与える『ニューヨーク・ハット』のライオネル・バリモアは、ほとんどグリフィスその人というべきではなかろうか。

Ⅳ 差異の火花

あたりにたちこめている穏やかな光の中から白い色彩で浮きあがってくるものは、樹々の茂みや川のほとりを背景とした幸福そうな母と娘の衣装ばかりではない。さして長いシーンではないが、『ドリーの冒険』にはそれとは異質の白さが画面をきわだたせているのだ。それは、一頭の馬である。父親との乱闘ですっかり痛めつけられた物売りが幌馬車の脇に戻ってくるとき、その背後に白毛の馬がつながれている。われわれは、しかし、その馬をほとんど見ない。というのも、ここで語られているのは、憤懣やる方ない物売りの粗暴さであり、介抱しようとする女をつきとばす仕草が、いま目にしたばかりの若夫婦の愛情のこまやかさときわだった対照をなしているからだ。男が戻ってくるまで女が地面に寝そべっていたことも、この二人の生活を彩っているだろう怠惰さを象徴しているようにもみえる。地面を蔽う芝生もなく、ここには若夫婦の広い庭園の屈託のなさを感じとることはできない。だから、決して長くはないこのショットを見ながら、観客は、ある単純化された対立関係を感じとる。太陽の陽ざしまでが穏やかさを欠いた直射日光で、のどかさとは無縁の空間が殺風景に拡がっている。

にもかかわらず、人が背後の馬にふと視線を向けてしまうのは、あくまでそれが白い馬であり、栗毛ではないからだ。われわれは、そこに深い意味作用も、審美的な趣味をもさぐりあてることなく、ああ、馬だなと思う。幌馬車の幌が描かれている以上、そこに馬がいることはごく自然なことだといった程度に、その存在を納得するのみである。

だが、しばらく画面の推移を見まもり続けるものは、その馬にもやはり意味があったことに気づく。物語の展開と画面の連鎖とをいま一度思い出しておくなら、女を地面につき倒した物売りの男は、その足で若夫婦の庭に侵入し、白い衣裳の少女を奪ってふたたびこの幌馬車のところに戻ってくる。だから、そのとき同じ画面が同じ構図でくり返されるのだが、そこに一つの要素が欠けていることを素早く目にせざるをえない。画面からは、白い馬が消滅しているからだ。単調な反復かと思われたものは、実は画面の同一性によって構図の微妙な差異をきわだたせる役割を担っているのである。

白い馬の現存と不在。この差異のうちに、われわれは、ドリー効果の新たな側面を認めざるをえない。二つ目の画面に馬の姿が認められないことは、時間が経過したことを示している。たんに時間が過ぎたというにとどまらず、おそらくは留守中に女が出発の準備を整え、馬車に馬をつないだことをも意味しているはずだ。そのありさまを視覚的に再現することなく、画面から馬の姿を消し去っただけで想像させるというのは、かなり高度な物語的技法であり、いわゆる古典的な映画と呼ばれる作品群には、多少ともそれに類する仕掛けが施されている。『大列車強盗』が素朴なのは、そこにこうした技法がほとんど機能を演じていないからである。

一つ目の画面に確実に存在していた要素を二つ目の画面から排除することで、時間を表象すること。それは、さし迫った危険という抽象的な概念を差異によって物語化することにほかならない。いうまでもなく、差異は可視的な対象ではないから、それを視覚的に再現することはできない。画面の連鎖そのものが、再現とは異質の水準にそれを表象するのである。誘拐者たちは、いま、娘をさらってこの場を去ろうとしている。時間が迫っているのだ。少女を奪い返すには、急がねばならない。見るものを、そんなせきたてられた気持へと誘うのは、画面そのものではなく、その連鎖によってである。その意味で、ここには純粋形態のモンタージュ゠編集が実践されているとみるべきだろう。それこそ、ドリー効果の新たな側面にほかならない。

この純粋形態のモンタージュ゠編集から、いわゆる並行モンタージュが導き出されるのはいうまでもない。クロス・カッティングによる名高い「最後の瞬間の救出」というグリフィス的な物語技法も同様である。それは、いずれもがドリー効果の繊細化として形成されるもので、素朴派の試みが発展したものではいささかもない。その意味で、『大列車強盗』に最初のクロス・カッティングの使用が見られるとする映画史的な記述は誤りだというべきである。『アメリカ消防夫の生活』のクローズ・アップがそうであるように、エドウィン・S・ポーターには時間的な表象という技法が欠けている。グリフィスはポーターを発展させることで『イントレランス』を撮ったのではなく、あくまで『ドリーの冒険』を繊細化することで並行モンタージュが可能になったのだ。

　ポーター的な映画とグリフィス的な映画との間には明らかに構造的な差異が横たわっており、そこに発展関係を想定するのは不可能である。にもかかわらず、並行モンタージュを特権化することでグリフィスを語り、モンタージュ＝編集の純粋形態としてのドリー効果に無感覚であることは間違いである。なるほど、四つの挿話が入り乱れつつリズムを早め、「最後の瞬間の救出」を実現することになる『イントレランス』での並行モンタージュは息をのむ素晴らしさだ。あるいは、吹雪の一夜が明けて氷が溶け、気を失ったリリアン・ギッシュを乗せた氷片が水面を滑り始め、徐々にその大きさが小さくなってゆくのを『東への道』のラストで見ることは、この上なく感動的な体験である。それを救出すべくリチャード・バーセルメスが氷から氷へととび移る姿を並行モンタージュで示すグリフィスの技法は、息をのまずにはいられぬほどに冴えわたっている。その集大成として『嵐の孤児』があるのだが、それだけがグリフィスなのではないし、その技法ゆえに、グリフィスが映画史に名前を残したのでもない。

　われわれがあくまでグリフィスにこだわるのは、映画の画面を発見したのが彼であるように、モンタージュ＝編集を発見したのもまた彼だからである。そして、モンタージュ＝編集がたんなる画面の連鎖ではなく、それが差異の生成にほかならぬことを、その監督第一作から示しえたがゆえに、その名前が映画史に刻みつけられたのだろう。重要なのは、二元論的な対立という概念の視覚化ではなく、そのつど差異を生成しながら物語を活気づけることで、古典的な映画の純粋形態を決定したからこそ、グリフィスが刺激を波及させえたという点だ。刺激の波及とは、たん

『嵐の孤児』

なる影響ではない。思いもかけぬ短絡的な回路を通じて、異質なもの同士をショートさせる拡散的な力学がそれなのだ。エイゼンシュテインとは、ショートによってとび散る美しい拡散的な火花を呼ぶための美しい名前にほかならない。アトラクションのモンタージュがドリー効果に触れてとび散る差異の火花だと想像することは『ストライキ』（1925）の作者にさし向けるべき最大のオマージュではなかろうか。

ところで、差異による時間経過の表象としてなぜ一頭の白い馬が選ばれたのか。幌馬車が登場する以上はそれがごく自然な成行きであり、あえてそう問うまでもなかろうという考えも当然ありうるだろう。『国民の創生』のKKKの衣裳をも予言している白い馬の白さという点はおくとしても、しかし、どうして馬なのかという疑問は成立するような気がする。あるいは、なぜ馬かというより、第一回監督作品から動物が登場している点がやはりグリフィス的だ、といい直すべきかもしれない。というのも、その後の彼の映画にはしばしば動物が登場し、とりわけヒロインの周辺でしかるべき役割を演じているからだ。

たとえば、グリフィスの数少ない西部劇の一つ『エルダーブッシュ峡谷の戦い』（1913）の孤児メエ・マーシュの可憐な振舞いのすべては、小犬との愛情の交換として思い出されるし、同じメエ・マーシュが『イントレランス』の「現代篇」に登場する瞬間の鶏のクローズ・アップを忘れうるものはいないだろう。あるいは『スージーの真心』のリリアン・ギッシュは牝牛とともに記憶されるし、『東への道』の彼女が家を去り都会へ出ようとする瞬間にその長いスカートにまといつく小犬も、たんなる微笑ましいエピソード以上の何かを秘めている。さらに、『イントレランス』の「バビロニア篇」では、コンスタンス・タルマッジがいかにも唐突に山羊に抱きついて、ほとんど愛情をこめてその毛なみを撫でてさえやる。こうした女優たちの振舞いを見ていると、どうやら動物たちと親しく交歓しうる特別な魂の所在が語られているように思われさえする。『イントレランス』には、ラクダの顔のクローズ・アップまで挿入されているのは、いったい何なのだろう。

その大半が失われた初期のバイオグラフ時代の短篇にはさらに多くの印象的な表情を示しているかもしれぬこうしたグリフィス的動物たちをリストアップしてみるとき、われわれはふと、一枚の写真のことを思い出す。それは、ライオンの檻に入り、なみいる人びとの驚きの瞳に見まもられながら、大きな猛獣のたてがみに手をそえて微笑んでいるグリフィス自身の写真である。どうやら彼には、調教師的な資質がそなわっているらしい。グリフィスと動物たち。『ドリーの冒険』の一ショットに姿をみせる一頭の馬いらい実質化されたかにみえるこの主題が、はたして映画史的な何かを積極的に提示しているか否かは、いまのところよくわからない。ここで断言しうることは、『大列車強盗』に登場する馬にくらべて、その後のグリフィスに描かれる馬たちの方が遥かになまなましい運動感をフィルムに波及させているということだ。『イントレランス』の「バビロニア篇」で、首都に叛乱の知らせを告げるべく一頭立ての馬車を走らせるコンスタンス・タルマッジの姿を間近からの移動で追うグリフィスのキャメラが、クロス・カッティングによる並行モンタージュだけへの興味につき動かされていたと考えることはむつかしい。美貌の女性と疾走する動物との一体となった運動感を、それと同じスピードで疾走する自動車からのトラック・バックによって描こうとするグリフィス自身の興奮ぶりが、画面そのものから無媒介的に伝わってくるからである。

V　帰還神話の生成

誘拐された娘が思いもかけぬやり方で親元に戻ってくるという『ドリーの冒険』のラスト・シーンは、帰還という主題によって物語をしめくくる説話論的な形式を簡潔に提示している。無事に故郷に帰ってくるという主題は、離別と再会という抒情的なメロドラマと、冒険からの帰還という叙事詩的なメロドラマとを、ともに時間と空間の映画的組織化へと誘うきわめて魅力的な主題である。距《へだ》たりが距たりでなくなり、ときには再会をあきらめかけていたものたちに予期せぬ喜びをもたらす。それが絵に描いたようなメロドラマであろうとかまうまい。問題は、馴れ親しんでいた風景の中に、親しい存在が戻ってくる瞬間をいかにして画面で示すかにかかっている。そこでの時空の処理に無理がなければ、誰もが感動する場面を映画はきまって描くことができる。見るものは留守をあずかる家族なり恋人なりが蒙ったであろう失意と諦念に彩られた時間や、故郷を目ざす帰還者が踏破したであろう距離を想像しながら、その一瞬を祝福するだろう。『ドリーの冒険』には、そこから無限の映画的なヴァリエーションが生まれるだろうオデュッセウス的体験の映画的翻訳が、その純粋形態として視覚化されている。

　少女を乗せた樽が見馴れた光景の中に姿を見せるという点の重要さは、すでに触れてある通りだが、その後のグリフィスは、中心人物が住む家をいつも同じアングルで撮ることで、その見なれた光景を見るものの記憶に刻みつける。『ニューヨーク・ハット』のメアリー・ピックフォードやライオネル・バリモアが出入りする白い板格子の低い塀がそうであるように、やや斜めに据えられたキャメラが、何の変哲もない玄関先きの光景を何度もくり返し描きあげている。実際、そのようにして撮られた『東への道』のリチャード・バーセルメスの家の庭先きや、『渇仰《かつごう》の舞姫』（1920）の海辺に建てられた掘立小屋のイメージを誰が忘れることができようか。『散り行く花』のリリアン・ギッシュの川岸にある粗末な住居や、中華街のリチャード・バーセルメスの商店前の通りもきまって同じアングルで撮られ、一目でそれとわかるような配慮がほどこされている。薄倖の少女ルーシーがうつむき気味に買物にでかけるとき、あるいは中国人チェン・ハンがその跡をつけて住居をつきとめるとき、われわれはいま彼らが目的地に近づきつつあるか否かを的確にたどることができる。住み馴れた場所に向けられるこうした一定の視角は、すでに述べた単純化によって空間把握を可能ならしめる古典的な方法として、マキノ雅裕を通して澤井信一郎まで確実に受けつがれている。

グリフィスにおけるこうした配慮が叙事詩的な感動を惹き起こすのは、『国民の創生』における南部のキャメロン家の玄関先きだろう。そこには、左手に広い道が延び、右手に板格子の白い塀が小さな前庭を確保している。家はその前庭を介して道路からやや奥まったところに建っているのだが、キャメラは、いつもこの光景を同じアングルで捉えている。先端が几帳面に三角形に切りとられた板格子をはさみ、家はきまって右側、道路は必ず左側という画面配置が、この南部の家の入口を忘れがたい光景として印象づけることになる。キャメロン家の一同が東部のストーンマン家の訪問を迎えるのも、また両家家族たちの別れが演じられるのも同じ構図の中においてである。もちろん、キャメラと被写体との距離には変化を持たせてあるが、アングルは一貫して変わることがない。出撃する南軍兵士が勇ましく行進するのも、北軍の黒人兵士たちが街に襲ってくるのも、同じ風景の中である。そして、負傷して北軍の病院で治療をうけていたベン・キャメロン大佐が、疲れ切った軍服に身を包んで姿を見せるのも、この白い板格子の塀のかたわらなのだ。

ヘンリー・B・ウォルソールが黙ってこの見馴れた風景の中に立つとき、われわれは、ああ、とうとう帰ってきたと思う。グリフィスは、長旅の末に故郷にたどりついた大佐の喜びを心理的に誇張する描写などいっさいはぶき、ほとんど唐突にこの構図の中に大佐を立たせるだけである。それでいながら、帰還という主題がそこに鮮烈な視覚化を蒙って立ち現われているのはいうまでもない。この極度に単純化された帰還の光景こそ、ドリー効果と呼ばれるにふさわしいものだろう。感傷に流れることのない良質の抒情が、ヘンリー・B・ウォルソールの表情と身振りとを、「帰還する南軍兵士」という神話的なイメージに昇華させているからだ。『風と共に去りぬ』（１９３９）のレスリー・ハワードとヴィヴィアン・リーとの再会の場面は、この神話的なイメージの通俗化されたものにほかなるまい。グリフィスの実父は、リー将軍の降伏後も南軍兵士として戦闘を続けたというが、南北戦争の終結後かなりの時間がたってから故郷に戻ってくる『捜索者』（１９５６）のジョン・ウェインの役柄は、降伏を潔しとしない一群の仲間たちとなお転戦し続けていたという類似点によって、「帰還する南軍兵士」という神話的イメージを変奏したグリフィス的な系譜につらなるものではなかろうか。

『国民の創生』で勇敢な指揮官を演じ「リトル・コロネル」として映画史に登録されたヘンリー・B・ウォルソールは、バイオグラフの短篇時代の『彼の家族の名誉』（１９１０）で臆病な南軍将校を演じ、名誉を重んじる父親から殺害される役を演じている。ところで、同じケンタッキ

国民の創生

ーを舞台にしたジョン・フォードの『プリースト判事』（１９３４）にもヘンリー・Ｂ・ウォルソールが登場し、裁判によって彼が勇猛な南軍士官だったことが証明され、醜聞にさらされた娘の名誉を回復するという筋書きがその物語の中心にすえられている。だがそれにしても、法廷場面のさなかに突然、南北戦争の戦闘場面が挿入され、ヘンリー・Ｂ・ウォルソールの勇姿を思いがけず目にするものは、『国民の創生』で「帰還する南軍兵士」の祖型的イメージを定着させたグリフィスを想起せずにはいられないはずだ。そして、再映画化の『太陽は光り輝く』（１９５３）では充分に活用されずに終ったこの挿話は、『彼の家族の名誉』で蒙ったヘンリー・Ｂ・ウォルソールの不名誉を、グリフィスの引退後にフォードが回復してやろうとする試みに思えてならない。

ところで、臆病な息子を殺害し、あたかも戦闘中に敵弾を受けて戦死したように見せかけることで軍人一家の名誉を救う父親といったイメージは、おそらく、エイゼンシュテインが苛立たしく思ったであろうグリフィスの家父長的な伝統への忠実さを証拠だてるものかもしれない。だが、奇妙なことに、グリフィスにおける父親による息子殺しは、ケンタッキーを舞台として二度行われている。自伝的要素が濃厚に影を落していることを作者自身が認めている『幸福の谷』（１９１９）でも、息子を殺害する父親が描かれているからだ。この人殺しはそれを息子と知らずに行われるのだが、あとで、実は死体が息子のものではないことがわかる。貧しさから大金を持った人物を殺してしまう父親の犠牲となったのは、実は銀行強盗だったのである。かくして帰郷した息子が父親を救い、貧窮した農村に富を分配し、同時に自分を待ち続けていた恋人の愛を獲得するという物語はいかにもメロドラマふうなのだが、リリアン・ギッシュとロバート・ハーロンのコンビが演じるこの地方色豊かな作品が、自伝的だといわれる点は何とも興味深い。ロバート・ハーロンの役がグリフィス自身だといったモデルの詮索は愚かなことだが、発想そのものの自伝性が、帰還という主題を誘いよせている点が見落されてはなるまい。距離の彼方から馴れ親しんだ光景へと戻ってきた息子が一家の窮状を救い、愛を結実させるというハッピー・エンドは、『ドリーの冒険』で簡潔に素描されていた主題の変奏にほかならぬからである。ドリーの父親が樽に隠れた愛する娘の存在を、蓋をあけてみるまではそれと認めえなかったように、『幸福の谷』の両親が帰ってきた息子をすぐには認知しえないという点も両者に共通しているし、このことを観客が映画の中の人物たちに先立って知っているという点も、同様である。『幸福の谷』にはより複雑な仕掛けがほどこされているが、ああ、よく帰ってきてくれたという幸福な結末は『ドリーの冒険』とまったく同じものなのだ。

　こうしてわれわれは、帰還という主題もまたドリー効果の一つだと納得しうるわけだが、古典的な説話形式と表現技法の萌芽が、音もなければ色彩も持たないこの一巻物の短篇にすべて含まれているといった事態がはたして可能であろうか。そのことに無意識であるか意識的であるかにかかわらず、映画は、いまなおグリフィスから逃れられないのだろうか。あるいは、反＝グリフィス的な映画というものがあったとしたら、それはどんな形式におさまりうるものなのか、誰もが一九〇八年の短篇から逃れられないと想像することは、映画にとって絶望的な事態である。その絶望を回避するために、トーキーの初期から、あたかもグリフィスなど存在しなかったかのように振舞い、その記憶喪失を自然化することで各自が壮大な夢の工場を支えあってきたというのが映画の歴史にほかならない。

グリフィスを過去の巨匠として手厚く葬り去ることもまた、装われた記憶喪失につらなる身振りだというべきだろう。グリフィスの現在を意識した映画史はまだ書かれていない。困難な試みながら、その映画史に挑戦してみせたのは、またしても映画作家たちである。ジャン=リュック・ゴダールの「難解さ」やトリュフォーの「平易さ」から、コッポラの「不器用さ」やスピルバーグの「素直さ」までの歩みは、その試みがすでに始まっていることのまぎれもない証左にほかならない。

防御と無防備のエロス——『断崖』の分析

Ⅰ　確信と納得

誰もが鉄道の効果音として知っている響きに汽笛がかぶさり、進行中の列車を苦もなく想像できるというのに、クレジット・タイトルが終ったばかりの画面には一条の光もさしこんではおらず、見えているのは、ただ暗闇ばかりだ。そこに弾んだような男の声で思わず足を踏んでしまった詫びの言葉が聞こえてくる。と、画面の左側からあたりに光線が回復し、奥の車窓の向うに流れている田園地帯の光景が、いま、列車がトンネルを抜けたばかりであることを告げている。

向かいあわせに四人が座れるはずのそのコンパートメントには、いま、男と女の二人しかいない。すぐさまケイリー・グラントと見分けられる男の方は、窓ぎわの左手に立ったまま、コートを網棚に乗せながら、誰もいないと思って失礼した、痛くなければ幸いですがといった言い訳を口にしている。右の窓側の座席に腰をおろしている女は、読みかけの本から目をあげ、男に視線を送りながらも声は立てず、そっと足もとをさすっている。彼女の正面に座って、向うの車輛は葉巻の煙がひどくてやりきれないと口にする男を、キャメラは正面から捉える。まさか、あなたは煙草は喫《す》われませんねときかれて、ええ、喫いませんと答える女を正面から捉える画面が、こんどはその女をジョーン・フォンテーンとして示す。

彼女は、縁の広い帽子をかぶり、眼鏡をかけている。男は、窓からさし込む陽光を避けるように、左手をひたいにかざし、正面の女をしげしげと見つめる。足もとから胸にかかえられた書物のところまで、キャメラはゆっくりパンする。そして、こんどは本と女の顔を別のショットで示す。視線を避けていくぶんか戸外に瞳を向けているのであろうか、彼女の細い銀縁の眼鏡のレンズの表面に、何やら風景の流れに似たものが反映している。

このときわれわれは、それが疾走中のコンパートメントの内部であると納得する。もちろん、そうと確信するのではない。本物の列車の中のできごとだと信じ込むものは、誰もいはしないだろう。ステージにたてられたセットの車輛だと気づかぬ者はいまいし、車窓の向うを流れる風景がスクリーン・プロセスによるものだと知らぬ者もいないに違いない。時折り、線路脇の樹木や電柱の影と思われるものが、向かいあった二人の顔を横切るときも、それが巧みに按配された照明の効果であることを誰もが知っている。つまり、そうしたことがあまりに明らかであるが故に、人はこれっぽっちも確信することなく、充分すぎるほどに事態を納得することになるのだが、見る者を、ごく自然に納得へと導くための音響的＝視覚的な配慮の体系を、映画史は、古典的な映画と呼んでいるのだ。そして、いま描写したばかりの導入部を持つヒッチコックの『断崖』（1941）は、まぎれもない古典的な映画なのである。

もっとも、古典的な映画の死滅した以後の映画、それはヌーヴェル・ヴァーグ以後とも現代的映画と呼んでもかまうまいが、そうした映画が、配慮の体系とまったく無縁だというのではない。たとえばゴダールの『中国女』（1967）で、フランシス・ジャンソンとアンヌ・ヴィアゼムスキーとが、ヒッチコックの男女と同じように列車の座席へ向かいあって座って何やら議論を交わすとき、それがパリの郊外電車でロケーションされた場面だと知っていても、人は、その事実を確信するのではなく、あくまでそうと納得するまでである。車窓を流れて行く光景がより生なましく迫ってくるといったことや、台詞を口にする二人の表情がより切迫した何かを漂わしていたにしても、われわれは、決して確信の風土を自分のものとはしないだろう。なぜか。

理由は単純である。両者にあっては、ともに、キャメラが周到に自分自身を消し去っているからだ。単に、キャメラが視覚的に画面に影を落としていないというのではない。いま、それがどこに置かれているかを想像しうるものでありながら、キャメラはあくまで不在なのである。ヒッチコックとゴダールとが、どれほど個性的なキャメラワークの持主であろうと、また、撮影監督のハリー・ストラドリングとラウール・クタールとがまったく異質の審美観の持主であろうと、ここでのキャメラの不在は決定的である。納得へと人を導くものは、この徹底した不在なのだ。われわれが何かを確信するためには、撮影現場に出かけて行って、いまフィルムがまわり、キャメラがしかるべき被写体を記録していることをこの目で見なければならない。そのとき人は、ゴダールなりヒッチコックなりの撮影に立ち合っている自分を納得する以上の体験をする。つまり、そう確信しうるのである。だがそのとき撮られた画面がどれほど臨場感あふれたものであろうと、それを見ることは、一つの証言に立ち合い、これを納得することでしかない。ドキュメンタリーと呼ばれるジャンルの曖昧さは、こうした確信と納得とが、そこでしばしば自堕落に混同されてしまうからだ。

納得によって維持される記号の連鎖、それをひとまず虚構と呼ぶことにしよう。その虚構は、記号が表象しているものの本当らしさとはもちろん無縁のものである。あたかも、自分自身を、見えてはいないキャメラの位置にいるかのように錯覚し、そのレンズを自分の瞳になぞらえたときに生起するものを、ことごとく虚構と呼ばねばならぬとするなら、記録映画もまた、虚構だということになるだろう。だから、『断崖』も『中国女』も、ともに一篇の虚構であるには違いない。そこには、同じ配慮の体系が支配しているからである。

にもかかわらず、ヒッチコックはゴダールと同じ映画を撮ってはいない。キャメラの不在による納得の風土が形成されてはいても、見るものが受けとめる視覚的＝聴覚的な記号の配列が異なっていたのである。では、その違いはなにか。

Ⅱ 古典的映画の配慮の体系

最も見やすい違いは、見えてはいないキャメラの位置にあらわれている。ヒッチコックにあってのキャメラは、進行中の列車のコンパートメントの中でのできごとという条件に依存することなく、その空間を自由に細分化してみせる。細分化にあたって、あらゆる壁や閾が消滅するのはいうまでもない。つまり、いまその足を踏んだばかりの女の乗客の前に腰をおろす男を正面から見据えるショットは、それが女の視線と正確に一致するキャメラによって撮られてはいないが、少なくとも、女が座っている椅子と背をもたせかけているクッション、ならびにそれがはりつけられている背後の壁がそっくりとりはらわれていなければ不可能な位置に、キャメラが置かれていることは明らかだろう。座っている女を捉えなおすショットについても同じことがいえる。ケイリー・グラントとジョーン・フォンテーンの座っているシートは、いつでもとりはずしが利くものだし、たんにシートのみならず、それが据えられている仕切りの壁も、とりはずし可能なものなのである。

もちろん、セットでの撮影につきもののこうした便利さを、ここで改めて強調しようというのではない。なるほど、疾走中の車輛でロケーションを行うゴダールには、こうした振舞いは演じることができず、客車そのものの持つ物理的な条件がキャメラの位置を残酷に制限している。だが、問題は、セット撮影とロケーションとの違いそのものにあるわけではない。たしかにそれは、古典的な映画とヌーヴェル・ヴァーグ以後の作品との画質の違いを通じて、物語の語り方そのものの差異をきわだたせはするし、装置の徹底した人工性と自然さに人目を惹きつけもするが、それがともに進行中の列車の中のできごとだと人を納得させようとする配慮の体系は維持されているからだ。問題なのは、古典的な映画の配慮の体系が、より決定的な不自然を涼しい顔でやってのけているという点にある。その自然が、より自由な空間の分割への意志に支えられているという事実が重要なのである。

ヒッチコックは、コンパートメントの中での男女の出会いという物語を演出するにあたり、あらかじめ、キャメラが二人の前後左右からその表情をフィルムにおさめることを考えている。そのためには、コンパートメントの仕切りの壁にとどまらず、その背後に戸外の光景が流れている窓そのものをとりはずすことさえ辞さないだろう。つまり、原理的には疾走中の列車の外部とならざるをえない位置にキャメラを据え、向かいあった二人を撮影するのだが、この不自然さを映画がどのように処理しているかは実はきわめて曖昧なのである。

古典的な映画にあって、車内の光景を車外から撮るということは決して不自然なものとは思われていなかった。事実、多くの作家たちがそうした画面を作品に導入している。その場合、キャメラは、窓の外部におかれ、窓ガラス越しに内部が撮影される。このとき、原理的にいうなら、キャメラは、走っている列車と同じ速さで伴走している物体に置かれていることになるだろう。これは、駅馬車であろうが飛行機であろうが船であろうが、変りなく維持された原則である。いずれは、セット装置であればこそ可能となった方法であり、現在のロケーションでは、ほぼ自動車の場合だけにそれが生かされている。

いずれにせよ、こうしたときに自然さを納得させているのは、窓枠の存在である。セット撮影であれロケーションであれ、外部に置かれたキャメラが車内のできごとを撮影するとき、内側から見ても存在している窓と車体とをそっくり視界におさめることで、同じ速さで脇を走っている物体からの撮影という不自然をカヴァーすることになるだろう。ところが『断崖』の場合には、その窓枠も外部の車体もそっくり消滅してしまっている。窓ぎわの席に座っていたはずの男女が、ここでは外部から、かなりの距離で捉えられているのだ。冒頭のショットとちょうど正反対に位置するキャメラが、こんどは、窓辺の席に向かいあっている二人を手前に据えてはいても、その膝から足もとまで視界におさまるほどの位置から撮影しており、原理的にいうなら、それは恐しく本当らしさを欠いたショットだというべきだろう。

もちろん、キャメラが位置を変えねばならぬ理由は存在している。検札係の車掌が、透明なガラス扉を押してコンパートメントに入って来たので、その新たな登場人物の顔を正面からながめ、しかも以前から車内にいる二人を同時に示す画面は、その位置からしか撮ることはできないからである。

　この原理的な不自然さにもかかわらず、事態を納得させるのは、車掌の背後に、反対側に流れている車外の光景である。そして車掌の後ろの廊下を通過する一人の乗客の姿がその納得をさらに補強しているというべきかもしれない。事実、ここでの窓と壁との不自然な消滅を、人はさして意識することなく受け入れる。これが一等車であって、ケイリー・グラントの乗車券が三等のものであることを示すクローズ・アップが、キャメラをたちどころに車内に呼びもどす。そして、金の持ち合わせがないという彼が、目の前のジョーン・フォンテーンから小銭をせしめるとき、キャメラは、すぐさまこれまでの切り返しショットに戻るので、見る者が、一度車輛の外に出たキャメラの不自然さにさして気をとめず、またそうと気づいてもすぐに忘れてしまうような配慮がほどこされているのだ。

　では、ヒッチコックは、このシークェンスのたった一つだけ存在している大胆なキャメラの位置を、みずからどう処理していたのだろうか。観客たちの不注意をあてにして、三人の位置関係を示す必要に迫られ、余儀なくそうせざるをえなかったのだろうか。それとも、単に、古典的な映画が持っていた本当らしさの許容度に従ったまでなのか。それとも、それは演出上の必然なのだろうか。

Ⅲ　キャメラの遍在

多少ともヒッチコックに親しんでいる者なら、彼の作品の多くが、壁や窓枠を涼しい顔で通りぬけてみせる独特のキャメラワークに基礎を置いている事実を知っているだろう。『サイコ』（1960）の冒頭で、キャメラが、窓をすっとすりぬけて外部から情事の部屋まで入り込んだことを覚えていない者はいまいし、『海外特派員』（1940）では、飛行機に近づいて行ったキャメラが、小さな丸い窓枠をものともせず、客席にまで入り込んで行ったシーンを忘れずにいるに違いない。『間違えられた男』（1956）ではドアーを閉めるヘンリー・フォンダの身振りを追いながら、閉められたはずの不可視のドアーを通過して、キャメラはやすやすと通りから家の中まで移動してみせたものだ。壁や窓枠の消滅は、彼にあっては日常茶飯事だといってよい。だから、さして驚くにはあたらないことなのかもしれない。

だが、ここで起っていることはいささか事情を異にしている。あらかじめ車外にあったキャメラが、知らぬ間に、嘘のように内部に入りこんでしまうという移動撮影ではなく、固定ショットであることが事態を特徴づけているのだ。

もちろん、こうしたことも、古典的な映画にあっては決してめずらしいものではない。壁に背をもたせかけた人物を次のショットで背中側から示させたり、鏡をのぞき込む人物の顔が正面から捉えられることがなければ、ウィリアム・ワイラーやマイケル・カーティスの演出は崩壊するほかはないのである。いままで見えていた壁、鏡がとりはずされ、その位置にキャメラを据えることなしには実現されえないそうした画面のつなぎは、いずれも空間の細分化を目指しており、古典的な映画作家によって、演劇的空間からは最も遠い映画的なものだと思われていたものだ。『断崖』にあっての男女の顔を交互に捉える切り返しも、そうした原理に基づいている。また、通路側から入ってくる車掌の姿を正面から捉え、手前に二人の人物を配するショットを構成するために、窓枠と車体とを取り去って、原理的には列車の外になる位置にキャメラを置くというここでの試みも、細分化された空間の効果的な演出法の一つとなるだろう。

これは、遍在するキャメラという古典的なイデオロギーの表われであり、壁や窓枠を自由に通過するキャメラというヒッチコック的な要請とはいささか異なるものだというべきだろう。では、空間の分割という古典的な演出原理はここでいかなる効果をあげているのか。三人の人物配置をまず全景として提示することで、その後にくり返された一人ひとりのクローズ・アップにおける視線の方向を納得させることに貢献しているのである。われわれはまず三人の全景が示されるショットで、左端のジョーン・フォンテーンが車掌に切符を手渡すのを見る。その切符のクローズ・アップが、次にこの空間をイギリスの列車の一等車だと告げる。次に車掌がケイリー・グラントに切符の提示を求める。このショットも、おそらくは車外に位置するキャメラから撮られたものだろうが、そのことを意識させずにおくかのような三等席の切符のクローズ・アップが、男の乗り間違いを指摘する。自分は一等を買ったのだから、という男の言い訳がむなしく響く。その間、男と車掌とを交互に見くらべる女の眼鏡ごしの視線が効果的に挿入される。女は男を見ている車掌と、車掌を見ている男とを見るのであり、そこに、単なる視線の交錯とは異質の古典的な映画空間が快く形成される。台詞が事態を説明するのではなく、ひたすら言葉を交わしあっている者たちを余裕をもって見まもる女の無言の表情の中に、事態を把握して優位に立った女の心が手にとるように感じられる。ここで物語を納得させるのは、もっぱら見ること、聞くことに徹している女の顔のショットの巧みな挿入ぶりなのだ。距離を保った女の姿勢を通して、また、

『断崖』(上下とも)

その余裕をも共有しながら、人は、男の身分のいかがわしさを理解する。これが古典的な映画の魅力ある演出法とも呼ぶべきものだ。

すぐにもその嘘が透けてみえるような言い訳をする男と、職業意識に徹する車掌との初めから勝敗の決ったやりとりを、かたわらで見まもっていればよいジョーン・フォンテーンの表情、つまりは第三者の存在を巧妙に物語に導入する。そして、おそらくは詐欺師めいた男の生活が小さな嘘でぬりかためられているだろうという予感を、その第三者の観察を通して納得させること。この媒介性こそ、古典的な映画とヌーヴェル・ヴァーグ以後の作品との決定的な違いなのである。『中国女』の場合、そこで交わされる台詞は、そこでの対話に立ち合いえた者の無言の表情を介して納得されるのではなく、より直接的に見る者によって解読される。ヒッチコックは、こうした媒介的な解読装置を巧みに按配することで、人を物語へと誘いこむ。それが優れた古典的な演出というものなのだ。彼の作品が単なるサスペンス映画ではなく、ユーモアあふれた恋愛映画たりえているのは、そうした第三者の余裕ある無言の表情を介してにほかならない。

ところで、『断崖』の面白さは、その余裕ある第三者が媒介たる自分を徐々に見失い、事件の当事者たらざるをえなくなるという点にある。それは、まず、局外者だと思っていた自分が、男の図々しさに不意撃ちされて、そのいかがわしさの共犯となってしまうことから始まる。小銭を拝借しえまいかとたずねられ、持ち合わせはないと思いますがと口にしながらも手にとるハンドバッグから、男が彼女の逡巡を勇気づけるかのような屈託のなさで小銭を奪いとってしまうとき、女の優位は小さく崩れ落ちる。しかも、勘定をすませて車掌を追い払った男は、礼もいわずに向かいの席で眠りこんでしまう。自尊心を傷つけられた女は、もはや読み続けていた書物に視線を落とすことなく、新聞でも拡げてみるほかはない。そして、顔の下まで新聞紙で隠された女の視線が、そのとき初めて無関心を装いきれない執着を示しつつ男の寝顔に注がれる。目の前に拡げた新聞の紙面に、男の写真が載っているからだ。社交欄らしいそのページには、ケイリー・グラントが見知らぬ女性と並んで微笑んでいるし、その下には名前まで印刷されている。その写真のクローズ・アップからキャメラはゆっくりパンして正面の席で寝ている男の姿を捉える。その主観的なショットにやや楽天的な音楽がかぶさるとき、このシークェンスはフェイド・アウトによって終りとなる。

Ⅳ　遅延する意味作用の開示

いまや、この『断崖』の冒頭に据えられた列車のコンパートメントの場面が、いかなる点でゴダールのそれと異なっているかは明らかだろう。われわれが納得するのは、これが、たまたま向かいあった座席に乗りあわせた者たちの対話と視線の交錯だという事実だけではない。トンネルを利用した溶明によって始まるこの導入部が対照的な溶暗によってしめくくられるとき、誰もが、この二人がやがて再会して恋に陥るだろうと予想することになるからだ。もちろん、列車という装置が、ヒッチコックにあっての特権的な遭遇装置だということがそれと無関係ではなかろう。だがわれわれは、この場面を構成しているあらゆる小道具が、無償の記号としてあるのではなく、のちの物語の展開の上で有効に活用されるに違いなかろうと予測する。それは納得というより、ほとんど確信に近いものだ。この列車の場面が導入部であるとするなら、単に他の場面に先行して二人の人物を引き合わせているにとどまらず、そこで目にする記号が、説話論的に先送りされ、物語のしかるべき一点で有効に消費されるはずだとわれわれは信じる。それも、しばしば小道具の使い方がうまいといわれたヒッチコックが、たとえば『見知らぬ乗客』（１９５１）でのライターを、列車の中での遭遇の瞬間から提示しておき、それを物語の肝腎な場所で活用するといった場合の華麗さとは異なり、もっとさりげなく、いわば日常的な些細な身振りを通じて消費されるだろうと予想させるような細密な演出設計がなされているからだ。それは、ここでの導入部が、サスペンス映画というより、恋愛映画のそれにふさわしいからである。事実、これは、心理的緊張のために愛が活用されるのではなく、愛の一側面として心理的緊張が描かれる作品なのだ。

恋愛へと向かう接吻は、ここでは素描されたものにとどまっている。暗闇の中で足を踏むこと、そして車掌の目の前で女の手から素早く小銭を奪うこと、その二つがそれである。当然のことながら、次の段階として、男が女を抱きかかえるという振舞いが演じられねばならない。その瞬間を準備するものとして、このコンパートメントで目にする諸々の装置が活用されることになるだろう。ここではたんなる視線の対象でしかなかった細部が、やがて説話論的な運動を示すことで、その意味作用を開示することになるのだ。

そのとき人は、ゆっくりと納得の風土を離れる。空間を思いきり細分化するキャメラが男女の遭遇の舞台装置として列車のコンパートメントが選ばれている事実を物語として受け入れるのみにとどまらず、やがて起こるだろう記号の配置の変化に対する期待へと向けて自分自身を組織すること。それがサスペンスというものにほかならない。

われわれがコンパートメントの窓ぎわに発見するジョーン・フォンテーンは、まず、不意の侵入者に対して慎ましい防禦の姿勢を示している。あからさまな不信感というより、隙をみせずにおくことで身構えるさまが、すぐさま見てとれるのである。つばの広い帽子を深々とかぶり、髪の毛を視線にさらさない。車中でありながらもオーヴァーはぬいでいない。透明なレンズではあっても、その眼鏡は瞳を露呈させていない。男の問いに短く答えるほかは、自発的な言葉は洩らさない。そして胸もとにかかえている書物と新聞とが、相手から身をまもっている。唯一の無防備さといえば、男の申し出に思わずハンドバッグを開けてしまったことだろう。いずれにせよ、彼女が身にまとっている衣裳や小道具のすべては、それが接吻にも抱擁にもふさわしからぬものであることを告げている。帽子が、眼鏡が、外套が、そして胸もとに拡げるハードカヴァーの書物の表紙までが、この不躾な男の唐突な出現の前に、優雅さを失わぬ程度に身構えたその肉体を防禦しているからだ。

では、男はどんな振舞いを演じることで相手の存在のこわばりをときほぐすことになるだろうか。いかなる状況のもとに、彼女はおのれの身を男の腕にゆだねることになるだろうか。

いま、われわれは、事態を納得したのちにそうした期待の領域に足を踏みこんでいる。そこにすでにサスペンスが生じ始めているのだが、ヒッチコックは、このコンパートメントで人が目にすることになるさまざまな要素が蒙《こうむ》る変化を律義に跡づけながら、見る者の宙吊りの状態に一つひとつ意味を与えてゆくことで期待を充たし、決して心理的な説明が愛の成就を描くことはしないだろう。納得へと誘《いざな》う記号のことごとくが、いささかの時間をおいてから、その意味作用を物質的に開示することになるだろう。それが、恋愛映画の巨匠ヒッチコックのサスペンス芸術と呼ばれるものにほかならず、この先送りにされる意味作用の開示のために配置された記号という点が、古典的映画の最良の成果とヌーヴェル・ヴァーグ以後の作品との最大の違いなのである。

V　素裸の自尊心

コンパートメントのシークェンスに続く馬場のシークェンスで、女性たちにとり囲まれているいかがわしい色事師は、車中で出会った女が乗馬服姿で馬を駆っているのを認め、ヴェール越しのその横顔の魅力に惹きつけられる。ここでわれわれは、真向かいに座りあった車中でのプロフィールの不在の意味をさとることになるのだが、愛馬を手なずけようとするジョーン・フォンテーンの横顔に推移する誇り高い微笑は、真正面からのショットがどれほど彼女に防禦的な姿勢を課していたかを改めて明らかにするだろう。この横顔には、もちろん眼鏡など認められはせず、もうそれだけで接吻と抱擁とにふさわしい表情が画面いっぱいに揺れている。しかも、名家の一人娘だというのだから、男にしてみればこれに接近を試みずにいることはなかろう。

それから数日後になるのだろうが、女友達につれられて男が女の家を訪問するとき、女は普段着のまま、居間のソファーに横座りの姿勢で同じ書物に読みふけっている。もちろん、眼鏡をかけてはいるのだが、その身体には屈託のなさが漂っている。庭に面した扉に男の姿を認め、女は立ち上がる。このとき、彼女が三つの意義深い仕草を継起的に、だがほとんど同じ動作として演じていることを見落としてはなるまい。ほとんど反射的に書物を伏せてソファーに置き、立ち上がりぎわに眼鏡をはずして両手をそのまま髪にそえるようにして男に向かって微笑むのである。

『断崖』(上下とも)

散歩に誘った男は、着換えのために女が居間を留守にした隙に放置されていた書物に目を落とし、そのページの間に、自分の写真を載せた新聞の切り抜きがはさみこまれているのを目ざとく察知する。男が自信を深めるのは当然だが、女にとって、眼鏡をはずし書物を置いたことが決定的だったことはいうまでもない。

散歩のために女がまとうのは、すでに見た帽子と、車中で羽織っていたのとは別のオーヴァーである。男は、つれの女たちが教会に入った隙に女を野原へと誘う。こうして彼らは初めて二人だけになるのだが、不意に男が女を抱きしめようとする瞬間に激しい風が吹き荒れる。その光景を遠景から捉えるキャメラは、かたわらの大木を揺るがせるほどの疾風が女の頭から帽子を吹きとばし、逃れようと身をよじる女の肩から、羽織っていたオーヴァーが滑り落ちるさまを見落としはしない。そして乱れた髪に手をそえる男のかたわらに女のクローズ・アップが挿入される瞬間、われわれは、ブラウスとカーディガンを着ていながらも、ここでのジョーン・フォンテーンが文字通り素裸で立っているさまに驚き、かつ感動する。車中の男と再会してほんの数分のうちに、彼女は、初めて出会ったときに接近をさまたげていたあらゆる装置を身のまわりから失い、無防備なさまを相手に告白するほかはないからである。

ヒッチコックにおけるエロチシズムとは、まさしくこうした物質的なものなのだ。帽子の不在は、その裸の髪に触れることを男に許してしまう。眼鏡の不在は、存在の震えを直接見る者に告げてしまう。オーヴァーの不在は、肉体の線を露骨にきわだたせるわけでもないのに、男の指さきを、ブラウスの襟もとに誘ってしまう。胸もとに拡げる書物の不在は、すでに、男に心理的な優位を保証してしまっている。かくしてジョーン・フォンテーンは、素肌を人目にさらす以上の防備のなさを視覚的に立証しつくしていることになる。あらゆる視覚的な記号は、コンパートメントの内部とは異質の配置におさまっているからだ。しかも、いま、野原の風にもてあそばれている女は、男に背後にまわられてしまっているのだ。乱れた髪をもてあそぶケイリー・グラントは、正面から彼女を見据えることなく、後ろから抱きかかえるようにして女の肉体をこわばりから解放しようとしている。物理的なさまざまな条件が、彼女の敗北を証明している。こうした視覚的な暴力の威力はもっぱら記号の配置の急激な変化からもたらされるものだ。そしてその変化の中に、われわれは、シャワー・ルームの中で裸身のまま殺される美女を見るときよりも遥かに刺激的なエロスの形象化をうけとめるのだ。ジョーン・フォンテーンを裸にするには、なにも着ているものをすべてはぎとるには及ばないというのが、才能ある古典的な映画作家の自信なのである。

見落としてならぬのは、風の吹き荒れる野原でのジョーン・フォンテーンが、防備を解いたこだわりのない姿勢にもかかわらず巧みに男の腕をすりぬけ、唇を奪われるにいたってはいないという点だろう。乱れた髪をとりつくろってから小さな鏡をバッグからとり出し、そこに自分の顔を映してみる。そして、胸もとでバッグをぱちりと音をたてて閉める。その動作でこのシークェンスは終りになるのだが、それがわずかに残された抵抗だということにもなろう。あらゆるヒッチコック的なヒロインにふさわしく、彼女も暴力的に唇を奪われる女ではない。みずから男に捧げて男のうちに驚きを誘発するのがヒッチコック的なヒロインであるなら、ジョーン・フォンテーンもまた散歩からの帰途自宅の扉の前で不意にケイリー・グラントに接吻することで堂々たるその一員となるだろう。自己防禦の装置をことごとく手離して裸身の自分を視線にさらしてしまった以上、接吻だけは自分の意志で相手に与えようというのが彼女たちの自尊心なのだ。この自尊心がサスペンスを最後まで持続させる物語的な要素であることはいうまでもない。『断崖』にあっての古典的な演出は、納得の風土に従って配置される諸々の記号の群が、その意味作用の開示にいたるまでの時間的な遅延によって期待を宙吊りにすることで進行する。たとえば冒頭で提示されている眼鏡は、誘惑の場面の導入部で顔から遠ざけられるが、その後、彼女が最も防禦的な姿勢をとるときに、夫のもとに配達された手紙を盗み見ようとする女の眼にかけられることになるだろう。従って、その意味作用の開示は複数の時間の上に分配されていると見ることができる。ただし、ひそかに手紙を読もうとするときの眼鏡は、あからさまにサスペンスを盛りあげる機能を帯びており、それなりの効果は挙げているのだが、われわれとしては、さりげなくとりはずされる愛の導入部における眼鏡の方を好む。これみよがしの効果ばかりが、ヒッチコック的な小道具とは限らないからである。

ところで、冒頭のコンパートメントの場合には、やがてその配置が根源的に位置を変えるいま一つの記号が含まれている。それは、向かいあった座席である。これが、自動車の運転席の並んだ座席へと位置を変えるとき、ジョーン・フォンテーンがこの上なく無防備な状態に陥ることはいうまでもあるまい。だが、サスペンス豊かな装置としての自動車の意味については、ここでは触れずにおく。ただ、『断崖』という映画が、コンパートメントの向かいあった座席で始まり、断崖ぞいの道路を疾走する自動車の並んだ運転席で終っていることだけは指摘しておかねばなるまい。この座り方の違いの中に、あらゆるヒッチコック的な納得と期待とが交錯している事実を論ずるには別の機会が必要とされるし、より大がかりな主題論的な分析がなされねばならぬからだ。その楽しみは、いま少しばかり先送りにしておきたい。

周到さからもれてくるもの　ヒッチコック『めまい』の一シーンの分析

Ⅰ

誰ひとりサンフランシスコと見まごうこともあるまい美しい湾岸地帯を遥かに見下ろすビルの屋上で、警官を従えて犯人を追跡中の刑事が、迫りくる夕闇に距離感を見失ってであろうか、飛び移った屋根の傾斜で足を滑らせて転倒し、建物の縁の雨樋にかろうじてしがみつき、宙吊りとなったまま動きを失ってしまう。

両手で全身を支えるしかない彼の瞳がとらえる遠い地上には、米粒ほどの人影が行き交っている。事態を察して振り返り、足元もおぼつかなくさしのべる警官の手を握り返すことさえできない宙吊りの刑事は、あたかもそれが彼の意志ででもあるかのように、そのまま虚空へと落下してゆく部下の叫び声を耳にするのみである。あとには、気の遠くなるほどの距離のかなたに転落した警官の小さな死体が横たわっているばかりだ。

かくして、署長の地位さえ約束されていたサンフランシスコ署の独身刑事は、自分の過失から部下を殉職せしめ、肝心の犯人逮捕にも失敗するのだが、『めまい』（１９５８）の導入部でまたしても「落下」の主題と楽しげに戯れているアルフレッド・ヒッチコックは、主役の刑事を演じるジェームズ・スチュワートに二重の失策を演じさせ、その職を辞しただけでは到底償いえない罪の意識とともに、高所恐怖症という新たな精神の傷までまとわせた上で、晴ればれとした風情で物語を語り始めるのである。

ヒッチコックによくある間違えられた無実の男ではなく、まぎれもなく過失に憑かれた男を演じなければならないジェームズ・スチュワートは、眼鏡をかけた女友達バーバラ・ベル・ゲデス——彼女とはかつて婚約していたことがある——の献身的な愛情に支えられながら、まるで高所恐怖症を克服すれば過失から解放されるとでもいうかのように、失われた自信の回復に励もうとする。もちろん、むなしい努力である。元刑事が一命をとりとめたのは、部下が代わりに死んでくれたからにほかならず、彼が「身代わり」といういつものヒッチコック的な主題によってあくまで行動の自由を奪われている事態だけは、あえて意識しまいとしているからである。

そこに、大学時代の友人から、挙動のおかしい妻の足取りを自分に代わって監視してほしいと依頼され、その要請が罠だとも知らずに、固辞しながらも受け入れてしまう。かくして、「落下」の主題と「身代わり」の主題は、プロローグで素描されたものより遥かに緊密な網の目をあたりに張りめぐらせながらジェームズ・スチュワートから行動の自由を奪い、より決定的な失策へと彼を誘うことになるだろう。

では、私立探偵への変身を余儀なくされた元刑事は、ヒッチコック的な主題の網の目に囚われたまま、それとさとられずに美貌の人妻の跡を追いながら、坂の多い街サンフランシスコのなだらかな勾配と起伏をどのようにさ迷うことになるのか。

ここでの私立探偵ジェームズ・スチュワートの振舞いが、刑事であったかつての行動を周到に反復するしかないことは、もはやいうまでもない。社会的な秩序を攪乱した犯罪者の追跡と逮捕という職務に代って、夫婦の個人的な関係を破綻させかねない人物の監視と保護という依頼にふさわしく行動しなければならないからである。そこでの義務が公的なものから私的なものへと移行していることも、行動のパターンに本質的な変化を導入しはしないだろう。ただ、凶暴な同性の犯罪者の追跡と魅力的な異性の監視という状況の推移は、元刑事の演ずべき身振りに微妙な影響をもたらさずにはおくまい。犯人の追跡と逮捕の過程には絶えず射殺の可能性が認められていながら、美貌の異性の監察と保護のしかるべき過程に介入しえぬでもない抱擁、接吻、性交への誘惑は、それが親しい知人の配偶者であるが故にあらかじめ禁じられているからだ。つまり、失策に憑かれた男として『めまい』の物語を生き始める私立探偵は、物語のうえでは、かつて刑事であったころよりも遥かに多くの誘惑と遥かに強い禁止に身をさらし、しかも「落下」と「身代わり」の主題群のヒッチコックにおける一貫性を証明するしかない極めて危うい存在としてわれわれの視界に登場することになるのである。

この「危うさ」が、サスペンス映画というよりは恋愛映画として定義さるべき『めまい』のつきぬ魅力となっていることはいうまでもなかろう。とはいえ、ここで目指されているのは、このフィルムのそうした魅力がおさまることになる説話論的＝主題論的な相貌を、くまなく分析記述し、ヒッチコックの秘密なるものに迫ることにあるのではない。誰もが心得ているはずのこうした側面とは無縁のごく些細なシークェンスを取り上げ、それがシークェンスとして成立していることへの率直な驚きを告白することにわれわれの意図はつきている。そのシークェンスとは、元刑事が、被監察者と指定されたキム・ノヴァックの姿を初めて目にとめるレストランでのほんの一分三〇秒ほどの場面にほかならない。

Ⅱ

いわゆるヒッチコック的な「名場面」には、駆使される映画的な技法によって、二つの大きな違いが存在する。

まず、『海外特派員』(1940)の飛行機が海中に墜落するシーンや『汚名』(1946)の長い接吻シーンのように、あえて編集を排し、頑なに固定されていたりなまめかしく移動したりするキャメラによって同一画面に最大の情報を誘いこみ、引き延ばされた時間のなかで生起する見えない事件に観客を参加させるケースが「名場面」のひとつとなっている。また、『サイコ』(1960)のシャワールームでのナイフによる殺人シーンや『北北西に進路を取れ』(1959)のとうもろこし畑の双発機の銃撃シーンのように、卓抜な編集技法によって詳細な分析への誘惑をそそる「名場面」も数え切れないほど存在している。

『めまい』の問題の場面は、ヒッチコック的な編集の魅力が遺憾なく発揮されているという意味でなら後者のカテゴリーに属するが、ここでは、殺人や銃撃といった人目を惹く華麗な出来事はなにひとつ起こらない。そこで演じられているのは、即席の私立探偵に変身しつつある元刑事が、尾行と保護を依頼された女性の姿を初めて確認するというだけの身振りであり、二人の間には視線さえ交わることがない。事実、妻とオペラに出かける前に立ち寄るレストランで、気づかれぬように彼女を観察し、その容姿をあらかじめ記憶にとどめ、尾行に役立ててくれといわれたジェームズ・スチュワートが、約束通りレストランのバーに座って、奥のテーブルで食事中の夫婦に視線を送る場面では、元刑事は、夫の依頼に忠実であるために、その存在を相手に悟られてはならないからである。

私立探偵にとってと同じように、観客もまたキム・ノヴァックの姿に初めて接することになるこのシークェンスは、オーヴァーラップで始まりオーヴァーラップで終わっているので正確な長さを計測することは難しいが、すでに述べたように、一分三〇秒ほどの短い場面である。ひとことの台詞も発されることのないこのシーンでヒッチコックが描いてみせるのは、長時間続いただろう食事が終わろうとしており、勘定をすませた夫婦がテーブルから立ち上がり、バーの脇をすり抜けるようにして出口に向かうまでのほんの二分たらずの時間である。気配を察したジェームズ・スチュワートは、見咎められるのを恥じるかのように瞳を伏せて二人をやりすごし、レストランを出て行く後ろ姿の夫婦をちらりと視界におさめるのみなのだ。

ここで注目すべきは、これだけの場面を提示するにあたり、ヒッチコックが合計一四ものショットを周到に組み合わせていることだ。

まず、テーブルでの二人の食事の進み具合を見失うまいとして、バーのカウンターからややそり身になって左手に視線を送るジェームズ・スチュワートの横顔から遠ざかるキャメラが、着飾った男女がかこんでいるいくつものテーブルをゆっくり左へとパンしながら、画面の中央の奥まったテーブルに背中を派手に露出させたドレスの女をとらえ、それに向けて穏やかに接近してゆく四〇秒ほどの比較的長いショットが、空間的な状況と人物の位置とを的確に説明する（1）。始めはレストラン独特の低い騒音がキャメラの動きに同調して響いているが、画面の左端にキム・ノヴァックと覚しき女性の素肌の背中が姿を見せた瞬間から、祝福されることのない恋を暗示するかのごときかげりをおびた抒情的な旋律が流れ始め、このシークェンスの最後まで奏でられるだろう。

バーテンダーと会話をかわすカウンターの客たちからはひとり孤立した姿勢で斜めにテーブルを見据えるジェームズ・スチュワートを正面からとらえた短いショット（2）と、その視線がとらえたこれも短いテーブルで食事中の二人のロングショット（3）がこれに続く。友人夫妻のテーブルには、ボーイがちょうど勘定書をとどけたところである。

1－a

1－b

2

3

次に、画面2と同じ位置からのキャメラが、改めて同じ方向に視線を注ぐジェームズ・スチュワートをとらえ（4）、画面3と変わらぬロングショットが、席から立ち上がるキム・ノヴァックとそれにコートを羽織らせる友人の姿をほんの一瞬だけ映しだす（5）。続いて、テーブルから離れる二人の身振りに脅えたように瞳を伏せるジェームズ・スチュワートのやや近い距離からのショットが挿入される（6）。

ここまでは、視線とその対象とを交互に示す極めて古典的な編集が、高まり行くメロディーのフレーズとショットの連鎖とを律義に同調させながら快いリズムを刻んでいる。真の驚きをもたらすのは、それに続く部分の編集である。

4

5

6

まず、立ち上がった友人夫妻がキャメラに向かってゆっくりと近づいてくるやや長めのショット（7）がある。バーと食堂とを隔てるあたりの照明がいくぶん暗くなっているので、二人はほんの一瞬影の部分を通過するのだが、そこでボーイに呼びとめられた夫を置き去りにして出口に向かうキム・ノヴァックは、不意に鮮度をます照明にプラチナ・ブロンドのシニョンの髪形を誇らしげに輝かせ、知らぬ間に右へのパンでその歩調を追っているキャメラの真正面で、画面の右手に視線をはせたまま、完璧な横顔のクローズアップにおさまり、その動きをぴたりと止める。縦のロングショットであったものが、微妙な陰影の中をくぐり抜ける女性の動きにつれていつしか横の構図の大写しへと移行している呼吸が何とも素晴らしい。デコルテのドレスで大きく露呈された女性の胸に、ダイヤのネックレスが怪しい光りを放っている。

7-a

7-b

7-c

7-d

次は、その振舞いの意識されざる大胆さに気圧《けお》されたかのように、いま自分に最も近い地点に立っているはずの女に視線を注ぎえないばかりか、反射的に顔をそむけざるをえない男の気まずそうな横顔の、ひたいから下のクローズアップ（8）。

この二つのショットで、画面の中での男女の顔が全く同じ方角に向けられていることに注目したい。一人は通路に背を向けてバーのカウンターに座り、いま一人は出口へと進む動きを中断してふと立ち止まるという彼らの位置関係は、たがいに視線を交わすことの不可能な状況を告げているからだ。つまり、観客は、これまでと異なり、私立探偵とその未来の被監察者とのいずれもの瞳もが機能しえない状況を、形態的に類似した画面（二つの同じ方角に向けられた横顔のクローズアップ）の連鎖を通して納得するのである。

だが、同時に、女が影の部分をくぐり抜けて眩《まばゆ》い光線に身をさらした瞬間から、編集の機能が全く違ったものになっていることにも気づかずにはいられない。もはや、視線とその対象を交互に示すという古典的な画面のつなぎの原理は放棄されているからである。事実、まるで、相手を見ることが途方もない失敗につながりはしまいかと恐れているかのように元刑事は瞳を伏せ、友人の妻といえば、彼の存在を完全に無視しつくしている。だから、このときわれわれ観客が見ているのは、二人が見つめ合わないという事実のみなのである。

続いて、画面7―dよりもやや離れた距離からのキム・ノヴァックの横顔のクローズアップ（9）。

その横顔がふと伏し目がちにまつ毛をしばたたかせてゆっくりとこちらを向きそうになったところで、画面は同じまつ毛の動きとともに一段と瞳を伏せ、女の視線を避けようとするかのように顔をそらし、ゆっくり首をまわそうとするジェームズ・スチュワートのクローズアップへと切

8

9

10

りかわる（10）。

だが、画面はすぐにキム・ノヴァックのクローズアップに戻り、ここでの彼女は、画面9で素描されかかった振り返る運動を完璧に演じきってみせる（11）。つまり、スクリーンを見ている観客の方に穏やかに向き直る女は、そのまま完全な左向きの横顔のクローズアップにおさまって一瞬静止し、背後でボーイと立ち話しているはずの夫に視線を送るのだ。そして、近づいてくる夫の気配にいま一度ゆっくりこちら向きに振返り、再び画面9のクローズアップに近い表情をやや微笑ませると、その後ろを通過する夫の動きにつれて画面から出てゆくのである。

それに続いて示されるジェームズ・スチュワートのクローズアップ（12）は、画面10で始められた動きをうけとめるかたちで、初めて彼の左の横顔を示すことになる。つまり、女が後ろを振返っている隙に、男もまたその顔を一回転させていたことになるのだが、女がその表情をすっかりキャメラのレンズにさらしているのとは対照的に、男はそれを避けようとするかのように、後ろ向きに顔をまわしたことになる。

キム・ノヴァックが眩い光りの中へと進みでて以後、このショットにいたるまでの編集は、同時に演じられはするがまったく正反対の方向に振返る男女の持続した運動をそれぞれ二つのショットに分割し、しかもその分割がシークエンスのリズムを壊さないばかりか、あたかも一連のスムーズな動きであるかのように示している点に特徴を持つ。見ているものが驚かされるのは、まるで組み合わされた二つの歯車のように、だが視線さえ交わす事なくたがいに逆方向に回転する男女の顔が、あえて複数のショットに分割されていながら、機械運動の正確さとは異なる奇妙な

11-a

11-b

12

13

14

緩慢さをこのシークェンス全体に波及させている事実である。それは、高所恐怖症などといった病理とはいっさい無縁の、純粋に映画的技法としての編集による「めまい」の創造にほかならない。男が見ているわけでもないのに、女が後ろを振り向きそして振り返るだけで、あたかもそれに同調するかのごとく男は顔を一回転させるのだが、その組み合わされた運動が、男をもはや後戻りのきかない地点にまで引き連れてゆき、そこで、かつて建物の縁の雨樋にしがみついたように、男を宙吊りのまま置き去りにしてしまうのだ。

だが、ヒッチコックだけに可能なそんな技法に驚いている暇もなく、編集の原理はすでに当初のものに戻っている。画面12におけるジェームズ・スチュワートの左の横顔のクローズアップは、すでに視力を回復しているからである。事実、並んで遠ざかる友人夫妻の後ろ姿のロングショット（13）では、大きな鏡に自分たちの影を映してから二人はゆっくりとした歩調で画面を出てゆくのだが、ここでの編集は、明らかに視線とその対象という関係を表象している。

そして最後に、すべてが視界から遠ざかったことに安堵し、同時に、思いがけない体験に戸惑い続けているようでもある元刑事のクローズアップ（14）がこのシークェンスをしめくくることになる。もちろん、それは、画面12とほぼ同じショットなのだが、どこかしらかげりをおびた抒情的な旋律も低まり、ジェームズ・スチュワートの左顔にオーヴァーラップで浮き上がる次のショットでわれわれが目にするのは、すでに尾行の態勢に入っている本格的な私立探偵としての彼の姿なのである。

いま見たように、ほぼ一分三〇秒続く一四のショットからなるレストランのシークェンスには、そこですれ違う男女が食事をとる光景がまったく描かれてはいない。ここにあるのは、見ることとその不能性ばかりである。事実、尾行を依頼された元刑事は、尾行すべき女性の表情を一度も間近から眺めてはいない。にもかかわらず、彼が友人の理不尽な申し出に従って進んで尾行者の役割を演じようとするのはなぜか。彼女が思いもかけず魅力的な女性だったからという理由は一応成立する。だが、遥かな後姿しか見ていない女性の魅力に、これまで独身をまもってきた元刑事がどうして惹きつけられたりするのか。

この出会いの場面の周到な編集をみている限り、ヒッチコックが口にするであろう答えはごく単純なもののように思う。尾行さるべきキム・ノヴァックの妖しい美しさが観客の目に焼きついてさえいれば、それでもう充分ではないかと、彼ならいうに違いないからである。ここでしたたかにフィルムへと導入されることになるのは、元刑事が私立探偵へと変貌することになる心理的な根拠ではない。失策に憑かれた男としてのジェームズ・スチュワートの新たな失敗への歩みが、張りめぐらされた主題の網状組織の支配、キャメラ技法と編集技法の幸福な同調、人物たちの身振りの不可避的な競合によって、映画的に準備されたということなのだ。そして、ヒッチコックにあっては、それがしばしば起こる事態であることを、誰もが知っている。

ヒッチコックが当初ヴェラ・マイルズを主演女優として『めまい』を構想していたことはよく知られている。衣装も彼女向けに準備し、キャメラテストの結果も満足すべきものでありながら、本人の妊娠という事態によって撮影が不可能となり、いわば代役としてキム・ノヴァックが選ばれたにすぎず、ヒッチコックがその演技に充分満足していなかったことも、しばしば公言されている。だから、この映画で彼が最も得意げに語ってみせるのは、階段を真上から見下ろしていたショットにおけるトラックバックとズームアップの組み合わせによる「めまい」の感覚の視覚化という、純粋に技術的な問題にすぎない。公開当時は興行的にも「損はしない」という程度の成功しかおさめえず、ヒッチコック自身も『めまい』を失敗作のひとつとみなしているようだ。

実際、『ヒッチコック／トリュフォー　映画術』でトリュフォーがどれほど熱っぽくキム・ノヴァックの魅力を語ってみせても、ヒッチコックは彼女がブラジャーを必要としない豊かな胸の持ち主だったという程度の、ごく他愛ないエピソードでしか対応していない。この映画の主要な側面のひとつを「心理的な性交」と規定している以上、男の不安定な情緒と女の触れがたいエロチシズムの微妙な絡み合いが意図されているはずでありながら、どうやらヒッチコックは、キム・ノヴァックの存在をそれにふさわしいものと見なしていないようだ。そうだとすれば、先刻、彼の答えとして予想しておいたもの、すなわち、「尾行さるべきキム・ノヴァックの妖しい美しさが観客の目に焼きついてさえいれば、それでもう充分ではないか」という文章も修正される可能性を残しているのだろうか。ことによると、レストランのシークェンスにおける編集の冴えとみえたものも、被写体の女優に対する不満から出たものなのかもしれない。

ヒッチコックにとっての女性のエロチシズムの基本的な要素が、露呈された表情と隠された肉体との妖しいアンバランスにあることは誰もが知っている。彼の映画で主役を演じうる女優は、そのそぶりから肉欲の疼きを容易には想像しがたい清楚な容貌の持主に限られており、妖婦が登場した瞬間に、その世界は成立しえなくなるのである。ジョーン・フォンテーン、イングリッド・バーグマン、グレース・ケリー、ヴェラ・マイルズ、エヴァ・マリー・セイント、ティッピー・ヘドレンなど、彼が好んで登場させたのは、いずれもある種の「健全さ」のうちに性を抑圧する術を心得た女性たちばかりである。清楚な女性が不意によろめくように男の唇を求めるというアンバランスな状況を物語に導入することが、彼にとってのエロチシズムの基本なのである。

その意味で、ヒッチコックにおける性の世界は必ずしも成熟したものとはいえず、徹底して「健全さ」にこだわるとはいえぬにしても、むしろ幼児的な側面を残しているものだというべきかもしれない。あらゆる女性は、とりあえず、身体の表層における肉欲の統御を文化的に学んでいなければならないという前提が必須だという点でなら、ヒッチコックの性的な基盤は、ジョン・フォードや小津安二郎の世界に意外に近い。そして、おのれの肉欲の疼きを冷静に処理しうる聡明さとは無縁にみえるキム・ノヴァックは、いかなる意味でもそうしたカテゴリーからははずれている。ほしいままの放埒《ほうらつ》さで誇らしげに異性を挑発するとまではいえぬにしても、この女優は、統御されがたい肉欲とともに生きるしかない者の危うさを隠そうとはしていない。

監督が女優に寄せる信頼感がやや希薄だという点で、『めまい』がヒッチコックの作品群の中でもかなり異例のものであることは確かである。それが真に「清楚な」女性であるか否かは措くにしても、いわゆるヒッチコック的な女優たちは、無意識のうちに異性との距離を計測しうるかのごとき容貌におさまっているが、キム・ノヴァックには、本能的に距離を放棄してしまいがちな動物的な何かがある。そのことを考慮したうえで、改めてレストランのシークェンスをみてみるとどうなるか。

まず、編集とショットの記述にあたって用いられた語彙の修正が必要となる。これまで友人の妻と呼ばれていた監視と保護の対象たる女性が、実は妻ではなく、友人とともに妻の殺害を企てつつある共犯の女性にほかならなかったことが明らかになるからである。それと悟られずに彼女をよく見てくれという依頼は罠にすぎず、ここでのキム・ノヴァックは男に見られていることを充分意識しており、それでいながらさりげないそぶりを演じなければならない。つまり、この場面での彼女は、テーブルから立ち上がって食堂を横切り、バーのあたりで立ち止まるという一連の動作を、「身代わり」と「演技」というヒッチコック的な主題に従って演技として演じなければならず、その意味では、私立探偵へと変貌しなければならぬ元刑事にとってと同じように、ここでの振舞いは最初の試練なのである。

もちろん観客は、ジェームズ・スチュワートと同様に、この時点では、彼女に「演技」を強要する背後の事情を知らされてはいない。だが、演出家であるヒッチコックにとってそれは自明のことであり、しかも、肉欲の統御を無意識に計算しうる女優には分類されがたいキム・ノヴァックに、「演技」を演技するといった役柄がふさわしからぬこともよく心得ている。そこで、ヒッチコックが採用する解決策は、この場面を、もっぱら失策に憑かれた男にとっての最初の試練である誘惑の儀式としてのみ演出するというものだ。それは、「演技」を演技することで殺人の共犯者とならねばならぬ女にとっての最初の試練でもあるという事実を、とりあえず女優には要求しまいという解決策ともなるだろう。

この解決策は、その当然の帰結として、キム・ノヴァックにいっさいの演技を禁じることになるだろう。ヴェラ・マイルズにならば可能であったかもしれない「演技」の演技を彼女には要求せず、その存在を高度にスペクタクル化することで、男にとっての試練という側面のみを強調すればそれでよかろうとヒッチコックは自分にいい聞かせる。キム・ノヴァックはただ機械人形のように立ち上がり、いくつものテーブルの脇をすりぬけ、バーのかたわらで立ち止まり、機械仕掛けのように後ろを振り向き、また振り返ればよろしい。みずからに試練として課された演技に脅えたりする風情など、これっぽっちも演じてはならない。すべては、編集で処理するから、へたな演技は慎むこと。最後には場違いだったことがわかる抒情的なメロディーが、機械人形の動作のぎこちなさを滑らかな動きにみせてくれるだろう。

かくして華麗な編集技法を駆使したショットの組み合わせによるキム・ノヴァックのスペクタクル化が完成する。後ろを振り返る動作を二つに分割するという天才的な思いつきは見事に生かされ、女優の妖しい美しさを忘れ難く印象づけており、事態は、ヒッチコックの思惑どおりに進行したかにみえる。だが、はたしてそうか。

明らかに女優に対する不信から採用された一時しのぎのここでの演出は、しかし、いささか防御的なヒッチコックの姿勢を超えて、彼の多くの「名場面」とはいくぶん異質の、いわば計算外のものとしか思えないエロチックな雰囲気を濃厚に漂わせている。それはおそらく『めまい』という作品そのものについてもいえることだろうが、とりわけここには、ヒッチコックの周到な計算にはおさまりがつかない本能的な何かが、編集の隙間から匂いたってくるのである。

われわれは、『サイコ』のシャワールームでの殺人シーンでの卓抜な編集を何度でも見直し、その周到さに舌をまくことができる。『北北西に進路を取れ』のとうもろこし畑での飛行機による銃撃場面についても同様な賛美の念を禁じえないのだ。

だが、その種の賛嘆は、映画を知りつくした者にのみ可能な機械仕掛けの動作の完璧さに向けられたものにどこか似ており、過剰な何かがそこからもれ出てくることに対する驚きが欠けていることもまた確かなのだ。だが、『めまい』のレストランのシークェンスには、監督からは信頼されていない女優のぎこちない動作にもかかわらず、あるいはそのことの故に、計算された効果以上の何かがかもし出されている。そして、見ているものが惹きつけられるのは、卓抜な編集のリズムであるとともに、またそれ以上に、周到な計算をかいくぐって滲みだしてくる統御されざる希薄な流れともいうべきものなのである。

その希薄な何かを名づけることはきわめてむつかしいし、それこそが映画の魂なのだといい張ることの安易さも慎みたい。われわれがここで立ち会っているのは、エイゼンシュテインのいうモンタージュによる弁証法的な意味の生成といったものとももまったく異質なものだ。だからといって、計算を超えたものが計算を価値づけるものだといった原理を一般化するつもりもない。いずれにせよ、映画が見るものに「めまい」をもたらしうるとするなら、それは、撮影や編集という純粋に技術的なものの有効な駆使にとどまらず、それにもまして、そこに生成される視覚化されがたいものによってであることは否定しがたい。しかも、その瞳には触れがたいものの生成が、映画における視覚的なものの至上の組織化によって初めて触知されることになるものだという事実を改めて想起させてくれただけでも、『めまい』が、ヒッチコックの否定的な見解にもかかわらず、キム・ノヴァックを主演として撮られたことの意義は測りしれない。多くの「清楚な」ヒッチコック的な女優の存在にもかかわらず、彼女が、たったひとりの例外性によって、真のヒッチコック的ヒロインたりえている理由もそこにあるといわねばならない。

囁きと銃声　ルキノ・ヴィスコンティの『イノセント』

I

ふとわれを忘れて声を高めてしまうことはあっても、すぐに思い返して低い口調に戻り、激昂を、歓喜を、絶望を、あるいは懇願を相手に向ってつぶやきかけているうちに、会話のことごとくは、熱をはらんだ囁きの応酬へと変質してしまう。ルキノ・ヴィスコンティの遺作となった『イノセント』(1976)には、この熱をはらんだ囁きの応酬が二時間を越える上映時間を通して執拗にくりひろげられている。囁きといっても、関係の修復を期待する者の甘い囁きではない。事態が自分の能力を決定的に凌駕していったことで叫びが奪われながら、なお、諦念には行きつくことのない者たちが洩らす希薄さからはもっとも遠い囁きが、その全篇にある種のサスペンスを行きわたらせるのだ。このサスペンスの持続は驚嘆に値いする。ジェニファー・オニールも、ジャンカルロ・ジャンニーニも、ラウラ・アントネリも、最後までそのおし殺したような口調で作品の音の世界に揺るぎない統一を与えているからだ。思わず人は、これほど的確な演出がルキノ・ヴィスコンティに可能であったのかと姿勢を正さずにはいられない。偉大な芸術家だと納得することはあっても、彼が第一級の映画作家だとは信じていなかったからである。

　もちろん、ヴィスコンティが二流の映画監督だと高を括っていたわけではない。第二次世界大戦中にジャン・ルノワールの示唆によって撮った『郵便配達は二度ベルを鳴らす』（１９４３）から『イノセント』の直前に作られた『家族の肖像』（１９７４）にいたるまで、記憶に残る何本もの作品があるにはあるが、たとえばルノワールの画面に接したときのように、これこそ映画だと瞬時のうちに納得した経験はなかったし、ロベルト・ロッセリーニの苛立たしい長いショットを見つめ続けるときのように、それさえが映画であることに戦慄を覚えたためしもなかったということだ。ときに堂々としていたり、その印象をあえて否定するかのようなみっともなさを誇示したりするヴィスコンティの映画は、職業的に映画を選択した芸術的感性の鋭いイタリア人が、その選択にふさわしくあろうとする義務感によって、最高度の完成に近づこうとしている過程で人びとを感服させていたのであり、その限りにおいて決して二流の人ではない。だが、ヒッチコックのような、あるいはハワード・ホークスのような第一級の監督の映画とは異なる映画で、見た者を楽しませたり失望させてきたというのが、ヴィスコンティなのだと思う。われわれは、ベルトルッチやベロッキオには映画的な感性がそなわっていると自信をもって断言することができる。そしてヴィスコンティに恵まれていたのは、芸術的な感性でしかない。人が『ルードウィヒ』（１９７３）に心を動かされるのは、揺るぎない芸術的な感性に支えられたその演出の華麗さのためである。と同時に、その種の感性が今日の映画から彼を遠ざけていることにも人は自覚的なはずだ。『ベニスに死す』（１９７１）の美しさは、まぎれもなく時代錯誤の美しさである。ところが、『イノセント』には、その時代錯誤の美しさとは違う何かがみなぎっている。晩年と呼ぶよりはむしろ死の直前、ヴィスコンティが不意に映画と出会ってしまったのだろうか。彼がこれほどの確信を映画に対して示したのは、事実、まったく稀なことなのだ。『山猫』（１９６３）の舞踏会のシーンにいささかも驚かなかったわれわれは、『イノセント』の低い囁きの応酬に心からの感銘を覚える。これは囁きの映画ではない。囁きを介してヴィスコンティが映画と全的に和解した記念すべき作品が『イノセント』なのだ。

　ヴィスコンティの評伝を書いたイタリアの大学教授ジャンニ・ロンドリーノは、「この作品では、往年のヴィスコンティの映画に見られた総合芸術としての素晴しさは影をひそめている」と書き、その理由を、病身の監督が車椅子に身を埋めて演出せねばならなかった肉体的な衰弱に求めている。「あのような状態では演出、演技、カメラ、装置などのすみずみまで目配りをきかせることは、たぶん無理」だったので、「以前の歴史映画の色あせた模倣と欠点」ばかりが露出してしまっていると彼は涼しい顔で宣言する。いったいこの種の批評は、『イノセント』のどこから引きだされるのだろう。論者が、「歴史映画」というのであれば、「演出、演技、カメラ、装置」のどれをとっても『夏の嵐』（１９５４）より優れているし、『山猫』よりも完成度は高いとわれわれは断言できる。『夏の嵐』の魅力は、むしろ演出の荒けずりなところにあるのだし、視覚的な空間設計は、むしろ『山猫』より遥かに厳密なものだろう。実際この大学教授は、『イノセント』で何を目にし、何を耳にしたというのか。おそらく彼には、あのおし殺した台詞まわしが全篇にみなぎらせていた緊張感などに映画的な価値を認めなかったに違いない。

　題材が陳腐だと批評するのはまだわからぬではない。人妻の不倫、恋人の突然の病死、私生児の誕生、夫によるその殺害、絶望からの自殺、どれといって現代的な課題ともいうべきものはあるまい。世紀末の貴族社会の偽善を描いたダヌンツィオの作品が、ファシズムを準備する精神状態にひたっているが故に意味があるといったヴィスコンティ自身の弁明も、われわれを深く納得させるものではないだろう。だが、こと演出に関しては、『イノセント』は、おそらく『ボッカチオ'70』（1962）中の一挿話「前金」とともにもっとも完成度が高いものである。そしてその完成度の高い演出そのものが、社会批判が鮮明に描かれたという初期の諸作品よりも直接的に映画の現在へと人を導くものだという点をこれから証明しようと思う。ここには、後期の作品にしばしば見られた懐古趣味と境を接した時代錯誤の美しさなどどこにもありはしないからである。

時代錯誤の美しさにみちた『ベニスに死す』にあっても、そこに描かれた芸術家像はこの上なく陳腐なものであり、そんなものにわれわれはいささかも心を動かされたりはしない。しばしば口にされる頽廃美とやらもどうでもよいことだ。われわれが感動させられるのは、あくまでヴィスコンティの残酷さである。視線の誘惑に抗いえない存在がたどる地獄下りを、視線の演出を徹底しておし推めて描ききったその仮借のなさが十九世紀的な芸術家の堂々たる執念に似たものを感じさせ、そこに時代錯誤の美しさが漂いはするが、それが内面の動揺といったものの分析ではなく、もっぱら目にみえる表層として追いつめられてゆく過程には、二十世紀だけが持ちえた表現形態である映画が浮上してくる。ズームとパンのほとんどあられもない使用によって少年に惹かれる芸術家の姿が語られるとき、われわれは芸術家の心理ではなく、決して独創的なものとはいえぬこの技法をほとんど批判なしのあられもなさで濫用するヴィスコンティに感動してしまうのだ。溝口健二ほどにも映画を信じていない『ベニスに死す』の監督が、なお、映画でしか描きえない何かをキャメラを通して発見して行くその過程に、心を動かされるのである。

おそらくヴィスコンティは、トーマス・マンやグスタフ・マーラーを愛するほどには映画を信じてはいないだろう。だが、『イノセント』にあっての彼は、それと同じ意味ではダヌンツィオの原作小説を信じてはいまい。また、アッシェンバッハやルードウィヒ二世に執着するほどには、放蕩貴族トゥーリオの人物像に執着してもいないだろう。にもかかわらずというべきか、だからこそというべきかは、いささかの躊躇がわれわれの筆をおしとどめるところだ。しかし、いずれにせよ、ここでのヴィスコンティは、俳優としてはより高い評価を下しているに違いないダーク・ボガードやヘルムート・バーガーよりも間近からジャンカルロ・ジャンニーニの存在に迫っている。その心理に肉迫しているというのではない。視覚的かつ聴覚的にその表層的な部分に接近しているということだ。実際、熱をはらんだ囁きの応酬として物語を語ろうとするとき、演出家はキャメラによって思い切り人物たちに近づかねばならない。そのとき彼が車椅子から指示を与えたか否かなどはどうでもよいことだ。映画という視聴覚的な手段を通して、ほとんど距離なしに人物たちと接し合っているのである。その結果として、『イノセント』における放蕩貴族の青年は、ヴィスコンティの男の主人公の誰よりもあつかましく、おそらくは慎ましさの限度をも超えて見るものに迫ってくることになる。ダーク・ボガードもヘルムート・バーガーも、もっと控え目に距離の意識を心得て振舞っていたというのに、ジャンカルロ・ジャンニーニにはその配慮がまったくない。おそらく、『イノセント』のいたるところでつぶやかれている囁きが、声の抑制であるよりはその誇張であるかに感じられるのはそのためである。ここでの低い口調での台詞まわしが、他人の耳を避けようというより、むしろ無遠慮な振舞いに見えてしまうのもこうした理由による。

『イノセント』

では、ヴィスコンティは、間近に迫った死を充分に意識しながら、どうしてこれほどあつかましい囁きの応酬で一篇の映画を撮りあげてしまったのか。『ルードウィヒ』の撮影中に病に倒れ、なお肉体的な損傷によっていわば満身創痍のヴィスコンティが、否定しがたい存在の衰弱によって余儀なく声を抑えているのでないことだけはよくわかる。それは、より積極的な演出上の選択であるに違いない。その意味をこれから考えてみたい。

Ⅱ

『イノセント』は、艶のない鈍い響きで始まる。フェンシング道場の天井に近い壁を飾っているいくつもの球形のランプから、軽く触れあう無数の剣がこもった金属音となってたちこめる空間を撫でるように後退するズームが、思い思いに練習にはげむ白装束の剣士たち全員を捉えるまでにゆっくり視界を拡げてゆくとき、この映画の音の表情はすでに決定されているといってよい。濁っているというのではないが、何かに濾過されて鮮度を失ったような響きがその基調音となることを予感させるみごとな導入部である。そうした音に蔽われた世界の中でキャメラは一組の剣士を捉える。その一人がさっとマスクをとり除いたときに主役の顔が印象づけられる。仲間の一人と言葉を交わしながら、彼はふと壁の時計に目を走らせる。そのときの振り返る動作がマスクをぬぐ動作と呼応して青年貴族トゥーリオの振舞いを決定する。ジャンカルロ・ジャンニーニの演ずるこの映画の主役は、『ベニスに死す』のダーク・ボガードのように、振り返ることで物語に介入する人物なのだ。ヴィスコンティは冒頭の数ショットで的確にその人物像を描きあげてしまう。

艶を欠いた鈍い響きという主題は、次のシークェンスにすぐさま受けつがれる。フェンシングで汗を流した青年貴族が妻とつれだって遅れぎみにやってくるサロンの演奏会で、まばらに席を占める聴衆たちがピアニストに贈る拍手が、紳士淑女の手を蔽う手袋によって濾過され、鈍い音を響かせることしかしないからである。そのいかにも濃密さを欠いた拍手は、何ごとにも熱狂することのない貴族社会の慎み深い抑制と、演奏される音楽への執着のなさを意味しているととれなくもない。だが、見るものは、その希薄とも思える音響がたちどころに人間の声に反映するのを耳にするとき、それが一貫した主題であることを理解させられるだろう。

サロンで音楽が奏でられている以上、誰もが声を低めざるをえないのは当然だろう。だが、ほんの一瞬、かたわらの廊下に笑い声が響く。赤い衣裳の貴婦人が男たちにかこまれ、思わず声を高めてしまうのだが、それは慎みを欠いた振舞いとして人目を惹く以前に、あたりの澱んだ雰囲気と調和してしまう。遅れた詫びを述べつつある青年貴族は、ほんの一瞬クローズアップされたその声の主の方を振り返る。つまり、冒頭のフェンシング道場で時計を見たときの動作がここで反復されるのだが、われわれはその視線と表情にただならぬ気配を感じとらずにはいられない。女も、無関心を装いきれぬ余裕のなさで男を見つめる。なにやら不穏な予感をみなぎらせて女と男との視線が交わされるとき、まといつく視線を巧みにかわして身をくらます『ベニスに死す』のあの少年とは、彼女がまるで異質の存在であることが明らかになる。抑制をきかせた囁きの応酬が始まるのはここからだ。青年貴族は妻をサロンへ急がせてから、ジェニファー・オニールが演じる赤い衣裳の女のかたわらにかけより、声を低めてどうするのだと詰問する。自分とともにこの場を去る覚悟がないなら、ほかの方と帰りますと女も声を殺して答える。その声の低さがかえって鋭い衝撃となってあたりに拡がり、幾組もの男女が二人に注目する。青年貴族と赤い衣裳の貴婦人は、なおも声をおし殺して対話を続ける。妻を同伴している私がどうして貴女を送って行けるのか。それなら、私との仲はこれまでと思って頂戴。

そこには、女の残酷な誘惑と男の無力な抗弁とが殺気をはらんだ小声でつぶやかれる。強度を帯びた囁きといおうか、鋭い希薄さといおうか、声をひそめることがあたりの空気に亀裂を走らせるようなただならぬ応酬が続く。囁きのサスペンスとも呼べそうなものが画面にみなぎるのはその瞬間である。演奏中のサロンに足を踏み入れ妻の背後にかがみ込み、その耳もとで囁くように気分が悪いから先に帰ると嘘をいう青年貴族のせっぱつまった台詞まわしには、ある怖しさがこめられている。小声であることの恐怖といったものが確実に存在することをわれわれが実感せざるをえないからだ。

その足で女の家にかけつける男に向って、待っていた女は残酷な微笑を絶やさず、あずけておいた鍵の返却を求める。一瞬声を高めはするが、男はすぐに囁きをとり戻す。ヴィスコンティの演出が冴えわたるのはこの場面だ。誰かに聞かれているわけでもない女の居間で声を低める二人に徐々に接近してゆくパスクワリーノ・デ・サンティスのキャメラは、懇願を、拒絶を、難詰を、弁明をおし殺した声で相手に投げかけあう男女の口調が、囁きであるが故に帯びてしまう熱気を視覚化するように、知らぬまに彼らの表情をクローズアップで捉え始めている。争いあうように声をひそめることでしか存在を身近に発見しえない男女の性というものがいたましいまでに露呈されているこの場面は、もちろん二人の抱擁で終る。だがこうした囁きの応酬に立ち合って

『イノセント』

しまうわれわれは、それが媚態としての甘い囁きからあまりに遠いことに途方に暮れざるをえない。秘密をさぐりあてようとする好奇の視線などどこにも見当らないというのに、まるで音楽の演奏中に言葉を交わす運命を引きうけてしまったかのように、こうまで息を殺して囁かねばならない理由はいったい何なのか。

実際、この映画の主役三人は誰ひとりとして声を高めようとはしない。おし殺した低い声での応酬のはてに一つになる不倫の男女にとどまらず、夫の帰りを待っていた無垢な魂の持ち主のラウラ・アントネリまでが、まるでそうすることで遊戯の規則に忠実であろうとするかのように、声をひそめて夫の健康を気づかい、その身勝手な振舞いの言い訳に低いつぶやきで同調している。この夫と妻と恋人の台詞に耳を傾けていると、彼らの声帯器官に目に見えない抑圧が働いて、ごくあたり前のことを述べるにも冴えた響きが洩れることを禁じてしまっているかのようだ。

この音響的な統一性が『イノセント』のもっとも魅力的な表情であることはいうまでもない。剣が軽く触れあうときのこもった響きから手袋による拍手のまばらな希薄さを背景として、人間の声がそれにふさわしい抑揚を失い、苦しげにおし殺された囁きが主要な登場人物にまといついて離れないとき、われわれはヴィスコンティの遺作となった『イノセント』が声の悲劇と呼ぶにふさわしい様相を呈し始めたことを理解する。何かが、声を高めることを禁じているが、それは時代の重圧というものか、それとも階級が背負いこんでしまった宿命なのか。視線を交わしても一つになれない者たちがかろうじて支えている時代、あるいは階級の悲劇といったものが、ヴィスコンティの音楽的な感性を介して、ダヌンツィオの旧作の一つに声の悲劇としての現代性をまとわせているのか。

おそらく、そうした要素は完全には否定しきれまい。青年貴族とその妻、そしてその「自由」な恋人までが、低い囁きという限界の中でわずかに発声を許されているという消極性を通して、懐古趣味とは一味違う批判的な視点が大時代なコステュームプレーに向けられているということはあるだろう。だが、そうしたことにもまして、われわれはおし殺された声そのものの映画的な緊張感に魅了される。そして、彼がしばしばその演出を試みたという理由でヴィスコンティの映画をオペラ的だとする主張を、確信をもってしりぞけることができるように思う。実際、彼の映画では誰一人としてアリアのように声をはり上げるものはいない。ワーグナーその人が登場する『ルードウィヒ』においてさえ、音に関する限りはオペラ的というより、むしろ器楽的なのだ。『イノセント』がもたらす感動は、人間の声までが楽器の音を模倣するかのような物質的な囁きに近づいていることからくるのである。三人の呼吸がみごとに合った器楽の演奏のように、ここでは艶を欠いた声の調和が息づまるサスペンスをみなぎらせている。言葉の意味よりも、それがつぶやかれる調子が見る者に迫ってくる音楽的な環境。人がこの映画でまず敏感であらねばならぬのはその点にほかならない。

Ⅲ

だがそれにしても、作劇術上の必然性からして不倫の男女が声をひそめて息を殺すというならともかく、欺かれた妻までが二人の囁きを共有してしまうというのはどうしてなのか。実は、

『イノセント』の真の主題はそこにあるというべきなのだ。本来なら犠牲者として絶望の叫びを洩らしても不思議でない彼女が、いともたやすく夫の低いつぶやきに同調してしまうのは、その純粋無垢なイノセンスによって、そのおし殺された声に感染してしまっているからだとしか思えぬ。見落してはならぬのは、囁きに感染したことで彼女が不倫へと走っているということだ。

ラウラ・アントネリが夫の弟の仲間の詩人と初めて出会う瞬間を思い出してみよう。ちょうど青年貴族が妻を一人残して恋人と時を過しているとき、彼女は睡眠薬で憔悴しきって、会食中の弟たちの前に姿を見せる。女の声は囁きよりも低く、ほとんど言葉を発することができない。介抱されてソファーに身をうずめる病身の彼女とその身をきづかいながら食事を続けるテーブルとの距離が、何とも絶妙である。薬の服用は絶望の叫びを自分に禁じるためだが、ソファーでの弱々しいつぶやきによって彼女はテーブルの詩人の同情を惹く。つまり、このときまともに声さえ出せなかったことが、妻を詩人との愛へと走らせることになるのだ。夫を欺いて逢いびきに出かける彼女は、顔を薄紫のヴェールで蔽うが、それとてフェンシングのマスクをかぶる夫への無意識の模倣にほかならない。冒頭の剣の触れ合う音や、手袋による拍手が何かに濾過されたようなこもった響きをたてていたように、妻は自分を蔽うヴェールによって存在を濾過させようとする。

例外的に陽ざしが強いある午後、彼女が夫とともに別荘を馬車で訪れるとき、その黒のヴェールと衣裳に加えて黒い日傘まで拡げるのだが、われわれはそれを見て、妻の裏切りがすでに成就していることを理解する。沈黙をまもる彼女は、ここでも多くの蔽いによって存在を希薄化しているからだ。リラの香りにみちた樹蔭を言葉もなく散歩する二人をパンとズームで追うキャメラ

『イノセント』

は、ときにクローズアップを挿入しつつ、ほとんど犯罪ドラマともいえるほどのサスペンス豊かな緊張感を盛りあげる。そして妊娠をほとんど確信しながらも夫に身をゆだねるその裸身を蔽う窓辺のカーテン。青年貴族は、ここでも恋人の耳もとでつぶやき続けたような息を殺した低い声で夫への帰還を熱っぽく語りかける。

この窓辺での素肌の抱擁は残酷な美しさにみちている。その美しさを、ヴィスコンティ的と人が気軽によぶ凝って繊細な装飾美ととり違えてはなるまい。あるかないかの陰毛と腋毛を除けば蔽うものとてない裸身を夫にゆだねながらも、ラウラ・アントネリが、ここでその存在をこの上なく希薄にすることに成功しているが故に、美しいのであろう。まるで睡眠薬ですっかり言語機能を放棄してしまったかのように、低い声で遅すぎた愛の言葉をつぶやき続ける男のかたわらで無言のまま相手の興奮をやりすごすのみだ。ここでは、息を殺した囁きの応酬さえもはやありえないものとなってしまっているのである。自分が低いうめき声をたてるのは、夫が父となる資格を欠いた赤子を分娩するときしかないと、妻はもう心に決めてしまっているからだ。

おそらく、これほど繊細な心理的過程を、あの『青い体験』（1973）の記憶をひきずったラウラ・アントネリが、演技で表現することは不可能だろう。だが、ここでの彼女は見事に画面におさまっている。それを可能にしたヴィスコンティの演出の的確さは、睡眠薬による憔悴という肉体的な過程を通過させることで、彼女に、その存在の希薄化と言葉の放棄という主題を視覚的に体現させているという点にある。実際、罪ある生命を身ごもってしまってからのラウラ・アントネリは素晴しい人物像におさまっている。演技を越えた何かがその表層に露呈され、見るものに迫ってくるのだ。すべては、低いつぶやきさえ口にしえない病身の彼女が詩人と出会うことで、主題論的に導き出されていることだったのである。夫と妻との間に囁きの応酬が行なわれるのは、子供が生まれてしまってからだが、その熱をはらんだつぶやきを二人がとり交わすとき、彼女は決定的な言葉を口にすることになるだろう。

冒頭の演奏会場で始められたジャンカルロ・ジャンニーニとジェニファー・オニールの殺気をはらんだ低いつぶやきが二人の抱擁で終るまでを描いたみごとな演出を、決定的な言葉が洩れるジャンカルロ・ジャンニーニとラウラ・アントネリの囁きの応酬の場面でもヴィスコンティはみごとに再現してみせる。彼は、まず、ピアノが演奏されるサロンと同じように、小声で囁くことが必然化される空間を設定する。それは、新生児の寝室にほかならない。罪の子を生んだことを深く後悔し、あなたとどこか遠くに旅立つことを夢みることしかしないとくり返して夫を欺いていた妻は、毎晩、家中が寝静まってからこっそりと子供の寝姿をながめにそこにやってくる。本当は人間のしゃべる声が聞えた方が赤ん坊は安心して眠れるものだという召使いの女に向って、唇に指をそえた身振りで黙るように命じてから、自分がつきそっているのでお前は寝るようにと引きとらせるラウラ・アントネリの仕草と声は途方もなく美しい。そこに、隠されていた母性愛が不意に露呈されたから美しいのではなく、おそらくはそのつもりで演技している彼女が、みずから声をひそめて囁きのテーマをそれと知らずに映画に導入しているから美しいのだ。

ランプの光に照らし出された薄暗い子供の寝室で、彼女が背をすくめて指を一本唇にそえるとき、見ているものはこの映画の終りの始まりを直感する。あのピアノが奏でられたサロンと主題論的に同質の空間がここに出現しているからだ。ちょうどソファーで音楽に聞き入っていた彼女のかたわらに身をかがめ、声を低めて姿を消すための嘘を囁きかけた夫と同じことを、ここでの妻が演じていることは明らかだろう。青年貴族が無邪気な妻を厄介払いしたように、こんどは妻が部屋から召使いの女を遠ざけているのである。そして、冒頭の夫がそうであったように、彼女は別の空間へと移行する。その空間とは、寝室に続く廊下なのだが、冒頭ではジェニファー・オニールがジャンカルロ・ジャンニーニを待っていたように、ここではジャンニーニがアントネリを待ちうけているのだ。

彼女の顔に、いきなり平手打ちが破裂する。お前は俺に隠れて子供に会いに来ているではないかと、不意撃ちした夫は立場を有利なものにしようとする。あなたもよく、こっそりここに来ていることを知っていますと妻は応じて動じるふうもない。台詞はもちろん、低く抑えられたつぶやきで口にされる。不倫の二人を抱擁へと導いたときのように、ここでの夫婦の間にも息づまる囁きの応酬が始まる。罵倒と、叱責と、非難とがおし殺した声で二人の間を往復し、キャメラはいつの間にか憤懣と憎悪とで紅潮する二人の表情をクローズアップで捉えている。冒頭での囁きの応酬が構造的な必然から反復しているのは、誰の目にも明らかだ。われわれは、その構造的な統一が声の抑揚として完璧な対照をかたちづくっていることに驚き、それを可能にしたヴィスコンティの演出の厳格さに改めて圧倒される。彼の映画ではまったく例外的なことだが、この画面はイタリア人の俳優同士の演技によって担われている。バート・ランカスターやダーク・ボガードあるいはヘルムート・バーガーのように、やがて吹き替えられることを承知で台詞を口にする演技とは異り、ここでのジャンカルロ・ジャンニーニとラウラ・アントネリは、ヴィスコンティの母国語を話しているのだ。死の直前のヴィスコンティが耳にしたものがイタリア語の低い囁きだったことは、この映画の魅力とまったく無縁ではなかろうと思う。

こうしたシークェンスが始まりと終りとで不気味な響応関係に入るといった主題論的な一貫性に、演出家がどこまで自覚的であったかを立証することはむつかしい。だが、艶を欠いた鈍い響きとともに『イノセント』の音響的な表情に親しみ始めたわれわれにとって、その形式的な統一性はまぎれもない現実である。熱をはらんだ低い囁きの応酬が、二人の女性と一人の男性とを中心として正確な対照をかたちづくるように反復されているのだ。おそらく、視覚と聴覚とに直接働きかけてくる優れた作品には、かならずこうしたことが起るものなのだろう。そしてその奇蹟のような反復が、出発点において視覚的な形式の厳密さのみを自覚していた『白夜』（１９５７）のような作品の形式主義的配慮とは異質の、驚きをはらんだ不意撃ちとして演じられている。予感されてはいたものが、なお予感の正しさを保証するかのように鮮明な輪郭におさまる瞬間、われわれはその驚きを貴重なものとうけとめざるをえない。

いうまでもなかろうが、ここでの囁きの応酬が行きつくのは、妻が口にする決定的な別れの言葉である。子供の父への愛は本物であり、それにのみすがって生きて来たのだと彼女が低く抑えた声でつぶやくとき、夫は子供の殺害を決意するだろう。そして、すべてを失った夫は赤い衣裳の貴婦人の前で自殺して果てるのだが、これを大時代なメロドラマととるのはやめにしよう。ヴィスコンティ自身、子供を殺した以上、青年貴族は自殺を選ぶのが自然なことだという言葉で、ダヌンツィオの原作を今日的に脚色した理由を説明するが、そのことさえがさして重要ではない。最後の邂逅《かいこう》のときでさえなおも声をひそめてジェニファー・オニールに眠らないでくれと懇願していたジャンカルロ・ジャンニーニが、一発の銃声とともに命を絶つとき、鋭く艶のない響きで語られていたこの低い音の世界に、初めて冴える音が響いたことを聞き落してはなるまい。

『イノセント』は、青年貴族の自殺で終るのではない。これまで誰も耳にしたことのない響きで終っているのだ。

たった一度だけ響く銃声。それは男を囁きから解放する。もはや、息を殺したつぶやきの応酬は人を結びつけることも、引き離すこともないだろう。残された女は、睡眠薬で思い切り存在を希薄化させ、夫の愛撫にも声ひとつたてなかった純粋無垢な女の沈黙に感染したかのように、恐怖の叫びひとつたてずに死骸から遠ざかってゆく。囁くことすらもはや許そうとはしない世界が、この気位の高い女を物語から追放する。これが声の悲劇でなくて何であろうか。

緋色の襞に導かれて　ロベール・ブレッソンの『ラルジャン』

I　顔と手の葛藤

何やら緋色の大きなものがいくつもの襞となっていっせいに視界を蔽い、ゆるやかに左へと滑ってから逆方向へ揺れ戻るように位置を低めると、厳しい表情の男たちがそのむこうに何人か横顔で浮かびあがるので、そこまで『ラルジャン』（１９８３）の画面の連鎖をたどり続けてきた者なら、いかにも法廷にふさわしい色調の衣裳をまとった判事たちが入廷し、その袖のあたりをキャメラの真正面に向けて視界を横切ってから着席したものであることをすぐさま納得するだろう。緋色がもたらす一瞬の戸惑いは、歩いていた人物たちが立ち止って腰をおろすまでの一連の動作を、アングルを変えずに捉えたキャメラの位置に由来するものだったわけだ。画面いっぱいに視界を横切った緋色の襞は、これから判決を下そうとしている司法官たちの儀式的な法衣にほかならず、彼らがいったん椅子に坐ってしまえば、やや俯瞰ぎみのキャメラが切りとる画面の構図は、たちどころに安定したものとなるだろう。

そのとき人は、一瞬の危惧の念と、すぐさまそれにとってかわる安堵感とを交互に味わっていた自分を意識する。もちろんそれは、観客だけが無実であることを知っている被告人に下さるべき判決をめぐる危惧と安堵ではない。確かな根拠があるわけではないが、その身の潔白が法律的には立証されまいことを、誰もが予測しているからである。ここでの危惧と安堵とは物語の展開にかかわるものではなく、もっぱら画面の視覚的な不均衡によってもたらされるものだ。すぐには何とも見わけがたいものが画面を蔽うといったことは、かりに一瞬にせよ、これまでのブレッソンには起ったためしがないという危惧の念。にもかかわらず、やはりこれこそがブレッソンの視線なのだという安堵感。

実際、ほんの束の間のこととはいえ、ブレッソンの映画で緋色の氾濫を目にするとき、かなり深刻な裏切りに出合ったように感じないものがいるだろうか。『白夜』（1971）に劇中劇として挿入されていたいかがわしい活劇映画の銃撃戦で、その死骸という死骸からふき出していた思い切り安手の血痕を除けば、ブレッソンの色彩映画で赤系統の色調が排されてきたことは誰もが知っているはずだ。流れるような青い闇の中を心もとなく漂うしかない『白夜』の恋人たちにとって、ポン・ヌフ脇の信号の慎しい赤さはほとんど赤として意識されていない。『抵抗』（1956）の死刑囚フォンテーヌ中尉の白いシャツを汚していたあくまで黒い血痕、モノクロームであるが故にことさらきわだつあの黒さこそ、ブレッソンにとっての真の赤さだったはずではないか。とするなら、ここではいつもと違ったことが起ろうとしているのか。

だが、こうした危惧の念は、緋色の唐突な氾濫によって惹き起されるにとどまらず、その正体が法衣の袖の鬟だと意識されるまでの一瞬の躊躇そのものと深くかかわってもいる。事実、ブレッソンの画面にあっては、あらゆる瞬間、すべてのものが鮮明な輪郭におさまっており、そこに提示されているものを識別しようとする感性が逡巡することはいささかもない。どんなショットにあっても、視覚が現在を無媒介的に享受しうるという感性と持続との一体感こそブレッソンに特有のものなのだ。撮られつつある対象を誰にもすぐにそれと識別しうるものとして表象するという点をめぐって、おそらく彼ほど潔癖な配慮を示し続けた映画作家は稀である。『ラルジャン』にあっても、一枚の贋《にせ》の五百フラン紙幣は、それが画面に登場した瞬間から本物そっくりの贋札として見るものに受けとめられるし、一台の小型キャメラにしても、偽って記入された値段のラベルともども、悪事に利用される商品として物語に介入し、そこに誤解や曖昧さのまぎれ込む余地はない。イメージと説話論的な持続とのあまりに律儀な同調ぶりに単調さの印象を覚えて苛立つことこそあれ、そのずれに戸惑うといった体験ほど反ブレッソン的なものもまたとあるまい。近景に配されたものの陰に隠れてすぐにはそれと識別しがたいものが、徐々に深い意味作用を担い始めるといったこともきわめて稀なのだ。この徹底して表層的な即物性が魂という不可視の力を画面にみなぎらせることになるというブレッソン的弁証法にはここで触れるべきではなかろうが、こうした律儀きわまりない筆致に馴れ親しんできたものにとって、感覚の無媒介性が一瞬にせよ乱されるという体験は、いささか例外的な事態に属するというべきだろう。

だが、そうしたいささか場違いな印象が、ブレッソン独特のキャメラ・ワークと演出法から導き出されたものであることを理解するとき、われわれはひとまず胸をなでおろす。ひとまずというのは、なお緋色の氾濫が納得しがたい視覚的不均衡として感性を惑わし続けているからだが、室内を移動する人物を追うときですら、ほぼ『抵抗』いらい、あえて顔を犠牲にしてまで衣服の袖のあたりを構図の中心におさめ、その人物が立ち止って椅子に腰をおろした瞬間にはじめて顔がその位置に現われ、アングルを正当化することになるというやや俯瞰ぎみのキャメラがブレッソン的だと知っているものなら、『ラルジャン』の法廷の場面にもその俯瞰が用いられたにすぎないのだと素直に認めうるはずだ。ブレッソン的な存在は、誰もが椅子に坐る。これは日常生活にあっての座位が彼の映画にもごく自然に反映しているといった事実とはまったく無縁の問題である。『ジャンヌ・ダルク裁判』（１９６２）における独房のジャンヌが典型的であるように、空間を細分化するにあたってブレッソンが選択する視点が、彼の人物たちに坐ることを特権的な身振りたらしめているのだ。そのことじたいの意味はのちに問うこととするが、椅子に向って進んでゆく人物たちが、袖のさきにのぞいている手首や腰のあたりをレンズの間近に通過させることになるという事態は、ブレッソンにあっての必然なのだと改めて指摘しておきたい。判事の出廷の場面に起っているのも、まさしくそれなのである。

では、なぜそうしたアングルが選ばれるのか。もちろん、ブレッソンのあらゆるショットが俯瞰からなっているわけではないし、そのキャメラの位置はむしろ変化に富んでさえいる。だが、まず衣服の袖の部分が視界を横切ってから画面の中心に顔が現われるというこの順序は、ブレッソン的な世界の表情に馴れ親しむための通過儀礼のようなものとなっている。ブレッソンにおける俯瞰は、多くの才能ある作家さえが陥りがちな安易な顔の特権化を排し、人間の身体でそこだけ素肌が露呈されている二つの部分、つまり袖のさきにのぞいている手と顔の表情との間に積極的な葛藤を導入するためのものなのだ。顔の至上権を乱すこと、それがブレッソンにこうしたアングルを選ばせているのである。

だが、いまさらブレッソンにおける手の表情の豊かさを指摘してみるにも及ぶまい。両膝の上にそえられた二つの掌の俯瞰から始まっていたまぎれもない手と指の映画『抵抗』をめぐって、「わたくしは手の知性ともいうべきものを発見した」と告白しているブレッソンの言葉を改めて引用してみるよりも、護送車のドアーの把手にためらいがちに伸ばされては膝へと戻る捕囚の左手の動きと、その顔の徹底した無表情とが『抵抗』の全篇の主題を決定していたことは誰もが覚えているだろう。そうした手の知性が、その後、どれほどの官能的な震えを体得するにいたったかは、『白夜』をめぐって「手と指の宇宙的交感」として論じてあるが、ここで強調しておきたいのは、あくまで顔と手との関係である。

いうまでもなかろうが、ブレッソンは決して顔を無視しているわけではない。それどころか、『抵抗』いらいほとんど職業的な役者を使わなくなってしまった彼が、素人を主役に迎えるにあたっての選択の基準に、ある一定の顔があることは明らかだろう。『抵抗』のフランソワ・ルテリエから『ラルジャン』のクリスチャン・パテイにいたるまで、眉毛のきわだつ彫りの深さと頬に無駄なたるみのない骨ばった広い額の持主たちが、それぞれの時代の風俗的な若者像を決して無視することなく周到に選ばれている。時間を超えた美顔の典型ではなく、たとえば『白夜』のギョーム・デ・フォレや『たぶん悪魔が』（１９７７）のアントワーヌ・モニエなどはまぎれもなく七〇年代の青年の顔だといったように、その選択は必ずしも抽象的な美意識に支えられたものではないのである。ただ、そうした若者たちの顔が、内面を饒舌に語ろうとはしない彫像的な無表情におさまっていることは多くの人が認めている通りだし、素人の役者をキャメラの被写体とするにあたり、「何かを心に思って演じてはならぬ」というのがブレッソン演出の基本であることもよく知られている。心理的な表情を彼らに禁ずるブレッソンにとって、顔が何かの媒介であることは許されない。しかし、顔の無媒介的な現存ともいうべきものを、表情の欠如と断ずるのは徹底した誤りである。ブレッソンにおける顔は、手の表情の豊かさとの関係において、きわめて雄弁な映画的細部を生き始めるからだ。

手の表情の豊かさといっても、袖のさきにのぞいている手首がいきなり思ってもみない動作を演じてみせるわけではない。『ラルジャン』のイヴォンの場合、ヒッチハイクを試みる『白夜』のジャックや『少女ムシェット』（1967）でクラスメイトに土くれを投げつける少女のような晴れやかな手の動きは禁じられている。給油作業中の汚れた手を捉えた俯瞰撮影のクローズアップによって彼が登場している点は重要だが、その身振りのいっさいは、きわめて日常的なものにすぎない。イヴォンは家庭用の燃料を補給し、それにみあった料金を受けとるまでのことである。そして『ラルジャン』は、そのごくありきたりな振舞いが彼に思っても見ない不幸を招きよせる。法廷で裁かれようとしているのはまさにその金銭の授与にほかならない。彼には関知しがたいところで演じられていたいくつもの金銭の授与が、彼には責任のとりえない不当な金銭の授与へと彼をかりたててしまう。いかなる悪しき企みをめぐらせたわけでもないのに、彼は贋札使いの現行犯として逮捕され、三年の懲役に処せられる。いったい、こうした単純な物語のどんな場面に、手が豊かな表情を示すことができるというのか。

にもかかわらず、『ラルジャン』は顔と手の葛藤として語られる物語である。そのことを強調しているのが判事たちの法衣の袖の緋色の襞であり、それに導かれて画面に姿をみせる彼らの顔なのだ。裁判長は、イヴォンに審理の結果を告げる。彼にとっては承服しがたい罪状である。だが、その表情にはいかなる変化も認められない。唯一の違い、それは彼の両方の腕に手錠がはめられるという点のみである。袖のさきにのぞいている手首に加えられた鉄の腕環による拘束、その新たな表情と顔の無表情との対照がブレッソン的な世界の何たるかを垣間見させる。判事の顔がその袖に垂れる儀式的な衣裳の襞に先導されていたように、被告の顔もまた袖からさきの手首の表情に従属している。判事が法衣をまとい、犯罪者が手錠をかけられるという世間的な常識が視覚化されるという事態とはまったく異質のことがここで起っているのだ。その関係を詳しくたどり直してみたいと思う。

Ⅱ　紙幣は移動する

衣服の袖のあたりが構図の中心に位置することになる俯瞰撮影にあって、袖とは何を意味しているのか。そのさきにのぞいている手首に視線を集中させるという役割をそれがごく自然に演じていることはいうまでもなかろうが、そこに手錠がはめられる場所でもある袖とは、まず視覚的にポケットと翻訳されるし、テーブルの表面とも翻訳され、また、ドアーのノブとも翻訳されるだろう。ポケットとテーブルとノブとは、ほぼ袖と同じ高さに位置しているからである。それらは、いずれも、人間の手がもっとも自然に触れるものでもあるだろう。そして、ブレッソン的な俯瞰は、しばしばこうしたものを画面の中心に捉えることになる。事実、『やさしい女』(１９６９)の冒頭で、人は閉ざされた扉の把手をまっさきに目にする。そこにそえられた一つの手がドアーを開けた瞬間に、窓のむこうに何ものかが身をおどらせた気配が無人の部屋に漂っていたことは誰もが記憶しているだろうし、『白夜』のジャックが、マルトの手紙をかつての恋人にとどけるように依頼され、その白い封筒を大事そうにポケットにおさめる光景もたやすくは忘れられないはずだし、『少女ムシェット』の少女が、密猟者から身をまもろうとして隠れるいくつものテーブルを思い出さずにいることもむつかしい。

だが、衣服の袖のまわりに姿を見せるポケット、テーブル、ノブといった細部は、『ラルジャン』にあってはやがて手錠を導き出すための前提として、手首とより緊密な関係をとり結んでいる。というのも、それらのものは、ラルジャンすなわち金銭の授与にあって必須の役割を演ずることになるからだ。ここでの金銭とは紙幣なのだが、その流通ぶりはごく限られていて、机の引出しから上着のポケットへ、上着のポケットから机の引出しへという行程の単調なくりかえしに還元される。そしてその際、テーブルの表面が流通の現場となり、手から手へと渡されるのだが、その前後に必ず扉の開閉があり、その把手に手がそえられることになる。そして、そうした過程にきまって俯瞰のアングルが選択され、交換さるべき紙幣を視界的に印象づけているのだ。『ラルジャン』がどのように始まっていたかを、そのような細部の表情にそっていま一度思い出してみる。まず扉の陰に少年が姿を見せ書斎で仕事中の父親に小遣いを催促する。その段階でドアーのノブに手がそえられていることはいうまでもない。仲間の誰もがこんな少額の小遣いには満足していないという少年の言葉を無視する父親は、引出しの中に雑然とおさめられた何枚かの百フラン紙幣をつかみ出し、そのまま少年に与える。そのときすでに引出しのクローズアップが介在しているが、それが俯瞰のアングルによって得られたイメージであることはいうまでもない。こうして紙幣の流通が始まるのだが、ここでは無償の贈与であった金銭の授与がテーブルの表面を舞台装置としているのは当然だろう。少年は書斎の入口に立ち、父親は仕事机の前に坐っているのだが、そうした身体的な位置関係の違いにもかかわらず、すべては衣服の袖と同じ水準で起る。しかも、決して派手な振舞いを演ずるわけではない手が、あらゆる過程に介入して紙幣の移動を積極的に支えている。その際、顔がほとんど消極的な役割しか演じていないことはいうまでもない。小遣いの増額が口にされる以前から仕事を邪魔されたことに不満そうな父親の表情は最後まで変らないし、父親の拒絶を前にした少年の顔が曇るわけでもない。それでいて、数枚の紙幣は確実に空間的な位置を変えているのだ。

ブレッソンにおける金銭は、貨幣という名の抽象性からはもっとも遠いきわめて物質的な対象である。それは交換の過程で利潤を生む資本主義的な性格をいささかも帯びてはおらず、机の引出しから上着のポケットへと場所を変えることで、一方では減少し一方では増加するという量の増減が問われているにすぎない。その意味で、資本主義的な経済体制が必然化する搾取という現実はまるでブレッソンの視界に入ってきてはいないかにみえる。無造作に引出しの底からつかみ出されて机の上に投げ出され、ふたたび無造作に上着のポケットにおさめられるという点で、金銭は貴重品としてさえ描かれてはいない。『スリ』（１９５９）の青年ミシェルにとって、より豊かになろうとする動機がまったく不在であったことを思い出そう。彼は、紙幣が唐突に位置を変えることに魅せられ、その技術に憑かれただけの男である。持主にさとられることなく財布をぬきとる作業は、非日常的な振舞いの特権化というより、ごく日常的な身振りの繊細化として演じられる。その意味で、『抵抗』における脱獄が映画における冒険といささかも似ていなかったように、『スリ』での盗みもまた、しばしばスペクタクルとして誇張される映画における盗みとはまったく異質のものである。ミシェルが屈する誘惑は不当な手段で裕福になろうとするものではなく、ごく即物的に紙幣の移動を円滑化するという技術のそれでしかない。『ラルジャン』にあって問われているのも、この即物的な紙幣の移動である。当事者のあずかり知らぬところで不可視の制度が機能しており、ごく日常的な貨幣の流通が富の蓄積の不均衡をもたらすといった経済的な世界とは対極的に、ブレッソンの紙幣はぶっきら棒にテーブルの表面に放り出されるだけなのだ。われわれは、その紙切れがまぎれもない紙幣であることを視覚的に納得し、手から手への移動の証人となるにすぎない。

この徹底した即物性は、『ジャンヌ・ダルク裁判』におけるオルレアンの処女を、奇蹟だの神秘だのといった宗教的な側面をまったく欠落させた世界に一つの肉体として投げ出したブレッソンの姿勢と通じ合ってもいるだろう。内面の心理の媒介でしかない顔を周到に排しているように、彼は『ラルジャン』においても、紙幣が背後の何ものかを象徴するといった態度をきっぱり自分に禁じ、その無媒介的な現存ぶりを提示するのみである。

もちろん、金銭をめぐるもろもろの心理や風俗がまったく描かれていないわけではない。たとえば『バルタザールどこへ行く』(1966)には吝嗇《りんしょく》の主題が登場し、家に電気も引かずに金をためこんでいる老人をピエール・クロソウスキーが演じている。だが、その吝嗇家もまた、アンヌ・ヴィアゼムスキーの演ずる挑戦的な少女の前に紙幣をとり出し、無造作に机の上に放り出す。かと思えば、『やさしい女』では質屋が主要な舞台装置とさえなっており、その店先で、質草と交換に引出しからとり出した札束を机の上に並べてゆく男が、ドミニク・サンダの女子学生に求婚するのだが、明らかに利子によって生活の基礎を築いていながら、彼が顧客に金を貸すときの表情は、その事務的な身振りとあいまって『ラルジャン』の父親のそれとほとんど変らない。女子学生が初めて店頭に姿を見せたとき、交渉が成立しないという点も、小遣いの額をめぐって父親と息子との間で交わされる対話に似ていないでもない。テーブルの表面でその無媒介的な現存を誇示する紙幣は、決して何ものかを抽象しているわけではないが、それが一人の手からいま一つの手へと移動するとき、なぜその数の紙幣が正当化されるのかという理由をきまって宙に吊ったままの状態におく。『たぶん悪魔が』の精神分析医が短い治療ののちに費用を請求するとき、なぜその額なのかを説明することなく、黙って青年がさし出す紙幣を機械的に机の引出しに放りこむ。そのとき引出しの内部を撮るキャメラのアングルが『ラルジャン』の書斎の机に向けられたのと同じ俯瞰であったことを思い出すなら、視覚的な統一性という点でも、主題の一貫性という点でも、これまでのブレッソンに登場した紙幣の移動をめぐる総決算的な意味をこの映画が帯びていることは明らかだろう。

『ラルジャン』における紙幣の即物的移動の舞台装置となるのは、一軒の写真屋である。通りに面したガラスには陳列ケースが置かれ、奥に現像用の暗室があることでそれにふさわしい雰囲気を漂わすことになりはするが、その空間的な構造は、父親の書斎と本質的には同じものだ。つまり、扉があり、机があり、その引出しにおさめられた紙幣が机の表面で移動するという点で、社会的な身分の差異は消滅してしまう。その意味では、質屋も精神分析医の治療室も吝嗇家の居間も、まったく同じ構造を持っているといえるだろう。

『ラルジャン』では、この写真屋の机の上を紙幣が三度往復する。まず、父親から小遣いの増額を拒否された少年が、友人に伴われて贋の五百フラン紙幣を持って額縁を買いにくる。もちろん額縁は真の目的ではなく、贋札で支払いをすませ、釣銭として手元に戻される本物の紙幣をくす

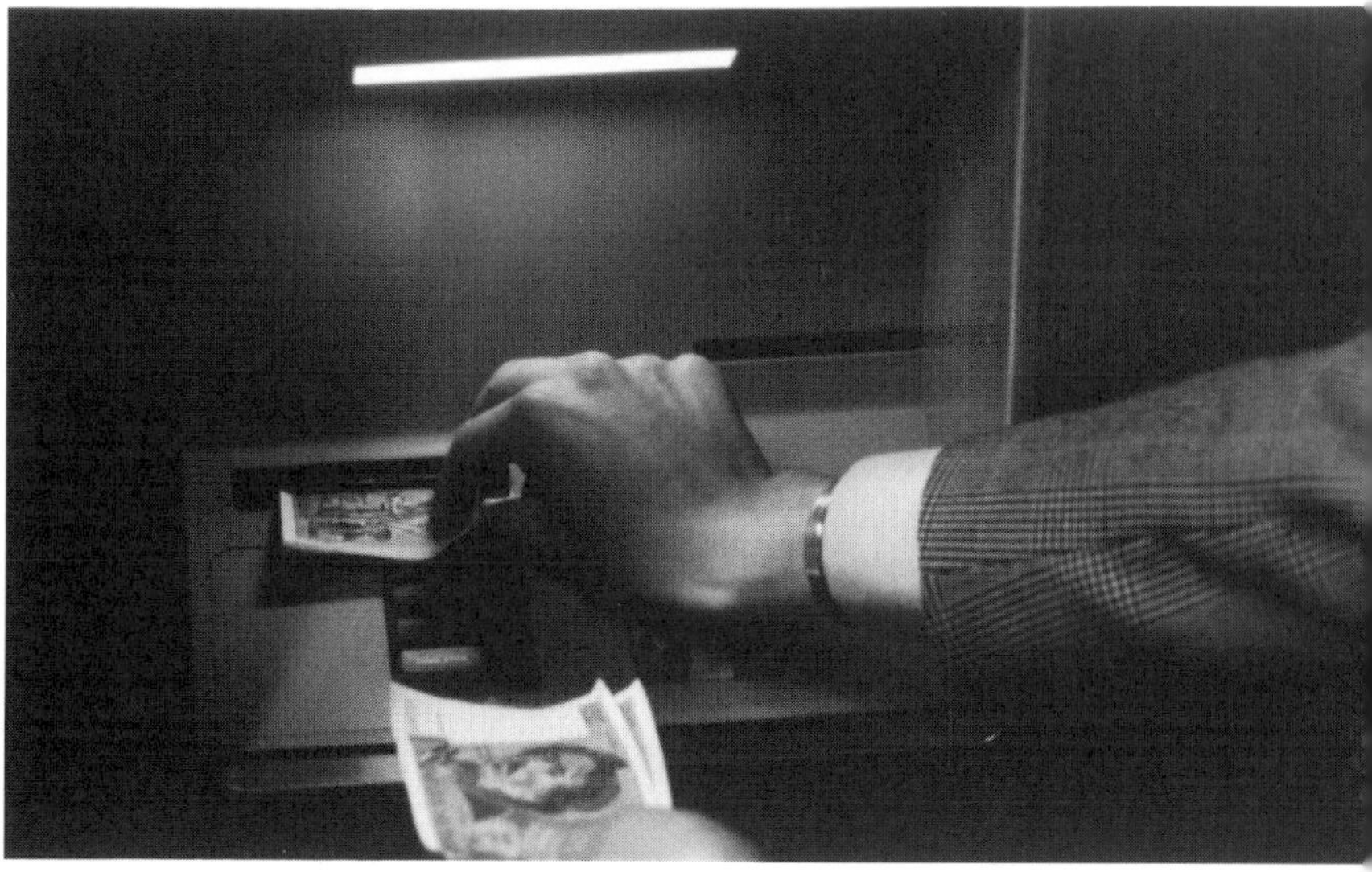

『ラルジャン』

ねとることが少年たちの目的なのだが、ここでのサスペンス豊かな画面の連鎖はどうだろう。ゲームの規則を握っている友人の態度の確信にみちたさまが、父親に小遣いの増額を拒絶された少年の自信のなさとの対照で緊張を高めているところなど、表情の不在がどれほどの雄弁さを顔に与えうるかを納得するための恰好の例だといえるだろう。少年たちの勝利は、あくまで足し算と引き算とに固執したところにある。そして、ここでも写真屋の店の扉の把手が紙幣の移動の前後にサスペンスを高める役目を果しているのだ。

二度目の紙幣の移動は、贋札をつかまされたことを知った写真屋夫婦が、それと知りつつ贋の五百フラン紙幣で燃料の重油の支払いをすませるときであり、それには助手の青年が介在する。白衣をまとった助手の無表情がここでも静かな緊張感を画面に漂わす。給油係の青年イヴォンは、さし出された数枚の紙幣を機械的にポケットにしまいこみ、それが自分自身の不幸を準備することになるとも知らず机から遠ざかる。

三度目の紙幣の移動は、主人の留守中に起る。そのときイヴォンはすでに逮捕されているのだが、助手の青年は商品の小型カメラの値段を偽り、差額を自分のポケットにしまいこんでから正しい金額の紙幣をそしらぬ顔で机の引出しにしまう。

ここで改めて指摘すべきなのは、いま列挙した三つの紙幣の移動が、引出しからポケットへ、あるいはその逆の行程をたどって行なわれ、財布におさまることがないという点だろう。ブレッソン的な存在は、誰ひとりとして金銭を札入れで保護しようとする意志がないかのようだ。そのことが、紙幣に無媒介的な即物性を賦与することにもなるのだろうが、『スリ』における盗みの職人たちが紙幣をぬきとるが早いか財布を捨てていたのは、足がつくことを避ける職業的な身振りである以上に、誰がブレッソンにふさわしい人間かを如実に示すための儀式であったかのように思われもする。ブレッソンにおける紙幣は、いつでも裸で持ち歩かれねばならないのだ。そうすることで、紙幣は顔の無表情に似た無媒介的な現存性を獲得する。『ラルジャン』には、むき出しの裸形を恥じるかのように保護された紙幣が存在しないわけではない。それは、罪を贖《あがな》うべく実行される金銭の贈与であり、きまって白い封筒におさめられた上で手渡される。事態を金で解決しようとするとき、紙幣はその無媒介的な現存を失うのだ。写真屋を訪れる少年の母親が女主人に差し出す白い封筒、あるいはイヴォンの懲役が確定した直後、裁判所をあとにする写真屋の主人が、偽証を強要した助手の青年の背広のポケットに無言で滑りこませる白い封筒。その露呈されることを怖れる紙幣の移動が、給油係の青年の両方の手首に手錠をかけさせることになる。

かくして袖の襞によって顕在化された一連の主題群のすべてが出そろい、そこに一つの物語的な論理が浮きあがってくる。イヴォンの両手が手錠によって自由を奪われたとき、彼はテーブルの表面と引出し、上着のポケット、ドアーのノブといったいっさいのものを失い、他人がその鍵を調節することでしか開かれない扉のむこう側に幽閉される。そうした推移を、われわれは、袖のさきにのぞいている手首の物語としてたどったわけだ。すべては同じ水準で演じられた振舞いであり、視線が構図の中心に位置するいくつもの手を着実に見ていたが故にその物語をたどりえたのである。

Ⅲ　共感または手を洗うこと

裁判と牢獄とがブレッソンにあっての特権的な主題であることは誰もが知っている。『ジャンヌ・ダルク裁判』のジャンヌのように、『抵抗』のフォンテーヌ中尉のように、『ラルジャン』のイヴォンもまた判決に服し、投獄され、『スリ』のミシェルのように、自由と不自由とをへだてる隙間のあいた壁を通して愛する女性と語り合う。面会室のあの透明な板は、いたるところに張りめぐらされている鉄格子の変奏にすぎないし、あるいは、『田舎司祭の日記』（1951）の告解室の変奏であるかもしれない。いずれにせよ、ブレッソンは、それが監獄とは無縁のものであれ、鉄柵ごしに人物を撮ることに異様な執着を示す映画作家である。『ブーローニュの森の貴婦人たち』（1945）の冒頭近く、観劇帰りのマリア・カザレスは、自宅の門の前の格子ごしにフィルムにおさめられていたし、『やさしい女』では動物園の檻がそれと同じ効果を示していた。

では、この無数の鉄格子は、幽閉の主題の象徴として姿を見せているのだろうか。そのこととまったく無縁だとは断言できない。現実の鉄格子が、監獄にとっての必然的な舞台装置としてキャメラの手前に位置することがまれではないからだ。だが、『抵抗』を思い出してみれば明らかなように、ブレッソンの牢獄は完全な密閉空間ではなく、きまって外部と通底し合っている。『抵抗』の主人公は、把手を欠いた扉からいかにして外部に出るかを模索し、現実にそれを実践してみせる男だし、『ジャンヌ・ダルク裁判』の独房の壁には穴がうがたれていて、外からジャンヌの立居振舞いを観察できる仕組みにもなっている。だが、『ラルジャン』における幽閉の主題は、鉄格子とは別のところに設定されていることに注目しよう。それは、まさしくポケットと深くかかわるかたちで現われているものなのだ。

すでに触れておいたように、自分の店の引出しから五百フランの贋札を外部へと移動させることに成功した写真屋の主人は、偽証によっておのれの立場を安全なものとすることに貢献した若い助手の上着のポケットに、ひそかに何がしかの金銭を含んだ封筒をすべりこませる。その姿を見て、それが『抵抗』の囚人たちの動作とまったく同じものである事実を見落すことなどありうるだろうか。人目を避けてポケットに紙片をすべりこませること、その仕草こそ、ブレッソン的な幽閉の主題を鮮明に浮きあがらせるものなのだ。本来であれば、投獄されたイヴォンにこそふさわしい身振りを写真屋の主人が演じてみせるということ。それは、監獄の内と外とが同じ身振りで結ばれあっていることを示しているのかもしれないし、また、写真屋の主人こそ幽閉の主題の真の体現者だというべきなのかもしれない。

事実、彼の店の扉と金庫とは、失職した助手によっていともたやすく破られる。『抵抗』のフォンテーヌ中尉を思わせる器用さで銀行カードを操作する失職した助手は、中尉が独房の扉を自由に通りぬけたようなたやすさで鉄格子の奥にまで侵入し、服役中のイヴォンと接触をとることに成功しさえする。ここで誰が扉に対して自由に振舞っているかは明らかだろう。写真家夫妻は監獄の外部にいながらも解雇した青年の振舞いに脅え、徐々に行動の自由を失ってゆく。幽閉の主題は牢獄の壁をはさんで明らかに逆転しているのだ。だがそこに、悪事とその報いという倫理的な意図を見出そうとするのは間違いだろう。失職した青年は、偽証という罪を贖い、同時に富の不均衡という現実を前にした苛立ちからある種の正義感に目覚め、みずからその犠牲となった社会的不正に決着をつけようとして、イヴォンにその目的を共有することを促す。もちろん彼はその誘いには応じない。他者に対して正当な決着をつけるという振舞いほどブレッソン的な世界から遠いものもまたとないからである。精神の領域で見失われていた不均衡を正そうとする意志は、ブレッソン的な存在を行動へと駆りたてはしないだろう。あらゆる偶然は宿命として甘受されねばならない。いかなる善意も救いの可能性を指し示すことはなかろう。『ラルジャン』はこうした苛酷な世界にあらゆる存在を投げ入れる。幽閉の主題が鉄格子の有無と絶対的なかかわりを持たないのはそのためである。人間の不幸にも幸福にも理由はないとするジャンセニスム的な風土は、ブレッソンの作品の中でも『ラルジャン』をとりわけシニカルな色調に染めあげる。だが、そのシニスムは、この世界そのものが牢獄だとする安易なシニスムとは無縁のものである。また神の意志の前に、あらゆる人間的な試みは無益だというシニスムとも違う。イヴォンはまぎれもなく選ばれた存在だからである。その容貌において、その手と指が見せる振舞いにおいて、彼は明らかに他とはきわだつ存在なのだ。

『ラルジャン』の最も美しいシーン、それは懲役を終えたイヴォンが田舎に暮す老婦人に庭のはしばみの実をいくつかつんで差し出す場面だろう。その行為そのものが美しいというのではない。枝からその実をつみとる彼の手は、すでに宿屋の主人を殺し、血ぬられた掌を水道の蛇口にかざしてぬぐったことのある手である。流しのタイルを濡らす水がほんのり赤く染まる。そのとき人は、法衣の袖の緋色の襞が何であったかを唐突に思い出す。あの色調の氾濫は、判事という職業的な符牒にとどまるものではなかったわけだ。袖のさきに顔を出している手首は、その赤さに汚染されねばならない。そして、緋色に染まる手を持ちえたのは、まぎれもなくイヴォンのみ

『ラルジャン』

である。その殺人者が、いま、夕暮の光に黒さをました緑の枝に手をかざし、はしばみの実をつみとる。それを見るものは、不意に、不可能であった救いの瞬間の訪れの接近を思って息をのむ。手渡されたその実を黙って受けとり、一つふたつ頰ばってみせるその老婦人は、幸福への諦念を長い時間をかけて隣人への善意へと変質させることで生に耐えている孤独な女性なのだが、一人で家族全員の世話を焼いている彼女が、その静穏な外見にもかかわらず、ムシェットに似た動物的な何かを隠し持っていることはすぐさま見てとれる。銀行帰りにイヴォンにその跡をつけられるという出会い以上に、この二人の遭遇はある種の緊張をはらんだものなのである。そこに姿を見せているのはあやうい均衡にほかならず、やがて惨劇が二人を引き離すであろうことは誰の目にも明らかなのだ。

にもかかわらず、『ラルジャン』は、裏庭のはしばみの枝にそえられるイヴォンの手のクローズアップを目にするものたちに、それが束の間の平穏さの印象を与えずにはおかない。究極的な救いがそうした自然の回帰によっては得られはしないであろうことを知りぬいていながら、緊迫しきっていた作品の説話論的な持続があるゆるやかさを獲得したように思わずにはいられないからだ。

だが、重要なのは、殺人者イヴォンの心が、老婦人の善意にふれてふとなごんできたという心理的な安堵感がわれわれの緊張をときほぐすのではないということだ。ここでのテーブルの不在が視覚的にある解放感を漂わすことになるのである。その表面で紙幣が場所を変えるテーブルから遥かに遠く、引出しもポケットも上着の袖のまわりでその存在を饒舌に示しはしない。はしばみの実は、イヴォンから老婦人へと手渡され、二人がともにその堅い実を奥歯でかみくだく。

そのとき、老婦人がどんな身振りを演じていたかもこの光景がもたらす安堵感と無縁ではない。彼女は、川のほとりにかがみこんで家族の衣服を洗濯しているのである。そこにブレッソン的な俯瞰が導入されるのは当然だろう。流れに手をひたして洗濯ものをすすぎ続ける老婦人。これまで数かぎりなく繰り返されたであろうその作業から、洗いあがった下着類を長いロープの上にかざす作業へと移行しようとする途中に、はしばみの枝が登場する。二人の間に会話が成立してはいるが、ここで物語を視覚的に支えているのは、やはり彼らの手なのである。

水辺にかがみこんだ女がせわしげに洗濯ものの汚れを落す姿を見て、われわれは、殺人者が蛇口に血ぬられた手をかざしたときの俯瞰をできれば忘れたいと思う。汚れを水で洗い清めるという無垢への試みが、犯された罪の記憶をも消し去るなら、どんなにか心が晴れることだろう。だが、手の物語として語られる『ラルジャン』は、そうした安堵感を保証することなくその主題論的な一貫性を誇示し続けるだろう。

イヴォンは、老婦人の住む家の裏庭にはしばみの木が植えられ、その枝が食べごろの実をつけていることを知っていたわけではない。彼がその枝に手をかざしていくつか実をつみとるのは、まったくの偶然である。その偶然がイヴォンの手を導き続ける。地面に放り出されていた斧に手をのばすのも、そうした偶然につき動かされてのことだ。庭のはしばみの実から一家の寝室でふりおろされる斧の一撃まで、彼の意志の軌跡をたどることはむつかしい。間違いなく家のどこかに隠されているはずの多額の紙幣を盗み出そうとその機会をうかがい、その実現のために一家を惨殺しようとする意識がイヴォンの行動のすべてを統御していたか否かを知ることは、ここではさして重要ではない。最後の惨劇は偶然に導かれたイヴォンの手によって犯されたものだからである。

　気配を察した老婦人は、ベッドに身を起してイヴォンの登場を待つ。もちろん、その表情には何の変化もみられない。まるで、自分が殺人者と同じように水辺にかがみこみ、汚れを流しさっていたことの共犯関係にひそかに気づいていたかのようだ。斧がふりおろされる。彼女の洗濯の光景にはまったく不在であった血が、その不均衡を修正するかのように壁にとび散る。イヴォンは、血ぬられた斧を川面に投げ捨てることで均衡を回復する。自分自身の血で洗濯ものに欠けていた血の赤さを川の流れにそえてやるわけだ。

　斧が流れに放りこまれる瞬間をとらえた俯瞰は、誇張されていながらも正当化されるほかはない音響効果とともに、手渡されるはしばみの実が許した束の間の平穏さを鋭く断ち切る。奇蹟のように実現された救いの予感は、やはり錯覚でしかなかったからだ。にもかかわらず、ある静寂の印象が残酷な事態の展開にもかかわらず残される。もちろん、諦念と境を接し合った老婦人の善意は、イヴォンをその罪から救いはしなかった。だが、手首を水の流れにさし入れてものを洗うという身振りを無意識のうちに摸倣することで、彼女は物語的な共犯者へと自分を仕立ててあげているからだ。自分自身の血を貸し与えることで、血痕を洗い清めるという身振りを殺人者に反復させる老婦人は、心理を通過することなく彼の行動を容認することになる唯一の人物だからである。

　いまや、法衣の袖に揺れていた緋色の襞が何であったかは明らかだろう。それは、殺人によって流される血のたんなる予告的な象徴なのではない。あるいは洗面所の蛇口の下で、あるいは裏庭を流れる川岸で、水によって鮮度を失う赤さなのだ。家事を一手に引きうけているから洗濯をするのではなく、あの老婦人は、イヴォンに向けるべき善意が心理的共感とは異なる手の運動であることを本能的に感じとり、自分の手がすすぎ、絞り、干すことになる衣裳には欠けていた赤さを、自分の生命を犠牲にして彼に捧げているのである。精神による救済をあらかじめ放棄しながら、彼女は、肉体をゆだねることでかつての給油労働者を説話論的に救出する。

もちろん、手を洗うことが無垢な魂を回復することの比喩的な表現だというのではない。袖が導き入れる主題論的な体系の中で演ずべき手の役割を、この老婦人だけが心得ていたということなのだ。彼女の自己犠牲は、『ラルジャン』にあって達成された唯一のコミュニケーションである。そしてそのことをイヴォンさえもが知らずにいる世界の絶望を、ブレッソンは即物的に手の物語として語ってみせる。他者と通じあえる器官が手でしかなく、しかも手渡すという振舞いさえがいたるところでコミュニケーションを絶ち切っているという苛酷な世界。それを描きうるのが映画しかないというブレッソンの確信が、信仰とは異質の領域に不意に魂をたちのぼらせる。実際、殺戮に用いられた斧があっけなく水面に消えてゆく瞬間、あの即物的な俯瞰に魂を感じとらなかったものがいるだろうか。もちろんそれは、無媒介的な現存として自分自身を人目にさらす映画の魂にほかならぬのだが。

II

『ペイルライダー』

揺らぎに導かれて――グル・ダット讃――

揺らぎ

グル・ダットの画面では、つねに何かが小刻みに震えている。39歳で他界したこの映画作家のあまりにも短い生涯は、もっぱらその揺らぎの映画的な擁護にあったといってよい。かろうじて瞳が反応しうるほどのわずかな世界の震えをフィルムの表層に受けとめること、そして、個々のショットもまたその揺らぎに同調するかのようなリズムでスクリーンを通り過ぎること。彼の代表作といえる『55年夫妻』（1955）、『渇き』（1957）、『紙の花』（1959）の3作から感じとることができるのは、その二重の揺らぎにほかならない。

実際、グル・ダットの映画に姿を見せる男女は、キャメラが固定されている場合でも、ふと振り向いて誰かになまめかしい視線を送ったり、頬に手をそえて深くもの思いにふけったり、ソファーに力なく身をうずめたりしながら、流れるような編集のリズムにゆるやかに同調している。動きはしない人物のまわりでも、不意に捲きおこる大気の流れが女の髪をあでやかになびかせたり、立ちのぼる煙草やパイプのけむりを男のかたわらにたゆたわせたりすることで、それぞれの頬に落ちかかる照明をそのつど微妙に変化させる。かと思うと、あたりを湿らす不意の驟雨《しゅうう》や鬱蒼とした樹木を騒がせる突風に身をさらす男女は、深い陰翳につつみこまれたまま、その表情を鮮明な輪郭のもとに視界に浮上させることはまずないといってよい。

気まぐれに視界を横切るかと見える人物をキャメラがパンで追うときも、彼らは進んで日陰の部分を横切ったり、装飾的な家具やたわんだ木の茂みの背後に見え隠れする。あたりから孤立するかのように立ちつくしている場合でさえ、人物の背後には長いカーテンが風で大きくあおられていたり、衣装のすそがゆるやかに揺れたりしており、そうした細部の震えが、画面のすみずみにまで揺らぎをゆきわたらせている。

それにこの映画作家ならではのスムーズなキャメラの動きが加わるとき、グル・ダット的な画面の揺らぎは誰の目にも明らかなものとなる。背後に流れるヒンディー語映画ならではの音楽──あるいは艶をおびた歌声──につれて、短い前進移動や後退移動の滑るようなくり返しが、ゆっくりと高まり始めた情動をどこまでも引きのばし、それを一つの感情としてその場で完結させることはない。揺らぎはあくまで揺らぎとして推移し、すでに終わってしまった感情の軌跡をフィルムに刻みつけずにいるからだ。決して少なくはない男女のクローズアップが平板な心理主義に陥らずにいるのも、そうした理由による。スタンダードの『55年夫妻』や『渇き』、あるいはシネマスコープの『紙の花』のモノクローム画面に人が目にするものは、いたるところで構図を揺るがせる存在やオブジェの微妙な震えにほかならない。

例えば、『55年夫妻』の終わり近く、事情があって富豪令嬢（マドゥバーラー）と契約結婚させられた身である貧乏な漫画家（グル・ダット）が、心惹かれていた彼女を貧しい自宅に誘い、ひとり庭のかたすみをそぞろ歩きしながら、その思いをハミングで口ずさみ始める。室内にいた令嬢がその声に誘われるように粗末なテラスに姿を見せるとき、すべての視覚的＝聴覚的な要素が揺らぎとともに二人を結びつける。

おそらくは撮影所のステージ・セットだろうこの舞台装置にはたえず人工の風が走り抜け、窓辺のカーテンをあおり立て、女の髪を微妙に乱している。夕暮れが迫っているのかあたりは薄暗く、二人のまわりには椰子の木の枝が音もなく揺れている。そのときそこに描かれるのは愛の成就ではなく、いま生まれつつある愛の気配ともいうべきものの持続にほかならない。かなりの距離をおいて見つめ合う二人の表情を小刻みに震わせる風は、彼らの情動の揺らぎにふさわしくおさまることがない。ここでのデュエットはひたすらゆるやかに持続し、見る者をここではないどこか遠い世界へと誘っているかのようだ。

どこかしら遠い世界をたえず想像させずにはおかないグル・ダットは、20世紀には稀なロマン主義的な映画作家なのかも知れない。画面に歌声が流れるとき——多くのインド映画がそうであるように、ここでもプレイバック歌手の名前が大きくクレジットされており、女の声を受け持っているのは監督の妻ギーター・ダットである——そのどこかしら遠い世界と、まぎれもないいま、この瞬間との間で、映画はとめどもなく揺らぎ続ける。

翳り

グル・ダットの演出は、いつとも知れぬまに、思っても見ないやりかたで、作中人物——そし

『55年夫妻』

て、見ているわれわれ――を、かすかな震えにみちた時空へと誘いこむ。そこでは、キャメラも、音楽も、照明も、装置も、衣装も、振り付けも、人物の立ち居振る舞いも、そのことごとくが思いもかけぬ揺らぎの誘発に奉仕しているかにみえる。世界はいっときも凝固することはなく、その表情はいたるところでなまめかしく震えていなければならず、しかも、そのたえざる振動が瞳にいらだたしさの印象を与えずにおくこと。それこそが、天才的と呼ぶほかはないグル・ダットの映画的な秘密である。

実際、グル・ダットの作品に登場する男女は、真昼の陽光のもとで晴れがましく出会ったりはしない。『紙の花』における映画監督（グル・ダット）と若い女性（ワヒーダー・ラフマーン）との最初の出会いを思いだしてみるまでもなく、彼らは、まるで人目を避けようとするかのように、いきなり降り始めた夜の雨を避け、たわんだ枝が風にあおられている大きな木の根もとで雨宿りする。影につつまれたその人影は、にわかには見わけがたい。

そこはかなり大きな公園なのだろうか、遠方にいくつもの民家の窓灯りがいささか人工的に揺れており、そのあたりから音もなく稲妻がひらめき、画面を走り抜ける。グル・ダットは、装置や照明が多少とも人工的であることをいささかも隠蔽しようとはせずにいる。それこそ、心もとない揺らぎにふさわしい要素にほかならないからだ。事実、ここでの稲妻は、照明の微妙な変化を画面に導き入れる。聞こえてくるのは風の音ばかりで、まだ明るさの残る夜空を背景に揺れ動く木の枝のイメージがいくつか挿入され、それに続いて、驟雨にけむる夜の暗さの中に、濡れた大きな木の幹が黒々とスクリーンに浮かび上がる。スモークが影の濃淡を流れるように漂わせるこのたわんだ樹影こそ、文字通り揺らぎのショットにほかならない。

見知らぬ二人は、そこで、向かい合うことなく言葉をかわしあう。暗さの中に彼らの表情をうっすらと浮かび上がらせる光源がどこに位置するものかは、明らかでない。滝のように降りそそぐ雨滴を背にした男はゆっくりとパイプをくゆらし、その顔には揺れる木の枝がたえず影を落としている。濡れそぼって思わずくしゃみをしてしまう女の頬の白さは、その大きな瞳を薄暗がりになまめかしく浮きあがらせ、その顔のまわりには、いくつもの垂れた蔓《つる》がせわしなく風に揺らいでいる。

男は名高い映画スターであり、監督も兼任してヒット作を何本も撮っているが、女はこのときまったく無名の存在である。男が女にレインコートを貸し与えるところでこの場面は終わるのだが、ジョージ・キューカー監督のリメイク版で名高い『スタア誕生』（１９５４）をふと思わせぬでもないその物語は、落ちぶれはてた人気監督が、いまは大スターとなった女性の前から逃れるようにして姿を消す場面を回想として描いている。そこでも、不意に吹き始めた風が、老齢となった男の髪と衣装とを思い切りはためかせていることはいうまでもない。撮影所を舞台とした男と女の愛と芸術家の苦悩というテーマとしては、どこかしらフェデリコ・フェリーニ監督の『８½』（１９６３）に似ていないでもないが、このインド映画の製作年代はそれより遥か以前のことである。

誘い

『紙の花』の男女の夜の出会いの光景は、『渇き』における売れない詩人（グル・ダット）と彼の作品を好む美貌の娼婦（ワヒーダー・ラフマーン）との川岸の公園での出会いをすぐさま想起させる。『紙の花』ではごく短いシーンとして演出されていたものが、ここではミュージカルを思わせるあでやかな動きをともなったシークェンスとして、じっくりと時間をかけて処理されている。あるいは、製作年代からして、『紙の花』の出会いが『渇き』のそれをより簡素に再現しているというべきかもしれないが、一度見てしまったらとうてい忘れることのできまいこの名高い誘惑の場面には、湿った雨も降っていないし稲妻も閃いたりはせず、背後に流れる音楽と編集のリズムが、そのつど変化する照明とともに、見ている者を有無をいわさずに揺らぎの時空へと誘いこむ。

家族や友人から見放された詩人は、絶望のあまり、公園のベンチでひとり夜を明かそうとしている。おそらくはロケーション撮影されたものだろうそのショットは、きわめて写実的なものである。そこへ、やや離れた場所から、自分の詩を朗読する女の声が不意に高まる。思わず振り返ると、長いヴェールで髪をおおった若い女の後ろ姿が木陰に浮かび上がる。低い枝ごしに声をかける男に向っていったん振り返る女は、いきなり歌声を甘美に響かせながら、ゆるやかな足取りで暗さの中へ遠ざかろうとする。

あらゆる偶然は必然でしかないというメロドラマ独特の真実が開示されるこの瞬間から、見えるもの、聞こえるもののことごとくが思いもかけず揺らぎ始め、いま、この瞬間とは異なる未知の時空へと見る者を誘いこむ。インド映画なのだから、いきなり歌が聞こえても何ら不思議でないなどといわずにおこう。ここでは、これまでに見たグル・ダット的な画面の小刻みな震えが流れるようなショットの連鎖として見る者の心を騒がせ、それにさからうことなどもはや誰にもかなわなくなっているからだ。すでに、どこか遠い世界と、いま、この瞬間との均衡が微妙に揺らぎ始めている。

遠ざかるかに見える女はふと立ち止まり、歌声とともに、なまめかしい視線をキャメラに向ける。すかさずもの影に姿を消したかと思う女は、いつの間にか左右にパンするクローズアップ画面の中央におさまり、その瞳をあでやかに光らせている。背中までたれる透明なヴェールで頬の一部を隠したり、それをゆるやかに風になびかせ、女はあとずさりしながら影の部分を横切る。ふと身を低めるかと思うと、次のショットでは、すでに誰もが記憶し始めている旋律のくり返しにつれてすらりと立ち上がり、改めて招くような瞳で振り返る。ものいわぬままそのあとを追う詩人さながらに、われわれもまた、一瞬も凝固することのないそのなめらかな身振りに惹きつけられる。

私に触れよと誘っているかに見える女が、招くような視線を投げかけながらゆっくりと遠ざかるのだから、ここでのショットの連鎖は、修辞学的に見れば、大がかりな同語反復にすぎないといえるかもしれない。国籍の如何をとわず、ミュージカル映画における歌と踊りのほとんどは、何らかの意味で物語的な主題――例えば、誘惑――の反復たるほかはないからである。だが、ここでのなまめかしい女の表情とその歌声の滑るようなくり返しは、招くという身振りをどこまでも引きのばし、その反復のおさまるべき意味を一つの誘惑として完結させることをさまたげながら、ほとんど無償の震えともいうべきものを視界に漂わせる。そんな種類の運動をこれまで映画で目にしたためしのないわれわれは、それを稀有の体験として受けとめながら、すっかり武装解除され、心もとなく揺らぎ始めている自分を見いだすしかない。

こうして、才能を認められない詩人と心美しい娼婦という絵に描いたようにロマンチックな男女が、物語の凡庸な設定を超えて気高く愛し合うことになる。以後、詩人はひたすらその歌声で語りかけ、女はそれに瞳の動きで応えることになるのだが、不幸な結末を迎える『紙の花』に較べて、二人が手をたずさえていずこへか遠ざかる『渇き』の最後をより楽天的なものと思うのは、間違いではないにせよ多くの問題をはらんでいる。そのことは後に詳しく見てみるつもりだが、ごくありきたりな娯楽映画の成功で名声を築いたグル・ダットに、どこかしら悲観的な、ほとんど厭世的なともいえる影がつきまとっているのは否定しがたい事実である。

必ずしも幸福なものではなかった彼の現実の結婚生活と、ほとんど自死同然の睡眠薬摂取過多による最期、そして何よりも彼自身によって「発見」された女優ワヒーダー・ラフマーンへの断ち切りがたい思いなどはひとまず無視するにしても、代表作といわれる『55年夫妻』、『渇き』、『紙の花』の3作をみるかぎり、そこに立ちこめている抒情的な揺らぎは、確かに、幸福とは異なる世界に人を誘っているように見える。

木漏れ日

いうまでもなかろうが、グル・ダットが明るい日射しを執拗に避けているわけではない。恋人たちは、ときには降りそそぐ陽光のもとで、屈託のない時間をともにする。だが、そこでも、これまで指摘したさまざまな撮影技法を駆使して、男女の顔の輪郭を鮮明に浮きあがらせることを彼は自粛している。

例えば、『55年夫妻』の漫画家（グル・ダット）と両親を失った富豪令嬢（マドゥバーラー）は晴天の森で偶然に出会い、大きな籠を頭にのせた子連れの女の不意の出現に驚く風もなく、ふりそそぐ木漏れ日を全身でうけとめながらその歌声に耳を傾け、たがいの心を通わせて行く。奇妙な弦楽器のリズムにあわせて高まる女の声に、令嬢の瞳はいつになくなまめかしさをまし、そこには知らぬ間にか魔法の時間ともいうべきものが流れ始めている。ごく短いパンと移動撮影が令嬢の顔を影の中に浮きあがらせ、この光景にたえまない微動を送り込んでいるからだ。

画面の揺らぎという点で典型的なのは、故障した車から逃れて林へと走りこむ令嬢が、木陰に揺れる白い布切れに誘われたかのように、多くの洗濯女たちがサリーの生地を水にひたしている池のほとりに立ち、追ってきた漫画家と歌うデュエットの場面だろう。ここでも、二人の顔には木漏れ日が降りかかり、その周囲にはいくつもの布切れが風に揺らぎ、水際の洗濯女たちがたがいに引き合ういくつもの長い生地をかいくぐるようにして男女は恋の歌を口ずさむ。令嬢の髪がたえまなく風に揺れていることはいうまでもない。

この屈託のない明るさは、『55年夫妻』が風俗コメディーとして構想されているからだといえるかも知れない。確かに、日傘を小道具としたプールサイドでの名高いミュージカル・シーンは、ふとバスビー・バークレーの幾何学的な振り付けを思わせ、これがコメディーにほかならぬことを改めて想起させる。だが、『渇き』の学生時代の集団的な自転車の走行にも、『紙の花』のスポーツカーの疾走にも、それに似た楽天性が漂っていたことを想起しておこう。

複数の男女がいっせいに自転車のペダルをこぎながら朗らかに合唱するという『渇き』の大学時代の回想シーンは、やがて他人の妻となるガールフレンド（マーラー・シンハー）と相乗りして親しげに頬を寄せあう詩人のソロで始まり、かたわらの女のソロがそれに答え、やがて木陰の道を行く級友たちをとらえた俯瞰撮影による前進移動にコーラスがかぶさり、木立を通して彼らの集団滑走をパンで追うショットでは全員の口笛までが加わるという、どこまでも楽天的な光景におさまっている。晴れた空を背景として歌い始める詩人の表情は、背後に流れて行く木々のつらなりによって不断の運動感を画面に導入し、風に揺れるガールフレンドの髪の毛がそれをきわだたせ、二人の恋を祝福するかのように構図そのものを快く震えさせている。

『紙の花』のスポーツカーの疾走は、『渇き』の自転車の走行をさらに大がかりにしたかのような揺らぎを画面のすみずみにまでに行きわたらせる。グル・ダットとワヒーダー・ラフマーンは運転手に操縦をまかせて撮影所を離れ、後部座席に並んで坐ったまま森の中の道を走行する車の振動に身をゆだねている。監督である男は手にした脚本にときおり目を通しているが、空はあくまで晴れ上がり、ひそかに惹かれ合う二人の顔には木々の影が落ちかかり、女の髪がなまめかしく乱れる。そこに、こぼれ落ちんばかりの無数の男女を乗せたトラックが背後から近づき、いきなり流れ始める彼ら全員のコーラスが二人を振り返らせる。

トラックの男女は、二人の仲を祝福するかのように歌いあげ、ひたすら流れつづける木々のイメージをバックに、キャメラは声を響かせる者たちを満遍のないショットで視界におさめる。おそらくは撮影所でのスクリーン・プロセスによる横移動とロケーション撮影による縦移動との巧みな組み合わせによるものだろう流動感あふれる編集が、このシークェンスそのものの疾走感をきわだたせる。

スポーツカーの二人は、ときおり振り返りながら歌声に耳を傾け、何の屈託もなくドライブを楽しんでおり、たえず微妙に揺れ動く構図の中で、女は頻に片手をあてがいながら乱れる髪を整えようとする。男が手にしていた脚本が風で舞い上がると、トラックの男女がそれを丹念に拾い集め、別れぎわにそれをスポーツカーへと放り投げる。ここでの男女はもっぱら聞き役にまわっているが、運動感に彩られたシークェンスそのものの楽天性は否定しがたい。

だが、この屈託のない明るさが長くは続くまいことを、誰もが予感している。いずれも回想場面であり、その光景を想起する映画監督や詩人が落ちぶれはてていることを知っているからである。コメディーである『55年夫妻』の場合でも、幸福な結末が二人を祝福するにはまだ多くの紆余曲折があろうことを、物語が告げてもいる。では、グル・ダットの作風は、もっぱら悲観的かつ厭世的なものなのだろうか。

恩寵の風

家族から母の死を知らされた『渇き』の詩人が、娼婦の行き交う夜の歓楽街でも酔いきれぬまま、白いグラスを頰にあてて宿命の苛酷さを歌うとき、その表情には人間社会への絶望が色濃く影を落としている。ふとしたことから身分証明書が人手に渡り、その持ち主の事故死によって詩人が死んだと勘違いされるという事態の推移はプレストン・スタージェス監督の『サリヴァンの旅』(1941)を思い起こさせるが、その後、家族や友人から精神病院に閉じこめられるという物語の展開はいかにも悲観的だというほかはない。妻とは離婚し、娘と会うこともかなわぬ『紙の花』の映画監督の生涯もまた、悲惨なものだといえよう。『渇き』や『紙の花』にも描かれていることだが、自分の言葉なり作品なりが観客や聴衆の怒りをあおりたて、興奮した彼らが客席の椅子まで投げつけて不満を表明するという群衆描写にも、この映画作家のある種の厭世観が投影されているといえなくもない。

だが、不意に柵の向こうに姿を見せた旧知の頭髪マッサージ師（ジョニー・ウォーカー）のとっさのはからいで、閉じこめられていた病院から詩人が逃げ出すという『渇き』の終幕に向けての展開には、映画ならではの楽天性が漂っている。もうこれまでと覚悟を決めた瞬間に、いきなり救援にかけつける騎兵隊の突撃ラッパが響くという奇蹟にも似た光景が、いつもグル・ダットのかたわらでコメディー・リリーフを受け持っているバイプレイヤーによって演じられているからだ。その意味で、多くの現代的な映画作家がそうであるように、グル・ダットもまた、少なくとも細部の処理においては映画ならではの楽天性に賭けた存在だといえるかもしれない。

実際、この冴えない頭髪マッサージ師が初めて作品に登場するとき、彼が物語の上でどんな役割を演じているのか誰にもわからない。夜の公園の散歩客をかきわけ、まるで日頃から実生活でも口ずさんでいるかのような自然さでリズムをとりながら客を誘って歩く彼の歌声は、詩人が心をこめて朗誦する詩のメロディーとはおよそ無縁の軽い滑稽感をかもしだす。これは、不幸な詩人の愛の物語とは何の関係もなく、もっぱらジョニー・ウォーカーのための独立したナンバーだと高を括って見守るしかない場面だともいえる。

ところが、たまたま精神病院の柵の外を通りかかった頭髪マッサージ師が、死んでいるはずの詩人の登場に驚きながらも事情を察し、機転をきかせて看守のひとりに近づいてその頭をマッサージし始めると、夜の公園に流れていたあの滑稽なリズムの曲がにわかに高まり、事態はまたた

『渇き』

くまに楽天的な様相を呈する。

実際、窮地に陥っていた詩人は、誰に見とがめられることなく脱走に成功するのであり、見ている者は、夜の公園に滑稽な歌声とともに姿を見せていた頭髪マッサージ師の積極的な役割を、ここにいたって初めて理解するのである。こうした挿話の配置には、映画ならではの楽天性がこめられているというほかはない。その楽天性とは、すでに指摘しておいたように、あらゆる偶然は必然でしかないというメロドラマ独特の真実にほかならない。

一見したところ深く厭世的ともいえそうなグル・ダットの作品は、この種の楽天的な細部にみちている。『55年夫妻』の林の中での出会いはいうまでもなく、『渇き』の詩人と娼婦の夜の公園での出会いでも、『紙の花』の夜の驟雨に濡れそぼった樹木の幹での雨宿りでも、ことごとく絵に描いたような不意の遭遇が男女を結びつけている。落ちぶれはてた『紙の花』の映画監督でさえ、かつての仕事場だった撮影所のステージで、坐りなれたディレクターズ・チェアーに腰を降ろしたまま、苦しむこともなく静かに他界するのであり、その最期は、厭世的というより遥かにロマン主義的な色調に彩られている。

ここで、何が『渇き』を終わらせていたかを思いだしてみよう。それは、何の前ぶれもなく吹き始めた一陣の風である。図書館のように周囲に高い書架が配置されたこの室内空間に、なぜ場末の空き地さながらの粗暴な風が吹き荒れたりするのか、その理由を問いただしている余裕など誰にも許さぬまま、その不意の大気の乱れはあたりの光景をたちどころに揺るがせる。かつてのガールフレンドと向かい合っていた詩人は、あらゆる紙片を捲《ま》き上げる不意の風を全身で受けとめながら、あたかもそれが恩寵だというかのように、まとっている衣装をひるがえして彼女から遠ざかる。

ベッドに横たわる娼婦の家にも風が吹き抜けている。恩寵と呼ぶほかはないこの天候の急変こそ、映画ならではの楽天性にほかならない。突然の大気の流れが寝そべった彼女の髪を乱し、窓辺でカーテンを大きく揺るがせる。この風こそ、いま、この瞬間と、どこかしら遠い世界との間で男女を惑わせる揺らぎの実態である。

病身の女は、その風にあおられるように身を起こし、詩人の到着を確信する。窓から見おろせば、紙屑や木の葉の舞い狂う夜の戸外に詩人が揺らぐように立っている。女は、紙屑を捲き上げる風にあおられるように、髪を振り乱しながら階段をかけおりる。だが、二人が手をたずさえてどこか遠い世界へと歩みさるとき、風は嘘のようにおさまっている。

思えば、揺らぎとは、偶然と必然との均衡が不断に演じたてる生のしるしにほかならず、それにキャメラを向けているかぎり、映画における不幸はどこまでも遠ざけられている。揺らぎの映画的な擁護に生涯をささげたグル・ダットは、そのかぎりにおいて、悲観的でも厭世的でもない。現代の優れた映画作家たちが細部の処理において決まって楽天的なのは、同じ理由による。

エリック・ロメール　または偶然であることの必然

橋と船

いかにも避暑地にふさわしい簡素なドレスをまとった一人の女性が、運河にかかる小さな橋に身をもたせかけたまま、モーター・ボートを湖面に滑らせる男の姿を遥かにうかがっている。自分の存在にまだ気づいてはいない男への優位さからというより、たまたまそこにいあわせてしまったことの不思議さをごく当然のこととうけとめる心の余裕から思わず微笑んでしまう女は、自分自身の姿かたちをことさら目立たせるというより、むしろまわりの光景にそっとまぎれこませようとするかのようだ。

あたりにたちこめているのは、はたすべき日々の義務など嘘のように遠ざけてしまう無責任な夏の休暇の時間である。ふりそそぐ陽光も、ものの輪郭をことさらきわだたせることなく、人物と背後の風景とをなだらかに調和せしめている。拡がりだす湖の水面も、その向こうにつらなるかなりけわしい山なみも、いたずらに自然であることを誇示しようとはせず、ごくおとなしく構図におさまっている。

　ここで女の存在を背景から浮き立たせているのは、なみはずれた美貌でも、人目を惹く派手な身振りでもない。たまたま橋の上に身をおいていること。そして、そこからモーター・ボートに視線をなげかけていること。ただ、そのことだけで、彼女は画面の中心を占める権利を手に入れる。湖上に船を滑らせている男も、女の視線をうけとめることで、いつのまにか構図の中心に滑りこむことになるだろう。誰もが記憶しているように、エリック・ロメールの『クレールの膝』（1970）は、こうしたけだるい風景の中で、橋の女とモーター・ボートの男との出会いとともに始まっている。

　それが一つのシークェンスをかたちづくるには、女と男がどこかで視線を交わしあわねばならない。だが、それは、いとも簡単なはなしだと演出家ロメールはつぶやいているかのようにみえる。男のモーター・ボートが女のたたずむ橋の下を滑りぬけさえすれば、二人はごく自然に瞳を投げかけあうだろうというのが彼の計算である。その計算において、男女の心などあっさり無視されてしまうのはいうまでもない。二人が何を考えていようと、どんな過去を共有していようと、そんなことにはかかわりなく、動かぬ橋と滑走する船とが同じ画面に捉えられればよい。映画は、その遭遇に触発されて、橋の上から船を見やっている女と、船の上から橋の女に気づいた男をひとまず構図の中心にすえ、その周囲にいくつもの若い男女の出会いと別れとをつむぎあげてゆくだろう。事実、『クレールの膝』のクレールもまた、そうした若い女性の一人として画面に登場することになる。

　ところで、いま人が目にしているのは、モーター・ボートが細い運河に向けて針路をとろうとするとき、橋の上の女性にふと目をとめ、無邪気に表情をほころばせる男の姿である。ゆるやかに滑るボートは橋にさしかかり、驚きつつもどこか共犯者じみた合図をかわしあうふたりを、キャメラは交互にとらえる。その瞬間、橋と船との遭遇は、人間男女の思いがけない再会の物語へとおだやかに横滑りする。実際、こうした画面のつらなりに視線を向けているものなら、誰もが、いま起こりつつある事態をたちどころに納得せずにはいられないはずだ。スクリーンでは、まさしく夏の休暇の避暑地という無責任な時空のもとで、しばらく会ってはいなかった男女が、嘘のような自然さで、偶然の出会いを演じようとしているのである。

もどかしげに船を岸辺に係留する男は、足早に女のもとにかけよる。ふたりははずむような声でたがいの名を呼びあい、愛というよりは友情をこめて抱擁しあう。

「オーロラ……」

「ジェローム……」

この声とともに、絵に描いたような偶然の勝利が決定する。ロメールにあっては、異性の名前を口にすることが決定的なのだ。実際、そのとき、橋と船とがあっさり見捨てられていることを、もう誰も覚えてはいない。若くはないにしても、異性に惹かれることの甘美な快楽を放棄する年齢にはまだ達していない二人の抱擁をみやりながら、スクリーンのうえでの彼らの再会を、人は、いつのまにかごく素直に祝福し始めている。橋と船から、女と男へというこの感知しがたい視点の移行こそ、演出家エリック・ロメールの優雅な計算にほかならない。

避暑地の「モラル」

ロメールが、どれほど反＝レオ・マッケリー的な映画作家であるかは、『クレールの膝』の冒頭のほんの数ショットを見れば明らかだろう。日付から時刻まで約束しておきながら、不慮の事故で会いそびれてしまう男女の愛を描いた『邂逅』（1939）から『めぐり逢い』（1957）へといいたる説話論的な構造とは全く逆の事態が、目の前で起こっているからである。マッケリー的な世界では男女の仲を遠ざけることになる偶然が、ここではあっさり結びつけてしまう。

男と女が出会うには、「約束」などかわしてはならない。『クレールの膝』の導入部が物語の始まるよりも前に描き出しているのは、「約束」をかわさなかったがゆえに、その報酬として偶然が引き合わせてくれた男女の僥倖なのである。だから、「約束」をせずにおくことで、偶然を味方につけねばならない。これが、優れて反＝マッケリー的な映画作家ロメールの実践する第一の「モラル」にほかならない。この「モラル」への感性に恵まれていない人びとにとって、ロメールの作品のほとんどは、見るにたえない男女の愚かな戯れとしか映らないだろう。

移転先のパリの住所を教えてくれなかったといってジェロームがちょっとなじってみたりもするが、オーロラは婉然と微笑むばかりでとりあおうとはしない。男というものは、女を前にして、二人の間で過去に起こったことなど口にしてはならぬ存在である。ただ、偶然が準備してくれる「いま」を僥倖として享受しておけばそれでよい。あえてそうつぶやいたりしない彼女は、寡黙な笑みによって、そう諭しているかにみえる。実際、映画においては、それだけが、偶然を味方に引きつけておくための聡明な振る舞い方にほかなるまい。おそらく、それが、小津安二郎やハワード・ホークスにも劣らずフラッシュ・バックを好まない映画作家エリック・ロメールの実践する、第二の「モラル」なのかもしれない。

『クレールの膝』の導入部には、ロメールの実践する第三の「モラル」も鮮明に描かれている。男と女は、その身分など忘れ、ひたすら無責任な時間と空間に身をゆだねねばならないというのがそれである。とはいえ、ここでの忘却は、身分をこえた男女の愛をロマンチックに謳いあげることとはいっさい無縁の、ごく短い夏の季節だけが許すあやうげなフィクションにほかならない。そのフィクションの時間を描くには、とりあえず首都を離れ、避暑地を舞台装置とするにしたことはない。それが演出家ロメールの計算にほかならない。その計算がことのほか見事な成果をもたらした僥倖としか呼びがたい最初の作品が、『クレールの膝』なのである。

実際、クレールと呼ばれる少女の膝は、ただ「いま」という僥倖だけが露呈されている無責任な時空の中でしか、ジェロームを惹きつけはしないだろう。だから、そこに起こっているのは、彼の隠されていたみだらな性格の不意の露呈ではいささかもない。それは、クレールと何の「約束」もしなかった彼にもたらされた法外な報酬にほかならず、それにふと当惑する資格に恵まれているのも、彼ひとりである。ちょうど、『緑の光線』(1986)の最後で緑の光線を目にするデルフィーヌの口からもれる吐息のように、あるいは『O侯爵夫人』(1976)における下着姿の侯爵夫人の乱れた寝姿のように、他人が目にしたり耳にしたりしてはならない高貴な卑猥さともいうべきものが、そこには露呈されている。

そのあられもない瞬間を味わいつくすこと。それは、人が「自然さ」として知っているものからは思い切り遠い、嘘のように「不自然」なフィクションである。その嘘のような「不自然さ」をあっけらかんとした自然さとしてフィルムにおさめること。それが、演出家エリック・ロメールの倒錯的な計算にほかならない。実際、彼のほとんどの作品で、人は、見てはならぬものばか

『クレールの膝』

『緑の光線』

りを目撃しつづけることになるだろう。こうしたロメールの姿勢は、最新作の『グレースと公爵』（２００１）にいたるまで、揺るぎなくも一貫している。

システムと声

ロメールにあって、人は、あえて嘘のような「不自然さ」とともに出会う。それは、『モード家の一夜』（１９６９）で地方都市に赴任したばかりの主人公が口にする「他人とは偶然に出会うのが好きだ」という言葉に要約されている状況だといってよい。その言葉は、人混みのカフェで、たまたま肘が触れ合った若い女性に連れそっていた高校時代の同級生に向けていわれたものである。もちろん、彼らは偶然の再会を祝福しあうのだが、『夏物語』（１９９６）のヒロインの一人が、不意に出会った男友達の一人を前にして「偶然の習慣性ね」と微笑んでみせたりするとき、この「偶然の習慣性」がロメール的な主題として一貫していることを、誰もが認めざるをえない。

この「偶然の習慣性」という主題は、ロメールを二つの点で拘束せざるをえない。一つは、それが「習慣」として有効に機能するために、出会うべき作中人物を、開かれた公共空間にすえねばならないというものだ。自宅のサロンや勤務先のオフィスのような私的な空間では、人物の意図や計算が優遇されがちだからである。夏の避暑地がそうしたロメール的な遭遇にふさわしい舞台装置であることはいうまでもないが、『モード家の一夜』の場合のように、仕事を持っている者たちにとっては、ふらりと入るカフェやレストランがその縮小された等価物として選ばれるこ

『モード家の一夜』

『夏物語』

とになるだろう。

二つ目の拘束は、演出に関するものである。「習慣」を持たぬが故に「偶然」と呼ばれているものを、あたかも一定のシステムに従属しているかのごとき「習慣性」として描かねばならないというアイロニカルな状況と、ロメールは直面せざるをえない。それは、「自然さ」と「不自然さ」との弁証法ともいうべきものをも作品に導入しかねないのだが、演出家ロメールは、そのアイロニーや弁証法の影を画面からくまなく排除することで事態に対処する。そこに現出するのが、フィクションとしてのロメール的な透明さにほかならない。では、あたかも矛盾や葛藤が視界から一掃されてしまったかのような透明さは、どのようにして成立するのか。それを個々の作品を通して検証してみると、物語に介入する偶然のパターンが、ほぼ五つの項目からなるシステムとして機能していることが明らかになる。

⑴同性の二人がふとした事故を契機として出会う

人混みで触れあいよろけさせてしまった女性のつれがたまたま旧知の友人だったという『モード家の一夜』がそうであるように、『レネットとミラベル　四つの冒険』（1987）での自転車のパンクや、あるいは『木と市長と文化会館』（1993）の生け垣を超えて道路に転がりでてしまったボールのような不慮の事故が、同世代の女性二人を結びつける。ほぼ同じ時刻、同じ場所にいあわせてしまったことでその事故に立ち会わざるをえない者たちの遭遇がごく自然に確立するという点では、『友だちの恋人』（1987）の市役所の職員食堂でたまたま向かい合わせの席に座って食事をとる女性二人や、『飛行士の妻』（1981）で同じ女性のアパルトマンの扉の前で置き手紙を書く二人の男性なども、そのヴァリエーションと考えることができる。最後の例の場合は、ほんの数分の時間のずれが二人の若い男の立場を変化させてしまうのだが、そこからつぎのパターンが導きだされる。

(2) 一人の男が、ふとした偶然から、自分が心惹かれている女性と親しい男性との疑わしい行動の証人となる

『飛行士の妻』では、同じ時刻に同じ女性に置き手紙をした男性の一人が、もう一人の置き手紙の男と見知らぬ女性とが落ち合い、ある家に入って行くのをふと目撃する。その挿話がそうであるように、この主題は、ロメールの作品に探偵小説めいた風土をフィクションとして導入する。それをフィクションと呼ぶのは、男の出会う女性が誰であり、その遭遇がどんな目的を持つものであるかを誰も知りえないからである。『クレールの膝』には、ジェロームが、クレールの親しくしている男性が別の女性と楽しげに戯れている姿をたまたま目にしてしまう場面が描かれており、『海辺のポーリーヌ』（1983）にも、それに似た状況が挿入されている。男たちは、心惹かれている女性の立場を思うあまり、目撃した事実を彼女に告げたりするのだが、それがかえって事態を混乱させるのはいうまでもない。『恋の秋』（1998）にも、ふとした勘違いからそう誤解されかねない状況が、ヒロインの一人と、彼女の計画に従って呼び出された男によって演じられているのだが、それなどもこの主題のヴァリエーションとして分類されうるだろう。

(3)二組のカップルが、同じ時刻に、同じ場所で落ち合う

『パリのランデブー』(1995)には、留守中に夫を裏切り、別の男性とあるホテルで逢い引きをしようと決意する女性が、計画通りにその男とホテルに入ろうとする直前、自分の夫が別の女性とそのホテルへと駆け込む姿を目撃してしまう。これは、(2)の「一人の男が、ふとした偶然から、自分が心惹かれている女性と親しい男性との疑わしい行動の証人となる」という状況をさらに発展させたものだというべきかも知れない。『パリのランデブー』の問題の場面がそうであるように、この主題は、「不自然さ」という点ではきわだっている。あるカップルの男と女が、ともに相手を裏切り、姦通の現場に急ごうとするとき、何も、わざわざ同じ時刻に、同じ場所で鉢合わせすることもなかろうにと、誰もが思ってしまうからだ。にもかかわらず、それとまったく同じことが、『友だちの恋人』の湖畔のレストランや『海辺のポーリーヌ』での避暑地のバーでも『満月の夜』(1984)や『パリのランデブー』のパリのカフェでも着実に起こっているのだから、そこにロメール的な倒錯が習慣として露呈されているというほかはない。

(4)失われていたものが、思いがけないときに、偶然に発見される

『春のソナタ』(1990)の消え失せた首飾りや、『パリのランデブー』の盗まれた財布がそうであるように、しばし視界から遠ざけられていた対象は、しばらくしてから、「嘘のような」自然さで手元に戻ってくる。おそらく、『獅子座』(1962)の忘れていたころにもたらされる伯母の遺産相続の知らせなども、この主題のヴァリエーションと考えておけばよいだろう。

『友だちの恋人』

『パリのランデブー』

⑸たがいに音信不通だった男女が、いきなり公共空間で再会する

すでに見た『クレールの膝』の場合がそうであったように、偶然は、ほとんどの場合、休暇中の避暑地で登場人物を直撃する。『モード家の一夜』、『海辺のポーリーヌ』、『夏物語』など、夏のヴァカンスを舞台背景とした作品には決まってこの思いがけない遭遇が起るのだが、それが「いま」という僥倖であることはすでに指摘しておいたとおりである。『冬物語』（１９９２）では、その公共空間がパリ郊外のバスに置き換えられ、姿を消していた娘の父親とヒロインとの再会が描かれているのだが、「不自然」な僥倖としての側面は、これがきわだっているといえるかもしれない。

これですべてだというわけではないが、システムとしての「偶然」の発現ぶりを概観するには、ひとまずこれで充分だろう。ロメールは、その物語の風土や背景、登場人物の年齢などに応じて、こうした主題を適宜配分しながら、説話論的な構造を設計することになる。もちろん、それは、物語を操作する絶対のシステムとして偶然を機能せしめ、すべてを同じ構造に還元させようという意図が、彼を突き動かしているからではない。ロメールにおける類似は、フィクションとして人目を欺く仮面にすぎず、それを恰好の口実として、個々の作品を微妙な差異で彩ろうとすることに、演出家としての彼の計算の意味が存しているのである。その点でも、彼は小津やホークスと同じ反復の世界に住まう映画作家なのだといえる。

『春のソナタ』

『冬物語』

素肌と僥倖

いうまでもなく、これらの主題は、その現れかたに一定の規則があるわけではない。それは、見た目には同じ振る舞いが、作品によってまったく異なる説話論的な役割を演じていることからも明らかだろう。たとえば、(5)「たがいに音信不通だった男女が、いきなり公共空間で再会する」という項目をとってみれば、そのことによって物語が始まる(『クレールの膝』)こともあれば、物語が新たな段階にさしかかる(『海辺のポーリーヌ』)こともあり、物語が終幕を迎える(『冬物語』)こともあり、その機能は作品ごとに異なっている。それにとどまらず、ロメールの演出手法そのものが、時間の推移とともに変化しているのを見逃してはなるまい。

その変化をひとことで要約するなら、「劇的な要素」の排除の徹底化ということになるかもしれない。実際、初期の作品から中期のそれへ、中期のシリーズから後期のそれへと移行するに応じて、偶然を物語に導入するロメールの仕草は簡素なものになってゆく。たとえば、『モード家の一夜』の物語を終息せしめる偶然の遭遇を見てみれば、その演出がきわめて念入りなものであることがすぐさま理解できる。映画が終わろうとするとき、かつてモードと一夜をともにしたことさえある主人公は、いまでは別の女性と結婚し、子供までもうけている。そして、ある夏、避暑地の海辺の砂丘で、家族ともども偶然に彼女と再会する。それが、いかにも気詰まりな瞬間であることはいうまでもない。「まあ、あなたなのね」という女の声に、男は思わず立ち止まらずにはいられない。ロメールは、そうした状況を、男女二人を捉えたショットを的確に組み合わせながら、文字通りいかにもそれらしい「本当らしさ」として周到に描いている。

これが、ある意味で、心にしみる優れた場面であることはいうまでもない。だが、そこには、過去と現在とが、優雅ではあっても心理的には複雑さをまぬがれがたい弁証法におさまっており、「いま」という僥倖をもたらす「不自然さ」はどこにも漂っていない。古典的な意味でみごとな成果をあげているその演出ぶりを、無条件に賞賛するのがためらわれるのは、そのためである。そこには、「劇的な要素」の排除が充分なされていないことからくるフィクションとしての透明性が欠如しており、それが、見る者を、ふと人生論的な感慨へと向かわせがちなのだ。ショットの連鎖が、その万遍のなさによって、できごととしての偶然の生起をさまたげているのである。その直後に撮られる『クレールの膝』の冒頭の出会いに見られる無責任な闊達さというべきものが、画面の露呈をはばんでいるといってもよい。

だが、『海辺のポーリーヌ』では、事態がまったく変化している。実際、ポーリーヌのまだ年若い伯母である金髪の女性が、一泳ぎしたあと濡れたからだをタオルで拭きながら、ふとかたわらに目をやり、「まあ、ピエールだわ」とはずむような声で口にするとき、ロメールは、この偶然の出会いを、『モード家の一夜』におけるように、慎重にして聡明なショットの連鎖によって説明したりはしまい。ここで、「嘘」としか思えぬ浜辺での遭遇を正当化しているのは、もはや画面の連鎖ではなく、伯母を演じているアリエール・ドンバールのいかにも移り気な視線と、そのはずむような声の抑揚のみである。

「ロメールにあっては、異性の名前を口にすることが決定的なのだ」と指摘しておいたことが、ここでも起こっていることに注目しよう。ピエールが誰であり、そう口にする女性が彼にどんな感情を抱いているかといったこととはいっさい無縁に、ただ「ピエール」という固有名詞だけがころがるように響く。もちろん、それに続いて、「ピエール」と呼ばれた男性が画面に登場しはするが、それがあのピエールかと納得することさえが、ほとんど意味を失っている。そのとき瞬時に成就する「劇的要素」の排除とともに、避暑地の無責任な時空だけが可能にする「いま」という僥倖が露呈されるのである。

『モード家の一夜』の終わりに描かれていたのが、いかにもそれらしい「本当らしさ」であったとするなら、『海辺のポーリーヌ』が「ピエール」という気取りのない一言によって引き寄せているのは、「いま」という僥倖のあられもない素肌にほかならない。その素肌は、それがどれほど「不自然」なものと映ろうと、「本当らしさ」とはまるで異質の映画であることの「真実」へと限りなく接近する。ロメールは、そのとき、アンリ・ラングロワによって定義されたハワード・ホークスの「現代性」をまぎれもなく共有し始める。

一九八〇年、『飛行士の妻』とともに「喜劇とことわざ」シリーズを撮り始めたエリック・ロメールが目指しているのは、僥倖のあられもない素肌としての映画の「真実」にほかならない。それは、『飛行士の妻』をはじめ、『緑の光線』、『レネットとミラベル　四つの冒険』のように16ミリキャメラを使った大胆な撮影法にあらわれており、それこそホークス的でもあればロッセリーニ的と呼ぶこともできる映画の「現代性」の実践にほかならない。実際ことによるとロメールにとっての最後の「夏のヴァカンス」ものとなるかもしれない『夏物語』では、「ガスパール」という不意の呼び声によって、『海辺のポーリーヌ』より遥かに「真実」に近い瞬間が描かれているのである。

『海辺のポーリーヌ』

『夏物語』では、冒頭から、レナと呼ばれる女性の登場が待たれている。説話論的にその登場が予告されている彼女の出現は、だから、それじたいとして驚くべき瞬間をかたちづくりはしないだろう。だが、演出家の設計として、そこには驚くべき「真実」が招致されることになる。ほとんど演出の不在ともいうべき画面に、レナはまったくもってあっけらかんと登場するからである。

すでに慣れ親しんでいる避暑地の翳りを知らぬ光線の中に、いきなり「ガスパール」という女の声が響きわたる。そのとき人が目にするものは、水着姿の女性の後ろ姿でしかない。すらりとのびたしなやかな肢体だという印象だけを網膜に刻みつけ、これまた後ろ姿で遠ざかる青年に向かって彼女は走り寄る。すべては、たった一つのショットで語られてしまっている。『海辺のポーリーヌ』では、少なくとも、「ピエール」と口にする女性がその声の主体として画面に捉えられ、彼女の視線の方向もたどることができたのに、ここでは、「ガスパール」という呼び声を発したはずの唇の動きはいうに及ばず、その瞳がたたえていたかもしれない艶さえキャメラは記録していないのだ。

かくして演出家としての計算は放棄され、ロメール的な「劇的要素」の排除はここで一つの頂点に達しているといってもよい。避暑地の無責任な時空の中で、人はただ女の声だけを聞き、そこに映画の素肌をさぐりあて、思わず慄然とする。

季節と職業

もちろん、エリック・ロメールのすべての作品が、夏の避暑地に舞台を設定しているわけではない。たしかに、『コレクションする女』(1967)、『海辺のポーリーヌ』、『緑の光線』、『夏物語』といった一連の「夏のヴァカンス」ものの作品を見てみれば、『クレールの膝』の湖畔に漂っていたそれを思わせる晴れがましくも無責任な時空が、避暑地を背景として拡がりだしてはいる。そこでは、いく組もの男女が「嘘のような」自然さで出会いや別れを演じたてることになるだろう。

とはいえ、「四季の物語」シリーズ四部作には当然『冬物語』が含まれているし、『モード家の一夜』の地方都市クレールモン＝フェランには雪がちらつき、『美しき結婚』(1982)の小さな田舎町ル・マンには湿った雨がふりそそぎ、『飛行士の妻』の若い男女は驟《しゅう》雨で濡れたパリの舗道を歩きまわらねばならない。『エトワール広場』(1965)や『パリのランデブー』の一挿話では、傘が奇妙な役割を演じていたことも思い出される。

作中人物の身分という点をとってみても、彼らの社会的な地位がロメールの作品からことごとく排除されているのでないことは、いうまでもない。たとえば、「六つの教訓」シリーズの冒頭にすえられた『モンソーのパン屋の娘』(1963)には、題名そのものにすでに職業を示す語彙が含まれている。また、「喜劇とことわざ」シリーズの最初の作品『飛行士の妻』は、その題名そのものがパイロットを職業とする男がしかるべき役割をはたすだろうことを予言しており、その対極には、郵便局で働く若い大学生の深夜の作業ぶりがなまなましく描かれたりもしている。『緑の光線』や『友だちの恋人』には、市役所や私企業のオフィスで執務中のヒロインの姿が素描されているし、『美しき結婚』には、友人の骨董屋を手伝う若い女性が登場している。『恋の秋』には、葡萄園を経営する女性さえ登場するのだが、その誰一人として、そこでの職業的な義務の履行を天職と心得ていそうにないところが、いかにもロメール的である。独立したオフィスを仲間と共同で経営している青年を主人公とした『愛の昼下がり』（1972）がロメールの作品としては例外的に魅力を欠き、独立した店を持とうとする『冬物語』の美容師がいささか否定的なイメージにおさまりがちなのも、そうしたことと無縁ではないかもしれない。

職業を持った男性がロメールの作品できわだつのは、『レネットとミラベル　四つの冒険』に挿話的な人物として登場するカフェのギャルソンや画廊の経営者のように、二人の若い女性を前にして、その職業意識をことさら誇張してみせることで、滑稽さの域に達している場合にかぎられている。実際、ほとんどの場合、ロメール的な人物は、男も女も、仕事場での職業的な身振りがむしろ仮面とともに演じられ、公共空間の人混みに身をおいたときに見せる表情こそが素顔だというかのごとくに振る舞っているのである。

衣装と髪型

その点から、ロメールにあっては例外的ともいえる『木と市長と文化会館』の魅力が明らかになる。実際、ここには、題名に含まれている市長はいうまでもなく、その女友達でもある作家、偶然から彼を取材することになる女性ジャーナリスト、たまたま彼らを引き合わせてしまう出版社の編集長、文化会館の設計にあたる建築家、その建設によって切り倒される木に執着を示す小学教師などが登場し、あたかもそれが彼らの天職だというかのように、それぞれの地位にふさわしい場で、それぞれにふさわしい台詞をもっともらしく口にする。パスカル・グレゴリー、アリエール・ドンバール、ファブリス・ルッキーニなど、これまでの彼の作品に何度も出演した役者たちが、いかにもそれらしい「本当らしさ」を身にまとって画面を横切って行くさまは壮観だとさえいえる。

だが、このいかにもそれらしい「本当らしさ」には、「約束」せずにおくことの報酬として偶然がもたらす「いま」という僥倖が欠けている。『クレールの膝』でクレールの膝に惹きつけられるジェロームの当惑のように、見てはならぬものをスクリーンに露呈させる瞬間はここには皆無だといってよい。あるいは、『緑の光線』の最後で緑の光線を目にする瞬間にデルフィーヌの口からもれる吐息ににたものは、『木と市長と文化会館』には気配としてさえ漂っていない。その意味で、文化会館の建設を夢見る社会党系の市長も、そのために切り倒されるはずの木を熱愛してやまない小学校教師も、ひたすらおのれの身分にふさわしくあろうとすることしか知らず、いわば「無責任」な時間とともに生起する僥倖に、あらかじめ背を向けた存在でしかない。だとするなら、ロメールの倒錯的な計算は、いったいどこに働いているのか。

ふとした偶然のもたらす僥倖を嫉妬することすら知らず、もっぱら自分にふさわしい言葉ばかりを口にしていながら、誰一人その単調さにいらだつことのない二〇世紀末の人類の社会では、「本当らしさ」の表情になどおさまるはずのない「現実」が見失われている。『木と市長と文化会館』は、まず、その見失われた「現実」をそれらしい「本当らしさ」として描きあげることのうちに、倒錯的な計算が導入されている。この作品が、その「本当らしさ」を大がかりに流通させることで社会の安定をめざすマスメディアを題材としていることの意味はそこにある。そうすることに、社会党政権末期のフランス社会へのロメールの批判がこめられているか否かは、ここでは問わずにおく。見落としてならぬのは、ここでのロメールが、シニシズムとはおよそ異なる姿勢で「嘘のような」不自然さを導入しながら、それらしい「本当らしさ」を否定していないばかりか、むしろそのことの「真実」を画面に描きだそうとさえしていることだ。

そのため、演出家エリック・ロメールは、三つの策略を用いている。まず、ほとんど挑発的に、彼は人物の外見の不自然さを誇示してみせる。実際、自宅の庭先から田園地帯へと手をとりあって散策にでかけるシークェンスで、市長とその女友達の衣装と髪型が、ショットごとに変化していることに、人は鈍い興奮を覚えずにはいられない。ことによると、当初は二つの異なる日の散歩として構想され、それにふさわしく衣装や髪型をあえて変えて撮影されていたものが、最終的に一つの場面として編集されてしまったのかもしれない。

だが、説話論的な持続としては明らかに一つのまとまりをかたちづくっている場面で、ショットが変わると同じ人物が別の衣装をまとって現れるという不自然さに、周到な演出家ロメールが無自覚だとはとても思えない。とりわけ、豊かな金髪で知られるアリエール・ドンバールが、初めはその長い髪を肩まで垂らしていたはずなのに、いつの間にかうしろでたばねたりしているのは、いかにも妙である。にもかかわらず、この「嘘のような」不自然さにいらだつことなく、それをごく自然に受け入れてしまう人びとがいるとするなら、彼らはマスメディアにいかにも「本当らしく」流通する記号を無批判に消費してしまうに違いない。『木と市長と文化会館』は、まぎれもなく、そうした鈍感さの持ち主に対する挑発として撮られた映画なのである。

ロメールの挑発は、まるでハワード・ホークスの映画のように、大人より遥かに饒舌で、遥かに論理的な言説を操る娘たちを物語に導入することで、さらに鮮明なイメージにおさまる。実際、これは、「不自然」きわまりない子供たちなのだ。市長のインタヴューを早めに切り上げた女性ジャーナリストが取材する村人たちの言葉をそれに加えてもよかろうが、こうした年齢や階級の転倒による演出上の計算を、本当の言葉を口にしえない現代の知識人への距離をおいた批判ととらえてはならない。市長や小学校教師は、その身分にふさわしくあろうとする言動によって、明らかに「現実」を取り逃がしている。だが、それが滑稽な戯画におさまるのは彼らの存在はあまりにも切実な「自然さ」におさまり、「現実」がかえってフィクションとしての彼らを模倣し始めそうな不気味ささえ漂っているからだ。

その不気味さを一掃するのが、いかにも唐突に始まる村人たちによるコーラスとアリエール・ドンバールの口ずさむソロである。物語の結末がいきなり歌詞として歌われる合唱とソロの「不自然」さを挑発としてうけとめる者たちは、しばし茫然とするしかない。

だが、それを試練として乗り超えた市長と女性ジャーナリストとがいかにも不自然な偶然とともに出会う瞬間、約束していたわけでもない二人は、身分を忘れ、「いま」という僥倖をあじわうための無責任な避暑地の風土をパリの舗道に見いだしているかにみえる。彼らは、ここでかろうじてロメール的な作中人物たる資格を手に入れようとしている。だが、二人を主人公とした映画をロメールはもはや撮らないだろう。『木と市長と文化会館』は、ひそかに『グレースと公爵』を準備する作品として貴重な意味を持っている。

イギリス女性と侯爵夫人

『グレースと公爵』という邦題のもとに公開されるエリック・ロメールの新作の魅力については「エリック・ロメールの『イギリス女性と公爵』をめぐって」としてすでに部分的ながら分析してあるので、できればそれを読まれたい（『批評空間』Ⅲ-2, 2002)。ここでは、これまでに論じてきた文脈とのかかわりで、クライストを原作とするドイツ語の作品『O侯爵夫人』にも触れつつ、この驚くべき作品の重要性を指摘するにとどめる。

それは、ほぼ次の一点につきているといえる。すなわち、イギリス女性グレース・エリオットの回想録をスクリーンに翻案したこの作品に登場する人物のほとんどは歴史的な実在の人物であり、その言動もことごとくすでに過去の物語として語られてしまっており、その意味では、『グレースと公爵』には、「いま」という僥倖を享受すべき人物は一人として登場していないということだ。

実際、ロメールにあっては例外的にフラッシュ・バックによる過去への遡行を説話論的な構造として持つ『O侯爵夫人』もそうだったように、『グレースと公爵』でスクリーンに推移するのは、すでに起こってしまったできごととして、歴史的な必然の側に回収しつくされたものばかりである。クライストの作品はすでに書かれてしまったものだし、フランス革命とそれに続く「恐怖時代」の年代記もまた、動かし難い事実として公式化されてしまっている。オルレアン公が一七九三年に逮捕され、しばし幽閉の後、ギロチンで処刑されたことは誰もが知っている歴史的な事実であり、それと同様に、『O侯爵夫人』を見る者も、冒頭の挿話から、ヒロインが神秘的な状況のもとで妊娠していることを知らされており、そこには、偶然の介入する余地など残されてはいない。すべては書物に書き込まれたとおりに進行し、革命後の混乱期をパリで生きる王党派のイギリス女性グレースも、クライストの創造したヒロイン侯爵夫人も、避暑地に漂う無責任さからは思いきり遠い緊迫した時空のもとで、みずからの身分をいっときも忘れることのできない人物なのである。

グレースにとっての公共空間とは、ひたすら殺意の跳梁する危険な環境にほかならず、そこでの自由な散策は文字通り死を意味する。『O侯爵夫人』にあってのカフェも悪意ある中傷の流通する空間にほかならず、娘の不品行を許せない父親によって、やがてその誤解はとけるにしても、ヒロインはひとまず館に幽閉されるしかない。グレースは、その狭さが幽閉感をきわだたせる自宅のサロンで、オルレアン公のときおりの訪問をもてなすのみであり、その寝室さえが捜索の対象となるだろう。だから、これほどロメール的な偶然から遠い女性もまた想像しがたいのである。

たしかに、『グレースと公爵』から、偶然の遭遇が排除されつくしているわけではない。事実、ジャコバン派によって拘束され、すんでのところで逮捕をまぬがれたグレースが、思いもかけずオルレアン公とすれ違い、かつては恋をささやきあいもしたこの高貴な旧友が同じ窮地に陥っていることを知らされる場面には、ロメール的な偶然が姿を見せているといえるかもしれない。また、『O侯爵夫人』の冒頭で城館が攻撃を受け、あやうく敵軍の兵士に蹂躙されそうになる侯爵夫人の前に天使のように一人の将校が姿を見せるときにも、人はそれに似た印象をいだくだろう。だが、「いま」という僥倖を味わいつくす余裕はグレースにも侯爵夫人にも許されてはいない。いずれも、悲劇の始まりでしかないからである。

だが、この作品の興味は、ロメール的な作品系列における主題の例外性にあるのではない。『グレースと公爵』が見る者を惹きつけてやまぬのは、というより、より正確にいうなら、思わずスクリーンから視線をそらさずにはいられないのは、オルレアン公として知られている歴史上の人物が、ここではまだ生きているからにほかならない。もちろん、映画は、すでに死んでいる歴史的な人物をいくらでも登場させることができる。だが、例えば、ジャン・ルノワールの『ラ・マルセイエーズ』（１９３８）に登場するルイ十六世もマリー・アントワネットも、それがそのときまだ生きていることはいかなる不自然さの印象も与えない。

ところが、ロメールがあえてデジタル的な技法を駆使して再現した『グレースと公爵』の舞台装置の中でオルレアン公がまだ生きていることは、やがて彼の死を回想することになる女性がそのかたわらにいるだけに、その肉付きのよい体軀をきわめて卑猥な輪郭のもとに浮き上がらせずにはおかない。ブルボン家につらなる王家の一族でありながら、また、従兄弟に当たる国王ルイ十六世の処刑に反対をとなえることのない余裕あるその政治的な言動にもかかわらず、スクリーン上のオルレアン公の存在が、フィクションとしか思えぬ影の薄さにおさまっているのはそのためである。

それがフィクションだというのは、誰もがその遠からぬ処刑を歴史的な事実として知っていながら、画面を堂々と横切る当の公爵だけがそれを知らずにいるからにほかならない。しかも、

「恐怖時代」を偶然に生き延びたこのイギリス婦人が、オルレアン公との交渉をのちに回想記として出版したことも歴史的な現実にほかならず、その彼女自身が、あたかも公爵の間近な死を知りつつ、それを知らずにいる彼を、いわばあらかじめの死者としてサロンに迎え入れているかのような錯覚を生ぜしめるからでもある。だから、自信をもって演じているはずの公爵の仕草のことごとくは幽霊のそれを思わせずにはおかず、そのため、この二人の性を異にする旧友が同じスクリーンに共存しあっていることが、あってはならない卑猥な光景のように思えてしまうのだ。それが、ロメールが『グレースと公爵』に導入した倒錯的なフィクションにほかならない。そのフィクションにあって、グレースだけが、理由の判然としない偶然によって、死をまぬがれるのである。

エリック・ロメールがここで描いているのは、大量殺戮が革命の名のもとに正当化されてゆく「恐怖時代」の野蛮さそのものではない。また、それに耐えつつ生き延びようとする王党派のイギリス女性の健気さがその主題なのでもない。すでになかば幽霊でありながらそれと知らずに振る舞っているオルレアン公がそうであるように、また、歴史が正当化することのない偶然から死をまぬがれたグレースもそうであるように、おのれの宿命を知らぬまま日々演じたてる人びとの身振りをふとのぞき見てしまうことこそが真の「恐怖」にほかならず、まさにそうした体験の醜悪さが一般化した時代としての「恐怖時代」がここに描かれているのである。その醜さは、「いま」という僥倖の可能性をいたるところで排除しながら、生までを、死と同様に卑猥なフィクションへと変質せしめずにはおかない。

『グレースと公爵』の画面がときとして正視しがたいのは、それでいて最後までその連鎖を息を殺して見続けずにいられないのは、そこで起こっていることが、『クレールの膝』のジェロームの視線や、『緑の光線』のデルフィーヌの吐息や、『O公爵夫人』の乱れた寝姿から、あられもない体験だけが持ちうる高貴さの萌芽をつみとり、その「不自然さ」ばかりを卑猥なイメージとして流通させてしまうからにほかならない。『グレースと公爵』は、そうした流れの一般化にさからって撮られた貴重な作品である。だが、二一世紀初頭に生きる人間に、その高貴な卑猥さを味わいつくす心の余裕など、はたして残されているのだろうか。

透明な痛みのために　『アンナ・マグダレーナ・バッハの日記』

I

バッハは人を打ちのめす。何の見境いもなく、あらゆる目と耳とを打ちのめしてまわる。だが、傍若無人に、というのではない。むしろ、あつかましさの全き不在に深く揺り動かされるのだ。触れてもいないものに鋭く貫かれたというとめどもない驚き。見た、聞いたという確信も持ちえぬままに、視覚と聴覚とは、その記憶からいっときも自由になれない。ストローブ＝ユイレの『アンナ・マグダレーナ・バッハの日記』（1968）は、その意味できわめて暴力的な映画である。映画であることの影すらとどめていない透明な暴力、あるいは暴力的であることの透明さ。だとするなら、人は、純粋さの体験といったもの、体験の純粋さといったものに打ちのめされるのだろうか。

純粋さの探究が映画の美徳であるかどうかは大いに疑わしい。そもそも、映像と音響とで何かを語ってみせようという魂胆そのものがすでにしていかがわしい。あたりの風景や事物に向けて瞳や耳をおし拡げるだけではあきたらず、それにキャメラを向けてフィルムにおさめ、あまつさえ見も知らぬ他人のためにスクリーンに再現するという振舞いほど、不純な動機に支えられたものもまたとあるまい。そんなことなど、『アンナ・マグダレーナ・バッハの日記』の作者である二人の男女は充分知りぬいている。映画は、それ本来の資質からして純粋さを禁じられたいとなみなのだ。

それでいながら、映画は、純粋さの探究という不実な誘惑をいたるところに仕掛けてまわる。ふと、無垢なるものの回帰を夢みたりする者の多くが、通俗性と慎しみ深さとをとり違え、とめどもなく醜さへと滑り落ちてゆくのは、そのためである。『田舎の日曜日』（1984）のベルトラン・タヴェルニエのように、いかにも達観したといった風情の老画家を登場させ、そのかたわらに臆面もなく娘をよりそわせてみたりすることの醜悪さはどうだろう。あるいは、悪戯っぽい微笑を振りまく天才の死の床に、凡庸な同業者の必死の嫉妬をまつわりつかせた『アマデウス』（1984）のミロス・フォアマン。芸術家を描く映画がことごとく失敗を運命づけられているなどとはいうまい。罠を避けようとする身振りそのもので罠に陥ちてゆくこうした錯誤の数かずをも許してしまういかがわしい包容力こそが、映画本来の偉大なる肯定の能力でもあるからだ。

だがそれにしても、とわれわれは思う。映画の偉大な、というよりむしろ白痴的なと呼ばれてしかるべき肯定の力をいまなお信仰し続けているとはいえ、その誘惑に素直に身をまかせることで手に入れられるものの貧しさに改めて驚くことも、映画の歴史的な身振りではなかろうか。ベルトラン・タヴェルニエやミロス・フォアマンに欠けているのは、その歴史的な意識にほかならない。醜さとは普遍的な美意識の問題ではなく、あくまで歴史的な意識の問題なのだ。

おそらくは、フランス国籍を持った二人の男女にとって真の処女作となるべきものでありながら、多くの事情によって彼らの第三作として一九六七年に撮りあげられることになったこの西ドイツとイタリアとの合作映画『アンナ・マグダレーナ・バッハの日記』は、その歴史的な意識としての美しさによって見るものを打ちのめす。肝腎なのは、歴史的な意識としての美しさという点である。あれやこれやの美しい映画の系譜につらなる幸福な一篇としてこれがあるのなら、甘美な陶酔とともにそれをうけいれれば、それでよかったろう。だがストローブ＝ユイレのバッハは、安堵感とはおよそ異質なのっぺら坊の風景の中にわれわれを置きざりにする。そこには影もなければものの輪郭もない。旋律すらが奪われているその不在が人を脅えさせる。あるのはただ、のっぴきならぬ運動ばかりだ。透明で純粋形態の運動性。映画のあのいかがわしさはどこに行ってしまったのか。

触れているわけでもない何かに鋭く貫かれてしまったという体験の呆気なさを訝りながら、思わず、こんなつぶやきがわたくしの口から洩れる。これは伝記映画ではない。なるほどバッハが、一風変った伝記映画でさえないことはたしかだろう。誰もがヨハン＝セバスチァンという洗礼名で知っている三百年前に生まれた大作曲家の、その偉大なる生涯の物語としてこのバッハが撮られていないことだけは間違いない。また、これは音楽映画ではないととりあえずつぶやくことも可能である。なるほどここには何曲かの名高い音楽が響いてはいる。だが、世にいう古典音楽愛好家たちの趣味にかなったものとはいいがたいし、ミュージカルに馴れ親しんだ映画的感性の持主には耐えがたい何かがフィルムの表層に刻まれている。さらには、これを恋愛映画だとつぶやくことも禁じられてはいない。何かにとり憑かれた男の同伴者として、ただ慎しくその振舞いを見守るしかない女性の、深くはあるが静かな愛情の物語。しかし、これが恋愛映画であるには、冒頭から提示された距離がどこまでも距《へだ》たりとして維持され、共感という名の心の一致すら描かれようとはしていない。だから、ストローブ＝ユイレのバッハは、伝記映画でも、音楽映画でも、恋愛映画でもないと結論せざるをえないだろう。

そのとき人は、新たな堂々めぐりに誘いこまれる。これは、伝記映画とも音楽映画とも恋愛映画とも異なる純粋形態の映画、何かを語るのでもなければ何かに奉仕するわけでもない映像と音響とがあるだけの透明なフィルムだとつぶやくことが魅惑的な罠であることは、もう誰もが心得ているはずであるからだ。それなら、改めて、バッハは批判の映画だとつぶやいてみたらどうだろう。

たしかに、われわれが『田舎の日曜日』や『アマデウス』や『ラ・トラヴィアータ―椿姫―』（1982）を醜い映画だと自信をもって断言できるのは、『アンナ・マグダレーナ・バッハの日記』が存在していてくれるからだ。しかし、おのれの相対的な美しさや聡明さをきわだたせるといった程度のことが批判であってはならないだろう。なるほどストローブとユイレがバッハを撮るにあたって演じた諸々の身振りのうちに、人が批判という言葉で理解しえた気になるものが含まれていることは間違いない。だがその批判は、特定の自堕落な作品に向けられたものではなく、映画という二十世紀的な体験の意味そのものに向けられているはずである。だが、映画批判の映画を撮るという試みがあらかじめかかえこんでいる楽天性に二人はどこまでも自覚的であるはずだ。おそらく、彼らは、批判という振舞いの歴史的な限界に充分に意識的であったが故に、批判を知ることなく生きえた時代に物語を設定したのである。批判とは、十九世紀的な知の捏造した悪しき問題の一つにすぎない。それは、問題と不可分に形成された時間を分節化する方法なのだ。世にいう伝記映画、音楽映画、恋愛映画と呼ばれるものは、批判と問題とが維持する均衡の退化した形式の上に築かれる時間処理の保守的な実践にほかならない。そしてわれわれはその保守的な実践を決して嫌いでないばかりか、ときに深く愛してしまったりもする。『田舎の日曜日』や『アマデウス』や『ラ・トラヴィアータ』より相対的に良質な映画はいくらも存在しているからだ。そして、バッハが人を打ちのめすのは、そうした良質な映画にはまるで似ていないばかりか、それを批判さえしていないからでもある。そのとき残されているのは、孤高の一語だろう。ジャン＝マリ・ストローブとダニエル・ユイレが撮った『アンナ・マグダレーナ・バッハの日記』は孤高の美しさを秘めた傑作だ。だが、われわれが恥を覚悟でこれまでの饒舌をつらねて来たのは、そうした言葉だけは口にしまいと決意していたからではなかったのか。そして、ストローブ＝ユイレのバッハの美しさは、彼らが孤高の美しさを秘めた芸術家としては描いてはいないからである。打ちのめされた者たちに許されているのは、そのことに率直に驚くことでしかないだろう。

Ⅱ

バッハは、何よりもまず人生の映画だ。だからといって、そこにヨハン＝セバスチァンの生涯が描かれているわけではない。それなら、偉大な芸術家の物語でも語っておけば充分であったはずだ。

まず、人生の一語は生涯のそれから区別されねばならない。孤高の芸術家の苦悩だの、達観して余生を送る芸術家の日常だのは、生涯の物語を彩る贅沢品にすぎない。人生の映画とは、それを支える持続の一瞬一瞬が、生の持続とぴたりと重なり合う映画のことだ。その二つの生命がたがいの距離を拡げたり縮めたりはしない。距たりの程よい伸縮は、映画にサスペンスという名の贅沢品を導入する。われわれはその贅沢品を好んでさえいるが、それを享受するときに代償として支払わねばならぬものが何であるかをも知らぬわけではない。そのとき人は、人生を生涯に譲り渡さざるをえないからである。ストローブとユイレは、甘美なものでもありうるこの譲渡を、映画作家の倫理としてわれわれに回避させようとする。監督という身分が必然的にかかえこまざるをえない不純ないかがわしさの証しとして、彼らはわれわれに宙吊りの美徳を提示する。

人生と生涯とを区別しなければならなかったように、ほとんど類語といってよいサスペンスと宙吊りとを区別しておく。宙吊りとは、距離の伸縮を許す贅沢品を欠いたかたちで重なり合う生命の持続に耐えることだ。そこにはリズムは刻まれない。瞳の開閉、あるいは呼吸といったいつもは無意識に反復している身振りを、時間を超えてどこまでも引きのばしてゆくというのが宙吊りという体験にほかならない。事実、われわれは、『アンナ・マグダレーナ・バッハの日記』のナレーションを語り続けていたアンナ・マグダレーナの最後の声を聞きとげ、いまその死を知らされたばかりのヨハン゠セバスチアンが、あたかもその言葉に耳を傾けているかのように窓ぎわに立ち尽している画面が溶暗で視覚から消えてゆくのを確かめてから、初めて瞳を閉じ、深く息を吸いこむような実感を持つ。人知を超えた意志に命じられたのでもないのに、瞳を閉じることを禁じられ、じっと息をつめていたような自分が、そのときやっとまばたきを許され、呼吸を回復するかに思えるのだが、動きを奪われていたかのような息苦しさから解放されることは、人生から生涯への回帰を意味しているかもしれない。あるいは、この映画の持続を、たった一つのまばたき、たった一つの呼吸によってうけいれたというべきかもしれないが、誰もが感じるだろう打ちのめされたような体験は、その点からくるものだろう。

それが偉大なものであれ凡庸なものであれ、スクリーンに語られる生涯の物語を瞳で追うことが救いがたく好きでたまらないわれわれは、その持続を支えるリズムの迅速さにも緩慢さにも同調し、呼吸やまばたき、そしておそらくは脈搏をも整える術を心得ているし、ときにはそれがかなり大っぴらに食い違うことをひそかに期待していさえする。一瞬ごとに消費されてゆく映画の現在とわれわれの現在とは、かりにその二つのリズムが同調しない場合でも、そこに拡がり出す距離などいつでも調節しうると高を括っているからだ。ストローブ＝ユイレのバッハは、そうした安心感を保証する要素をことごとくスクリーンから一掃し、映画の現在と人生の現在との距たりを消滅させる。それがこの二人のラディカリスムというものだろう。世にいう前衛たちはもっぱら距たりの混乱に専念したが、彼らはそうした試みをも、贅沢品としてみずからに禁じている。

かくして『アンナ・マグダレーナ・バッハの日記』は、生涯の物語を語る普通の映画とも、その語りの構造を意図的に乱してみせる前衛映画とも異なる人生の映画として姿を見せることになる。そこでは、映画の生命がそのまま人間の生命と重なりあっている。編集という贅沢品の回避がそれを可能にしていることはいうまでもない。映画自身がまばたきや呼吸を自分に禁じていることで人生への接近を試みている。事実、一曲の演奏が始まると、同じショットが演奏の終るまで持続する。ゆるやかなキャメラの移動によって構図にわずかな変化が生ずるほかは、映画はす

『アンナ・マグダレーナ・バッハの日記』

べてを一息で語って見せる。その意味であらゆるショットがワンシーン・ワンショットで撮られているといえようが、編集が一つのシークェンスを幾つものショットに割っていることがないわけではない。

たとえばアンナ・マグダレーナが壁に身をもたせかけて夫の振舞いを案じているショット。そのバスト・ショットにおける彼女の表情や瞳が宙に漂うさまも、何かを表現するというあつかましさの不在によって生なましく見る者に迫ってくるのだが、その正面からの長いショットに続いて、立ったままの彼女と机に坐った夫とを示すやや離れた位置からの全景が配されていて、編集の不在という原則が盲目的に維持されるわけでないことがわかる。ストローブとユイレとは、編集という手段を知らないのでもなければ、それを頑なに排しているわけでもなく、かえって、編集によって二つの画面が結びあわされても、なお見るものが宙吊りを解かれたわけではないことを思い知らせてくれるという点でなら、ほとんど天才的な編集の名手だとさえいわねばならない。この映画が長い固定ショットだけからなっていると思い込むのは二重の意味で間違いであり、移動キャメラも編集による画面の切換えも充分に機能しているのだ。ただ、構図にわずかな変化が生じようと、一つの画面が唐突に別の画面に置きかえられようと、それで思わずはっと息をついたり瞳を閉じたりする余裕を許したりはしないだろう。

移動撮影による構図の変化や編集による新たな画面の挿入は、新たな情報の提示と新たな美学的な価値の開示とによって、見るものに呼吸とまばたきの更新を促す。つまり、時間が、生涯の物語に転機を導入することで、存在もまた新たな何ものかを獲得しうるという印象を持つことになるわけだ。そこには、知の増大と美的体験の多様化が約束されているかにみえる。ところがストローブ＝ユイレのバッハは、新たな情報の提示という点でも美学的な価値の開示という点でも、時間がいかなる豊かさをも約束しないという構造におさまっている。何分間か余計にその映画を見続けることで、人はいかなる増大も多様化も体験しないだろう。そこでは、どんな種類の富も蓄積されはしないからである。何かが与えられたとたんに奪われたまま、存在は持続とともにただ引きのばされてゆくばかりだ。記憶や郷愁といったものさえが贅沢品として奪われ、人は成熟の錯覚と戯れる暇さえない。その事実を立証するかのように、ここでのヨハン・セバスチァンは、登場した瞬間から退場する瞬間まで、年齢を重ねるという本当らしさへの義務を完全に放棄している。年をとり遂に死を迎え入れることさえが、蓄積された富を放棄することにほかならないからだ。見るものを打ちのめすのは、バッハという映画の徹底した無時間性にほかならない。そして、困難なことながら、見境いもなく炸裂する無時間的な暴力をひそかに愛し始めているわれわれは、芸術作品の創造という特権的な身振りさえがそこに描かれていない事実に改めて胸をなでおろし、静かに目をつむる。

かくしてまばたきとしては意識されず呼吸とも意識されないそのまばたき、その呼吸によって、『アンナ・マグダレーナ・バッハの日記』は新たな生を生きはじめる。それは芸術作品としての永遠の生命ではなく、労働として一瞬ごとに生を消耗させてゆく生命にほかならない。ヨハン・セバスチァンが迎え入れる死を、偉大な作曲家の芸術的な生涯の物語をしめくくるにふさわしい最期ではなく、義務に従って演奏し続けた男の日々の作業が、その生の一部としてたえず身近に招きよせていた死として描くことで、ストローブとユイレは、バッハを文字通り宙に吊ってみせたのだ。そして、この映画の持続におのれの生を重ね合わせてきた者たちは、目を閉じること、息を引きとることがどれほど身近なものとなっていたかに改めて驚く。触れていたわけでもないのにそれによって鋭く刺し貫かれていた自分を発見することのとめどもない驚きとは、まさしくその驚きにほかならない。

Ⅲ

いまわれわれは、創造の映画と労働の映画とを区別しなければならない。そして『アンナ・マグダレーナ・バッハの日記』の美しさは、何よりもまず、それが映画史で数少ない労働の映画として撮られていることに由来する。もちろんこれは、階級としての労働者が成立する以前の物語である。だが、ストローブとユイレが、作曲家としてのヨハン・セバスチァンの創造の瞬間をまったく描こうとしていない点には注目されねばならない。霊感を授ったものの特権性、そしてそのこと故に苦悩を背負って生きざるをえない芸術家の苦しみといったものは、生涯の物語を語ろうとはしない彼らにとって、いかなる刺激をも与えてはいないようだ。その意味で、ストローブ＝ユイレのバッハは、『アマデウス』はいうに及ばず、フェリーニの『８½』（１９６３）からも限りなく遠くに位置することになる。

ヨハン・セバスチァンは、時間の中で何ものをも生産しない。すでにみたように、彼は富が蓄積されることのない世界に暮しており、そこで演奏される音楽は、交換価値さえ持たぬ無償性によって美という価値におさまる記号ですらない。みずからの労働によって生産された商品が自分に所属することがなくても、そこに疎外といった現実を感じとることのないその意識は、労働者というよりはあくまで職人のそれに近い。作曲家としての創造の苦悩がいささかも描かれておらず、もっぱら演奏中の姿ばかりが示されるのは、それが職人としての技術を披露することの非時間的な憔悴がここで問題となっているからだ。その憔悴が精神的な疲労ではなくあくまで物質的かつ肉体的なものである事実は、『アンナ・マグダレーナ・バッハの日記』の唯物論的な側面を示しているかもしれない。もっともその唯物論には、どこかしらアニミズムめいた動物的な愚鈍が影を落してはいるが。

演奏中のヨハン・セバスチァンは決して顔を見せない。スクリーンで見るものの目を惹きつけるのは顔ではなく背中である。労働中の彼は、自分のもっとも無防備な部分を聴衆の目にさらす。斜めからではあるが、キャメラがかろうじて演奏者の表情をとらえうる位置にあるのは、ハープシコード以外の楽器の演奏者か、歌手たちばかりである。鍵盤に指を走らせるヨハン・セバスチァンはきまって斜め右側の背中ごしにのぞきみられることになる。

はすかいに位置するこのキャメラが素晴らしい。仕事に専念している誰かを肩ごしにうかがうときの相手を邪魔しまいとする配慮と、自分は見られていないという優位とが同居しあった慎しくも狡猾な視角である。瞳に愛がこめられているなら、その背中は遥かな位置から演奏者を包みこもうとする繊細な心遣いの形象化となろうし、演奏に耳を傾けている者にとっては、孤立した視覚的対象として限りなく物質に近い無表情な背中でしかなくなるだろう。鬘《かつら》によって隠された横顔は、わずかにその輪郭がのぞいたときでも、そこに何かの表情を読むことはむつかしい。美をつむぎ出しつつあるものの誇らしげな恍惚も、霊感に貫かれたものの神々しさも表すことのない背中ばかりが、ひたすら寡黙に、義務としてその芸を披露しつつある職人の真摯な仕事ぶりを語りかけているようだ。多くの演奏者を指揮したり彼らとともにパイプオルガンを演奏する場合、キャメラはことさら遠ざかってヨハン・セバスチァンを孤立化することなく、人影の間にたちまぎらせてしまう。

ななめ後から仕事中のヨハン・セバスチァンをのぞきこみ、あるいは遥か彼方から人影にまぎれこんでいる彼を識別するというこのキャメラは、おそらく「伴奏としてではなく、註釈としてでもなく、美学的な素材として」音楽を用いるというストローブ＝ユイレの姿勢にふさわしい働きをするものだろうが、それと同時に、妻アンナ・マグダレーナの日記《クロニクル》という体裁をとったナレーションにもふさわしいものであるに違いない。

彼女が語ってみせるバッハの物語はひたすら散文的なものだ。実際、作曲家ヨハン・セバスチァンの創造の秘密といったものは何も語られていない。何番目の子供が生まれたとか、何年何月どこの町で誰の依頼を受けて演奏したとか、どんな人物と葛藤関係に入ったとか、記述は内面の日記というより外面的な事実の列挙に終っており、クロニクルという題名の意味に愚鈍なまでの忠実さがわれわれを感動させる。音楽的にいっても、自分の慰みとして鍵盤に指を走らせるほかは（自宅の窓ぎわの壁ぞいに彼女が演奏し、その手前に床に坐った娘を配した画面の、構図と、採光と、人物配置と、距離と、ショットの長さの完璧さに、人は文字通りまばたきと呼吸とを忘れる）、義務としての演奏に専念している夫の背中を遥かにいつくしむことしか知らぬ女性として描かれている。その距たりの実感こそ、この映画を恋愛映画から引き離し、宙吊りにされた愛へと向けて解放することになる。彼女もまた、時間とともにより深く理解したり、より少なく愛したりすることなく、遥かな場所にただ存在するという状況を無限に引きのばしているだけなの

『アンナ・マグダレーナ・バッハの日記』

だ。いささかも精神的なものではないそうした愛のかたちも、われわれは唯物論的と呼びたい誘惑にかられるが、アンナ・マグダレーナがストローブ＝ユイレのバッハに貸し与えた最大のものは、実はナレーションというより声そのものなのである。クリスティアーネ・ラング＝ドレヴァンツが作者たちによって選ばれたきっかけは、聖歌隊員の一人としてバッハを歌っていたときの手の類いまれな美しさだったというが、このベルリン生まれのソプラノ歌手は、そのフォノジェニックな声と抑揚とによって、ヨハン・セバスチァンが作曲したのではない音楽を映画に導入したことになる。その音楽は、彼女がやや恥しげにドイツなまりでフランス語のナレーションを語っているこの映画のフランス語版で、さらに抵抗しがたい魅力に達していることは書きそえておきたいと思う。『アンナ・マグダレーナ・バッハの日記』をたんなる音楽映画にしていないのは、その声によってなのである。

それを傑作と呼ぶことに何のためらいも感じはしないストローブ＝ユイレの『アンナ・マグダレーナ・バッハの日記』は、しかし、未知の芸術的創造を体現しえたことで記憶さるべき過去の偉大な作品というより、それがいつでもそこにあることで人を脅かし続ける映画である。真正面からこれに視線を注げば、たちまち打ちのめされてしまうだろう。時間の流れの中で観賞さるべきものではなく、たった一つのまばたきによって、吸いこんだ息をゆっくりはき出しながら、やや斜めうしろから瞳を送ることで、かろうじてその存在をまさぐることのできる映画なのである。

決して無名の監督ではないジャン＝マリ・ストローブについて多くを語ることはさしひかえよう。まだ幼さの残る青年時代のフランソワ・トリュフォーのかたわらで長いオーヴァーをひるがえしつつパリの街頭を闊歩していた素人写真によって映画史に記録されて以来、アルジェリア戦争期に徴兵忌避で西ドイツに逃れ、ヨーロッパを放浪しながらゴダールの資金援助を得てその処女作を撮りあげたこと、バッハのクレジットにもゴダールやジャック・リヴェットへの感謝が語られていることなどから、ヌーヴェル・ヴァーグの周辺にその名を位置づけ、ファスビンダーに及ぼした刺激によって西ドイツ映画興隆のきっかけにもなった重要な映画作家で、その後、最新作のカフカによる『アメリカ（階級関係）』（１９８４）まで、よき伴侶としてのダニエル・ユイレとの合作を続けているといったことなどを記しても、とうてい『アンナ・マグダレーナ・バッハの日記』の美しい暴力性には拮抗しえないだろう。ただ一つ、形式による積極的な自己拘束が、審美主義に陥ることなくいまなお過激な挑発性を示し得る圧倒的な証言として『アンナ・マグダレーナ・バッハの日記』があることの意味はぜひとも指摘しておきたい。形式とは不可避的に政治たらざるを得ず、人生の映画である限り、両者の共振を惹起するものとしてストローブ＝ユイレのバッハは見るものに迫ってくる。

孤独と音響的宇宙　クリント・イーストウッドの西部劇

匿名的な運動と純粋状態のアクション

映画は広大な風景で幕を開ける。草原が薄暗い森まで広がっており、その背後には雪で覆われた山が見える。音楽の不在が映像に厳粛さを与えている。森のはずれから馬に乗った男たちが現れるのを、キャメラは遠くからパンで追う。馬のギャロップのにぶい音が聞こえる。『ペイルライダー』（１９８５）のクレジットが登場する。クリント・イーストウッド製作、監督、出演による三本目の西部劇である。

この騎手たちが誰なのか、われわれは特定できない。彼らがどこに、どんな目的で行くのかも分からない。この一群は匿名的で、中心的な人物もいない。会話もなく、ただ様々なかけ声が聞こえ、馬の走る音が次第に高まっていくばかりだ。断続的なリズムを奏でる騎手たちの映像を途切れさせているのは、谷間の日常生活の穏やかな映像——鳴き声を上げる山羊と一緒に走り回る子供たち、煙の立ち上る何軒かの掘っ立て小屋、車輪が軋む音を立てる荷馬車——である。耳を聾《ろう》する馬の音とこの金鉱掘りの村の静けさの対比を目立たせているのは、音にほかならない。少女が森で子犬を散歩させているあいだ、母親は洗濯物を干す。男たちは小川のほとりで砂金を探知する。スコップの金属的な音、そしてかすかにギターの調べが聞こえる。これはバックグラウンドに流れる音楽なのか、それともフレームの外側で誰かが演奏しているのだろうか。突然、怒号が谷間に響き渡る。村人たちは、全速力で向かってくる騎手たちの立てるとどろきに脅えて、探索を中断する。

そのとき、映画的な見せ場がやって来る。モンタージュとミキサージュの技法によって、ピストルの音におびえる金鉱掘りたちのパニックが、息詰まるリズムで実に見事に描き出されることになるのである。掘っ立て小屋は崩れ落ち、テントは引き裂かれ、村人たちは四方八方に駆け回る。この喧噪のなか、聞き取れるのは、少女が狂ったように犬を呼ぶ声と、母親が子供の名前を叫ぶ声だけだ。犬が殺されるが、その挿話がどんな物語上の役割を演じるのかはまだ認識できない。騎手たちがなぜ他に犠牲者を出さないのかは後で分かる。金鉱の所有者は地域全体の利権を独占したがっており、目標は、警告として、住居を破壊することだったのである。

『ペイルライダー』の最初のシークエンスは、その物語的および主題論的な形式によって、われわれの注意を引く。音響効果の寄与によって、台詞と音楽なしで、破局へと至る運動が作り出されているのだが、その破局は、グリフィス風の並行モンタージュを施されながら、何の劇的な役割も演じていないのである。ミシェール・ヴァンベルジェは、このシークエンスが「まぎれもなく厳密でありながら、感情的な負荷を持っていない(1)」と指摘する。ところで、その「まぎれもない厳密さ」がわれわれをとらえる。それは、物語的な定式化に間違いなく先行する純粋状態のアクションを作品のなかに導き入れている。いわば物語言説《レシ》が物語内容《イストワール》に先行しているのであって、そのことによってこそ、われわれはイーストウッドの演出の現代的な力を測定する。

今までのところ彼の最新の西部劇である『許されざる者』（1992）の冒頭を分析してみよう。クレジット画面が溶暗で終わると、『ペイルライダー』の風景に似通った風景が現れる。森に沿って草原が広がっており、その背後に、雪に覆われた山がある。異なっているのは、草原の中に村があることだ。日は暮れており、雷が鳴り、滝のように雨が降っている。キャメラはわれわれをある家屋の内部へと導き、そこでは一組の男女がベッドに倒れ込むのがかろうじて見分けられる。突然、どこだか分からない場所で、争いが起こる。暗闇の中では、叫び声の主を特定することができない。すべては匿名的な運動のうちに起こっている。われわれは客の男がナイフで娼婦を切りつけたということを理解する。われわれは彼女の顔から血が流れるのを見るのだが、彼女がなぜ襲われたのかを知ることはない。ここでもまた、われわれは、物語上の展開を予測させるような純粋状態のアクションを手にしている。

では、主人公はどのようにして物語内容のうちに導入されているのだろうか。たとえば『ペイルライダー』では、犬を埋葬する少女の祈りに応えるかのように、主人公が谷間に到着する。雷鳴がとどろき、オーバーラップで馬に乗った救い主が現れる。彼の乗っている馬の歩みが雪を踏む音を立てる。金鉱の所有主が牛耳る村で、「音の運搬人」たるこの人物は、拍車を鳴らしながら歩く。彼は、うなりを上げる木の棒で殴りかかってくる男たちを打ちのめして、少女の義理の父親を救う。それらの音に取り囲まれているこの騎手は、谷間にとどまることになるだろう。そして、彼がつるはしで岩を打ち砕く音が、彼と金鉱掘りたちが互いに協調しているということを

『ペイルライダー』

象徴することになるだろう。

この騎手が「神秘的」な仕方で到来することに関しては、しばしば聖書の言葉が参照される。ところが、われわれは、反復という他の主題系に関わっているのだ。少女が、イーストウッド自身がしばしば繰り返す身振り――死者を埋葬したり、単に土地を耕すために地面を掘るという身振り――を無意識にやり直していることに注目しよう。その際の典型的な物音こそが、この映画作家の芸術の特異性を示している。娘が木で作った十字架を地面に打ち込むとき、われわれはただちにイーストウッド作品に特有のしるしを見分ける。身振りと音響が似通っていることで、彼と少女のあいだには、ある種の近親相姦的な風土が作り出されることになるだろう。そうした文脈で、彼は少女の愛を拒むことになるのである。このような状況は、古典的な西部劇の規範からはるか彼方へとわれわれを連れて行く。

強烈な音響

クリント・イーストウッドは、いかなる理由で、この伝統的なジャンルがもはや構想され得ないという判断が下されているときに、あえて西部劇を撮ることを選択しているのだろうか。サム・ペッキンパーの死、そしてとりわけ、『許されざる者』が捧げられているドン・シーゲルとセルジオ・レオーネの死の後で、いかなるアメリカの映画作家もこれほど豊かな西部劇監督としての経歴を持ったことはない。『荒野のストレンジャー』(1973)、『アウトロー』(1976)、『ペイルライダー』、『許されざる者』は、「規則を裏付ける例外」なのか、それとも映画的実験の

『ペイルライダー』

孤独な試みなのか。これほど音響効果に執着するのはなぜなのか。映画作家はこう言明する。「私は、流行しているからといって何かをしようと考えたことは一度もありません。それどころか、いつも流行に逆らわなければならないと感じてきました[2]」。

現代アメリカの映画作家のうち、イーストウッドは「審美的な映像」を拒絶する数少ない作家の一人である。視覚的には、彼の作る西部劇は、寡黙な主人公のもたらす簡素な様相を呈している。固定ショットはウッディ・アレン（と撮影のゴードン・ウィリス）の方が確かにより念入りだし、トラヴェリングはマーティン・スコセッシ（とミヒャエル・バルハウス）の方がより流麗で、光はコッポラ（とヴィットーリオ・ストラーロ）の方がより繊細である。だが、だからといってイーストウッドの演出の質が弱まっているわけではない。先に見たように、彼はみずからの美的感覚を、力強い音響構成のために取っておくのである。彼は撮影技師たち（ブルース・サーティーズ、それからジャック・N・グリーン）に、映像が音の強烈さを損なわないことを求めている。

その点において、イーストウッドの最初の西部劇である『荒野のストレンジャー』は模範的である。冒頭、馬に乗った黒い服の男が村の通りを一人で進んでいく。村人たちは、無言のまま彼を見つめている。音楽も台詞もない。すばやいショット転換によるモンタージュが、前進する主人公と不動のままの人物たちのあいだの対比を形作る。馬の歩みの立てる物音が、しだいに耳から離れなくなる。動じることのない騎手は、御者が馬に鞭を入れるとき、一瞬、彼の方を振り向く。鞭を鳴らす音は、物語的な機能を持つことになるだろうが、ここではその音響的要素は馬の歩みが立てるリズミカルな物音の強烈さを増大させている。

ひとたび地面に立つと、この騎手は拍車を鳴らす。彼の発する台詞は、酒場のカウンターで酒を注文するときの言葉だけだ。理髪店では、彼は自分を挑発した男たちを冷静にピストルで撃ち殺す。次に、納屋で、彼は自分を侮辱した女を、一言も喋らずに犯す。『荒野のストレンジャー』の主人公は、イーストウッドが演じる他の登場人物と同様、ここでもまた「音の運搬人」なのであり、そのことが彼を周囲の者たちから孤立させている。彼の沈黙は、物語上の役割を演じている。ノエル・シムソロはこの映画作家のうちに「冗長さと台詞による説明を避けようとする絶えざる意志」[3]を見出している。イーストウッドが「冗長」な音楽をもまた拒んでいることを付け加えておこう。

大衆音楽とジャズの大の愛好家であるクリント・イーストウッドは、一五歳のときからクラブで「ピアノでラグタイムとブルース」を弾いていた。[4]彼はエロール・ガーナーの音楽を使った『恐怖のメロディ』(1971)で映画作家としてデビューし、『センチメンタル・アドベンチャー』(1982)ではカントリー・ソングに手を付け、ついに、ジャズ・ミュージシャンのチャーリー・パーカーの人生を物語る『バード』(1988)を撮る。彼の西部劇においては、音響効果の力強さに比べると、音楽は控えめに使われるにとどまっている。『ペイルライダー』はしばしばジョージ・スティーヴンスの『シェーン』(1953)と比べられるが、イーストウッドがヴィクター・ヤング風のシャンソンを伴った西部劇を構想するなどということはとても想像しがたい。彼の音響的宇宙には、時にはロベール・ブレッソンの飾り気のない芸術を思い起こさせるほどの厳粛さがしみ込んでいるのである。

『センチメンタル・アドベンチャー』を西部劇の一変種とみなしてみよう。というのも、この映画の主人公はよく「カウボーイ」と呼ばれているからだ。タイトル〔原題の『ホンキートンク・マン』〕に反して、この作品にはバックグラウンド・ミュージックはほぼ皆無である。音楽のないクレジット画面に続いて、中西部の田舎でのシーンがやって来る。男たちは畑で作業をし、何人かの女性たちが室内で家事をしている。誰も喋らない。父親とその息子が犂《すき》を動かしている音が聞こえる。突然、竜巻が鋭い音を立てながら近づいてくる。それに伴って、家畜の鳴き声、雄鳥の声、風車の軋む音、風にはためく洗濯物の音といった多様な物音が聞こえてくる。室内では、家族が身を寄せ合って流行歌を口ずさむ。家の外では、一台の自動車が風車をなぎ倒してから停止する。酔っぱらった運転手は、オーディションのためにナッシュヴィルに赴くカントリー・ソングの歌手だ。彼の甥の少年は、車内にギターを見つけ、楽器の弦に軽く触れる。キャメラは少年をクローズアップでフレームに収める。その瞬間、クレジットに「監督　クリント・イーストウッド」という文字が現れる。

物語が進展していくためには、性質を異にする物音のあいだに衝突がなければならないということにわれわれは気付く。結核を病む歌手の歌と咳が、この作品の最後までずっと維持されることになるのである。彼はナッシュヴィルのスタジオで、病気のために咳き込んで、録音を終えることができず、伴奏者が彼に代わってマイクを取ることになるだろう。主人公は死ぬが、彼のレコードは成功を収めることになる。この挿話は、作品の主題が、音響的宇宙のただ中の孤独な男のドラマにほかならないことを確認している。

暴力と聖痕

クリント・イーストウッドの西部劇においては、農場の日常生活とそれに伴うごく単純な物音が欠かすことのできない物語的要素を構成している。『ペイルライダー』の金鉱掘りたちの谷間は、その一つの変種にすぎなかった。『アウトロー』が一人の男とその息子が土地を耕すという、『センチメンタル・アドベンチャー』の風景と似通った風景で始まることも忘れずにおこう。台詞も音楽もない。父親は首を振って息子に指示を与える。犂と馬の立てる物音だけが聞こえる。イーストウッドが農夫を演じているので、この映画の語りは『ペイルライダー』よりも近づきやすくなっている。モンタージュは劇的な論理に従い、背景は語りに溶け込んでいる。一方に、耕された畑という開かれた空間が、他方に、妻子が農夫の帰りを待っている樹木に守られた家がある。

馬に乗った男たちが不意に登場し、森をギャロップで騒々しく横切る。農夫は黒い煙に気がつくと、家族の安否を気遣って走り始める。彼は北軍の悪党たちが自分の家に火を放っているのを見ることになる。サーベルの一撃を食らって、彼は気を失う。結果として、彼は家族と住居を失ってしまった。この台詞のないシークェンスは、したがって劇的な内容を伴っている。『ペイルライダー』と違って、並行モンタージュは積極的な物語的機能を持っている。というのも、火事と暴行のシーンが、復讐の物語を始動させるからだ。だが、『アウトロー』はそこから始まるのではない。すでに映画のタイトルが、農夫が無法者になるということを告げている。彼の変貌は心理的な次元ではなく、特定の音響によって成就することになるだろう。われわれは彼の妻が息子を呼ぶ声だけを思い出す。演出の要請によって妻は遠く離れたところにいるのだが、それはわれわれにその声を聞かせるためである。こうした文脈で、われわれは死者を埋葬するために地面を掘るシャベルの音に再び出会う。農夫は墓に木製の十字架を打ち込む（『ペイルライダー』で少女が同じことをしていた）。不吉な物音が森に響き渡る。残骸と化した自分の家から、彼はピストルを拾い上げる。絶望した彼は、何発か空包を撃つ。この音の合図に応えるかのように、南軍の騎手たちが不意に登場し、復讐に向かうことを提案する。

われわれは『許されざる者』でこうした無法者への変容過程に再び出会う。男やもめ（イーストウッド）が、二人の子供とともに、農場で豚を育てている。若い無法者に懇願されて、彼はある娼婦を襲った二人の男を暗殺しに行く。亡き妻の肖像を収めた小箱から、彼はピストルを取り出し、空包を撃つ。この変貌の儀式は、したがって『アウトロー』冒頭のシークェンスに類似しているが、物語上の細部は異なっている。農夫がピストルを使うのは、復讐のためではなく、金銭面での理由のためなのだ。傷つけられた娼婦の仲間たちは、攻撃者たちを殺した者に莫大な金額を約束したのである。

語り手のオフの声によって、かつて無法者だったこの男やもめが、亡き妻への愛ゆえに暴力を放棄したことが明かされる。クレジット画面の最初の映像から、語りが存在する。その映像とは、掘っ立て小屋と一本の樹木と、両者を結びつけるロープ、それに黄昏時の空を背にした男のシルエットを見て取れる静止したショットである。このショットは確かに、イーストウッドの作品で審美性を追求したたった一つのショットである。またしても、二つの音響が際だっている。

『許されざる者』

ギターの控えめな音楽と、墓を掘るつるはしの音である。

われわれは、これらの西部劇が、土地を耕すための道具と火器という、性質を異にする二つの軸のあいだの往復運動によって組み立てられていることを確認する。不動性の主題がつるはしやシャベルの音によって示され、運動の主題が馬の立てる喧噪によって示されているのだ。これらの作品の冒頭では、主人公は火器を所有していない。『アウトロー』の農夫は、破壊された家の中からピストルを見つけ出した。『ペイルライダー』の騎手は、自分のピストルを銀行の金庫から回収する。『許されざる者』の主人公は、特別な箱にピストルを保管していた。毎回、主人公が一方の軸と他方の軸を往来するような仕方で、物語的な運動が展開している。

両者の中間にある威嚇的な物体の領域に注目しよう。ナイフ、サーベル、鞭といった、使用することによって人を殺しはしないが、傷跡を残すような物体である。イーストウッドの演じるほぼすべての登場人物は、何らかの聖痕《スティグマ》をとどめている。『許されざる者』では、娼婦の顔につけられた傷跡が物語を始動させ、その傷跡は、主人公もまた傷を負わせられたときに、いわばみずからの分身を見出していた。主題論的な観点からは、この女性登場人物に施された心遣いは、男性登場人物のうちに繰り返される。あたかも一方が他方を模倣したがっているかのように。無法者の農夫と心の優しい娼婦は、同一の聖痕を介して、兄と妹のように結びつくことになる。二人が雪に覆われた草原を前にして、掘っ立て小屋のわきでおずおずと語り合うシーンは、動揺を覚えるほど美しい。主人公は、この女性の愛の誘いを断る。彼女はほとんど近親相姦的な状況に気がついていないのである。

『許されざる者』

この抑圧された不安は、クリント・イーストウッドの作品が含みうる抑制された暴力のすべてを理解させる。その暴力は、攻撃に際して、あるいは悲劇的な記憶のトラウマ化に際して炸裂するのではなく、傷跡のうちに永続化するのである。イーストウッドの西部劇の主人公たちは、ほとんど全員、傷跡をとどめている。『荒野のストレンジャー』と『ペイルライダー』では背中に、『アウトロー』と『許されざる者』では顔に。ニコラ・サーダは「『許されざる者』の暴力は観客によって肉体的に感じ取られるもので、アメリカのアクション映画にみられる暴力とは何の関係もない[5]」と言っている。実際、われわれは『許されざる者』で、敵たちを殺戮するばかりか、さらには主人公の条件そのものを破壊するような、暴力の「内破《インプロージョン》」に立ち会うのである。

外では雷鳴がとどろき、雨が降りしきるなか、かすかに照らされた狭い酒場で、クリント・イーストウッド扮する登場人物は敵たちを前にほとんど動かずにいる。殺戮が終わって初めて、彼は拍車を鳴らすことになるだろう。雨の降る夜、身のすくんだ村人たちに向きあうと、彼は突然、錯乱にとらわれたかのごとく饒舌になり、自分に近づこうとする者は抹殺すると吠《ほ》える。彼の叫びが虚空に反響する。彼は喋れば喋るほど、ますます沈黙を具現することになる。そのことは、「音の運搬人」たる彼にとって、悲劇の絶頂ではあるまいか。

孤独についての映画である『許されざる者』は、ジャン゠リュック・ゴダールの作品、『新ドイツ零年』（１９９１）——孤独な男による孤独についての省察にして、第七芸術の孤独を体現しようとする試み——を思い起こさせる。映画の歴史は深い傷口をとどめているのであり、映画作家クリント・イーストウッドはその聖痕を保っている。最後のシークェンスで感じられる漠とした不安は、あたかも取り替えのきかない人物が自殺してしまったかのように、われわれを動揺させる。われわれは「西部劇」と呼ばれるアメリカ特有のジャンルの死に立ち会っているのだろうか。クリント・イーストウッドは、孤独についての別の作品を撮ることで返事をするかもしれない。だが、それはもはや西部劇ではないだろう。

（訳・堀潤之）

註

（1）Michèle Weinberger, *Clint Eastwood*, Rivages / Cinéma, 1989. p.159.

（2）“A propos de *Unforgiven*”, Entretien de Clint Eastwood, *in* «Cahiers du Cinéma», Hors-Série, 1992.

（3）Noël Simsolo, *Clint Eastwood*, Cahiers du Cinéma, Collection “Auteur”, 1990. p.147.

（4）“Un Sourire off”, Entretien de Clint Eastwood, : *in* «Cahiers du Cinéma», No 368, 1985.

（5）Nicolas Saada, “La poursuite infernale”, *in* «Cahiers du Cinéma», No 459, 1992.

＊本稿はフランス語で書かれたのちイタリア語に訳され *Clint Eastwood* (*a cura di Luciano Barisone e Giulia D'Agnolo Vallen*), Il Castoro - la Biennale di Venezia, 2000 に掲載された。

彷徨える断片の確かな痕跡について

ジャン＝リュック・ゴダール監督『イメージの本』

始末におえぬ問題児ゴダールのいうことだから真実かどうかは知るよしもないが、彼は新作『イメージの本』（2018）をめぐるあるインタビューで、「たとえばドストエフスキーだが、私はその全編を通読したことなど一度もない」と言明し、「しかし、ある種のことだけは覚えている」といいそえている。だとするなら、『右側に気をつけろ』（1987）で「白痴」なる人物を演じたゴダールは、その原作小説さえ「通読したことなど一度もない」と胸をはってみせるのだろうか。確かに、スイスからパリを目ざす小型ジェット機の窓ぎわで「ゴダール＝白痴」が目を通していた原著のフランス語版は、まるで書店の棚から取り出したばかりのように真新しく、読まれた形跡すらなかった。ことによると、彼は「レフ・ニコラエヴィチ・ムイシュキン」という主人公の名前さえ記憶しておらず、『子どもたちはロシア風に遊ぶ』（1993）で同じ人物を演じるときに、それだけは覚えている「ある種のこと」として、不意に記憶によみがえらせたとでもいうのだろうか。

それはそれでよいではないかと、『イメージの本』のゴダールは断言しているかにみえる。作品もあらかた終わりかけ、引用された映画やテクストや絵画や音楽のリストもたっぷりと提示されてから、いきなり「ブレヒトは言った／〝断片のみが本物の痕跡を……〟」と読みあげる彼自身の声が聞こえてくるからだ。このフランス語による引用はさまざまな言語に翻訳されて世界の映画ジャーナリズムを賑わせているが、その出典を明らかにしたものはいまのところ誰もいない。『軽蔑』（1963）ではフリッツ・ラングが、『彼女について私が知っている二、三の事柄』（1967）ではマリナ・ヴラディが、それぞれブレヒトの言葉らしきものを口にしていたが、その引用は正確さを欠き、典拠もきわめて曖昧なものにとどまっていた。だが、「〝断片のみが本物の痕跡を……〟」という言葉の意味はきわめて雄弁である。そこで、ここでは、全編を通読したりはしなくとも記憶しているというその「ある種のこと」こそ、ゴダールにとっては「本物の痕跡」をとどめている「断片」なのだと考えて話を進めることとする。

「断片」とは、それがおさまるべき本来の「文脈」からは離脱した彷徨《さまよ》える細部にほかならない。実際、『イメージの本』には、おびただしい数の彷徨える細部が「断片」として引用されている。映画や絵画の場合はときに脱色され、あるいは過剰に加色され、曖昧な焦点へと加工しなおされ、異なるフレームへと転移され、場合によっては文字に覆われたりしているので、原典はほとんど識別しがたい。また、そのほとんどをゴダールが朗読しているテクストも、ときに語調が誇張されたり、吃音じみた読み方がされたり、もの音にかき消されたり、不意に挿入される音楽で聞きとりにくくなったりもしている。いきなりトリュフォーとジャック・リヴェットとエリック・ロメールの肖像が示されたりしてもいるが、その複製の極端なまでの質の悪さによって、すぐにはとても見わけがたい。その意味で、ここでの彷徨える「断片」はさらなる断片化をこうむっているとさえいえるだろう。だから、無数の作品が引用されているその出典をしかと確認しえなくとも、この刺激的な作品の理解に大きな妨げとはなりがたい。実際、出典のわからぬ画像の方が、遥かに多く引用されている。

いうまでもなく、ルイス・ブニュエルとサルバドール・ダリの『アンダルシアの犬』（1929）の美女の眼球に剃刀があてられる冒頭のシーンをはじめ、ニコラス・レイの『大砂塵』（1954）におけるジョーン・クロフォード、ジャン・コクトーの『オルフェの遺言』（1960）におけるコクトー自身、ジョン・フォードの『若き日のリンカーン』（1939）におけるヘンリー・フォンダ、ヒッチコックの『汚名』（1946）のイングリッド・バーグマン、等々、かりに現物を知らずともすぐさまそれと識別しうる名高い映画からの抜粋も少なくない。また、個人的にいうなら、六十五年ほども前の中学時代に見たきりだったジュリアン・デュヴィヴィエの『地の果てを行く』（1935）のアナベラ、アンリ＝ジョルジュ・クルーゾーの『情婦マノン』（1949）のセシル・オーブリ、キング・ヴィダーの『ルビイ』（1952）のジェニファー・ジョーンズなどの「断片」的な画像に接し、思いもかけず全編をまざまざと思いだしたりもしたものだ。

もちろん、「文脈」から離脱した彷徨える「断片」は、ゴダールなりの「文脈」に改めて分配されている。フィルムを編集中のゴダールらしき男の手のイメージから始まる『イメージの本』は、「五感」や「五大陸」にもつながる人間の「五本」の指にふさわしく、五つの部分からなっている。その構成は、「リメイク」、「ペテルスブルグ夜話」――ド・メーストルの書物の翻訳題名にふさわしく、またゴダール自身の発音にもしたがって、ここでは「ス」をそえておきたい――「線路の間の花々は旅の迷い風に揺れて」、「法の精神」、「中央地帯」と題されており、全編は『ゴダールの映画史』（1988―1998）のような「エッセイ」的な作風におさまり、見るも

『イメージの本』

のを魅了し、かつ心に深い揺さぶりをかける。

それらを貫く一つの主題として、編集中のゴダールの映像に先だち、「世界の支配者たちは、用心すべきだろう／物言わぬ田舎娘《ベカシーヌ》にこそ」と印刷された書物の断片が示されている。ベカシーヌとは一世紀の余も広く愛された漫画の主人公で、ブルジョワ家庭に雇われたブルターニュ出身の召使いであり、これまで何度も映画化されてきた。この田舎娘は、作品の終わり近くに真正面からのきわめて鮮度の明瞭な肖像画として挿入され、「たとえ何ひとつ望みどおりにならなくても／希望は生き続ける」と結論されるゴダールにはふさわしからぬ楽天的な結論を、黙って見まもる役を担わされている。

だが、作品の最後で音もなくスクリーンを占拠し、見るものを不気味に魅了するマックス・オフュルスの『快楽』（1952）の「仮面の男」編で、踊り疲れて床に倒れ落ちる男に驚きの表情を見せる踊り子が、まさかベカシーヌそのものだとゴダールはいいはったりはしまい。しゃがれ声でつぶやくいつにない楽天的な世界観と、オフュルスの画面が見るものを誘いこむ悲観的な世界観とのあわいに拡がるあるかないかの間隙のうちに、この作品の副題である「イメージと言葉」の真の主題が息づいているかのようだ。ことによると、ゴダールは、タンタンのみを偏愛するスピルバーグに向かって、フランス語圏の漫画にはベカシーヌもいるからそれを忘れてはならぬと啖呵《たんか》を切っているのかもしれない。実際、彼は、『ジョーズ』（1975）の鮫の鋭い牙など、それを機首に描いた第二次世界大戦中の邪悪な爆撃機の「リメイク」にすぎないと、スピルバーグを揶揄している。

では、『イメージの本』は、何をめぐるエッセイ風の作品なのか。ここでのゴダールは、西欧

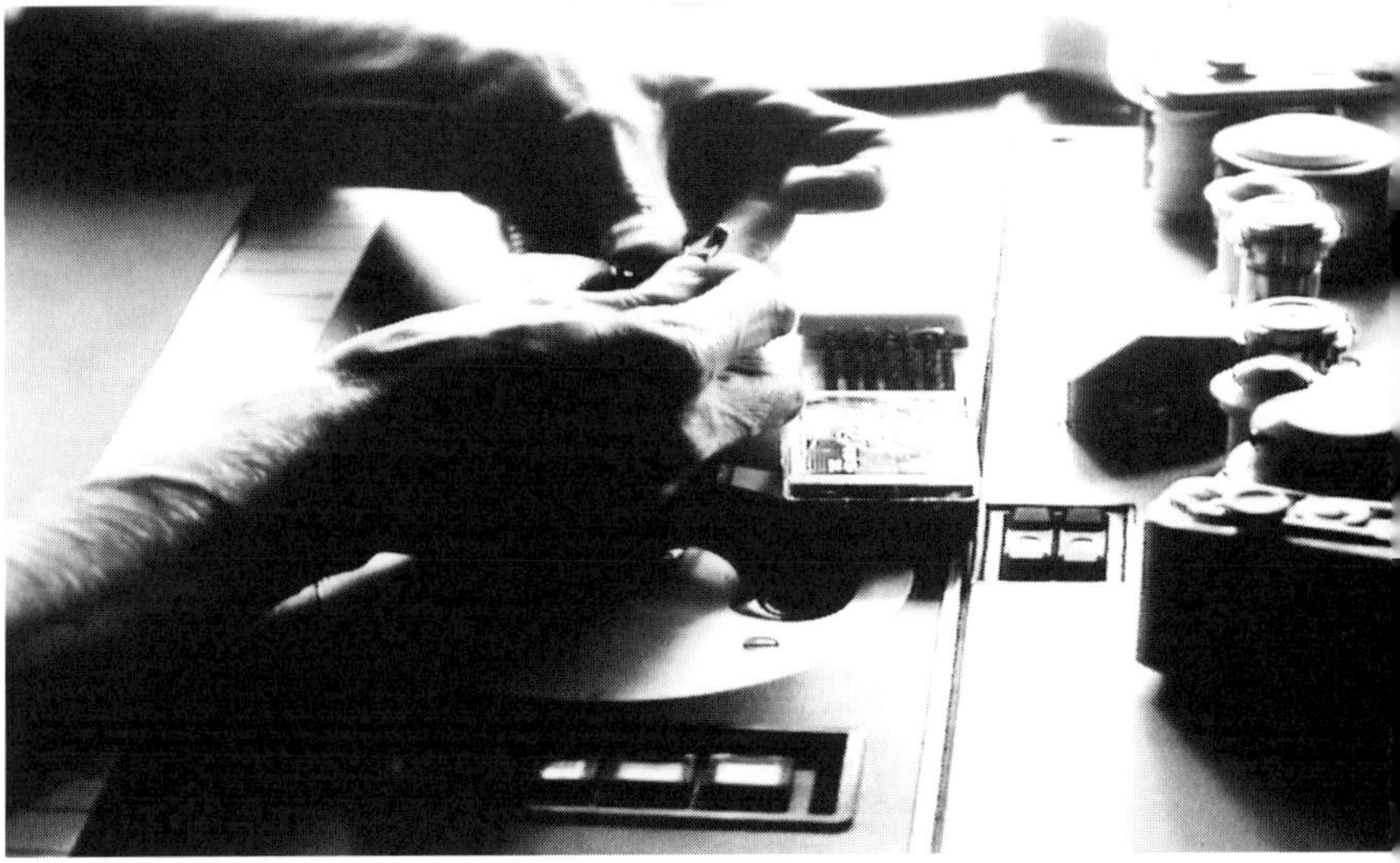

『イメージの本』

人として、西欧の落ち度で戦争ばかりしているこの世界の現状を、「イメージと言葉」を通して嘆いて見せる。では、彼は、西欧以外の地域にいかなる姿勢で接しているのか。ゴダールは、自分が二つの文化圏に対して抱く郷愁に近い執着をいっときも隠そうとはしない。その二つの文化圏とは、ロシアとアラビアにほかならない。ロシアがヨーロッパやアジアの一部となったら、もはやロシアではなくなってしまうだろうとたえず公言しているゴダールは、『子どもたちはロシア風に遊ぶ』ではサンクトペテルブルクまでロケに行っているし、『イメージの本』にも、ロシアの反体制歌手ヴィソツキーの忘れがたい歌声をここぞという瞬間に流している。また、ジガ・ヴェルトフ集団の『勝利まで』（１９７０）では挫折したものの、アンヌ＝マリー・ミエヴィルとの共同監督作品で『ヒア＆ゼア　こことよそ』（１９７６）を撮っているゴダールが、中近東からイスラム世界に向ける強い関心は誰もが知っていよう。どうやらそれは幼少期から始まっていたようで、トルコ奥地に鉄道を敷設したという母方の祖父にはアルジェリア人の運転手がついていたという。だが、八十八歳のゴダールの夢想はフローベールの『サランボー』の舞台となったチュニジアへと誘われ、そこで撮られたいくつかのショットが『イメージの本』にも使われることになる。もっとも彼自身によるものは、ホテルの窓からの俯瞰と夜風に揺れ動く棕櫚《しゅろ》の葉だけだというが、ここでのゴダールは、パレスチナ系の合衆国知識人エドワード・サイードの著作を誇らしげに引用しているし、先述のインタビューでは、アラビア語がフランス語やイタリア語以上に音楽的で、理解はできないまでも、この言葉を深く愛好しているとさえ述べている。

　では、それに似た親近感を、ゴダールがアジア世界、とりわけ日本に向けているかといえば、きわめて懐疑的だといわざるをえない。『イメージの本』に引用されているアジアの映画といえ

『イメージの本』(上下とも)

ば、溝口健二の『雨月物語』（１９５３）で、水戸光子が野盗に襲われる場面につきている。しかし、作品の終わり近くに示される出典リストには、溝口の名前も、『雨月』の題名も記されていない。なぜかと問い詰めれば、たぶん忘れていたからだと始末におえぬ問題児ゴダールは強弁するだろう。だが、さる西欧の精神分析医によるなら、忘却こそが「本物の痕跡」をとどめる「何ものか」であったはずである。とはいえ、そのことの指摘は、八十八歳のゴダールが四年がかりで世に問う新たな傑作の異様な美しさを、いささかも損なうものではない。

III

『牯嶺街少年殺人事件』

寡黙なイマージュの雄弁さについて
——侯孝賢試論——

列車の到着

侯孝賢《ホオ・シャオシエン》の『恋恋風塵』(1986)は、その導入部から、映画の考古学的な恍惚ともいうべきものへと見る者を誘いこむ。いくつものトンネルをくぐり抜け、木々の緑におおわれたカーヴの多い線路をきしませて進む電車の疾走ぶりが、一九世紀末に撮られたリュミエール兄弟の『鉄道トンネル通過』(1898)の爽快な運動感を想起させずにはおかぬからだ。実際、運転席にすえられたキャメラのとらえる風景と真正面から距離なしに接している観客は、発生期の映画にこめられていた潜在的な資質の一つが、『恋恋風塵』のこのショットでいきなり顕在化したかのような印象をいだかずにはいられない。

映画史上もっとも古い前進移動撮影の一つであるリュミエール兄弟の作品は、上映時間一分にもみたないサイレントの黒白の画面からなっている。それは、鉄橋を越え、トンネルをくぐり抜け、ゆるやかなカーヴを描きながらリヨン近郊のサン・クレール駅のプラットホームに滑り込む列車の走行を、蒸気機関車の先頭に据えられたキャメラがワン・ショットでとらえたものである。リュミエール兄弟のあらゆるフィルムがおさまっているその呆気ないほどの短さにもかかわらず、前進するキャメラに一体化する観客の視線は、一瞬ごとに異なる構図におさまる視界へとのめりこんでゆくかのような息づまる持続を体験する。『恋恋風塵』を見る者は、誰もがそれに似たサスペンス豊かな持続を受けとめ、まるでリュミエール兄弟のシネマトグラフのようだとつぶやかずにはいられない。そのつぶやきを惹きおこすものこそ、冒頭のショットにみなぎっている映画の考古学的な恍惚にほかならない。

台湾の緑濃い山岳地帯を舞台にした侯孝賢のカラー作品には、無声映画であるリュミエール兄弟の作品には欠けていた車輪とレールとの摩擦音がひっきりなしに響いている。また、トンネルを抜けて画面が明るさをますと、車内に位置を変えたキャメラのとらえる画面には中学生の若い男女が浮かびあがるのだから、リュミエール兄弟が知らなかった編集——複数のショットをつなぎあわせる——という技術が有効に活用されていることも事実である。その点で、『恋恋風塵』が『鉄道トンネル通過』より遥かに高度な技術的な達成を示していることはいうまでもない。にもかかわらず、侯孝賢は、キャメラのアングルの同方向性と画面を揺るがす断続的な振動によって、トンネルの多い山岳地帯を走行する電車の運動を途切れることのない一つの持続として描き出している。この二つの作品が九十年の歳月をへだてて親しく触れあうのは、その持続する運動感によってである。

おそらくは下校時のものと思われる『恋恋風塵』の若い男女は、通路に立ったまま、車体の振動を受けとめながら書物に目を落としている。思春期の二人をへだてるわずかな距離が関係の親密さをきわだたせていながら、たがいにほとんど言葉を交わすことはない。制服の白いブラウスをまとった女子学生（辛樹芬）は、数学のテストの失敗を悔やんでいるかのような言葉をぽつりともらす。ボーイスカウトのようなカーキ色の制服姿の男子学生（王晶文）は、それなら自分が説明してあげたのにと無表情に口にする。それきり二人は言葉をかわすことがなく、向かい合ったままふたたび書物に視線を落とす。ほかの乗客からやや離れた位置に立つ二人の中学生を乗せた車輌は、途切れることのない走行のリズムを響かせながらひたすら進み続ける。

小さな駅で電車を降りた二人は、レールの枕木をまたぐようにして線路の上を無言で歩き始める。聞こえてくる物音は、砂利を踏みしめる彼らの足音だけである。線路沿いの商店の女性が、女子学生の母親への重そうな白い米の袋をことづけものとして託す。かたわらの男子学生が黙ってそれを背負うと、二人は並んで家路をたどる。その寡黙さこそが幼い男女の友愛の絆にほかならぬことを見るものはすでに理解しはじめている。少年は、彼方の前方に視線を送り、ひとこと「映画だ」とつぶやき、不意に歩みを止める。その言葉に少女の瞳も同じ方向に注がれ、それにつれてショットが変わり、迫りくる暗さにつつまれた戸外に、布製のスクリーンが大きく風に煽られている光景が浮かび上がる。白い長方形の布をはためかせる風の音が画面をおおうと、それにつれて、ギターのメロディーが二人の仲を祝福するかのように低く響くのが聞こえる。こうして、「映画だ」という言葉を合図に、『恋恋風塵』はその導入部の役割を終え、それにふさわしい物語の時間を生き始める。

寡黙な少年がふともらす「映画だ」というつぶやきは、誰ひとりそんな言葉を予期していなかったにもかかわらず、それしかないという的確さで見る者を深く安堵させる。それは、東アジアの田園地帯でこの種の野外上映に立ちあった記憶のある者の誰もがいだく郷愁によるものだろうか。それとも、あらゆる優れた映画は、不意打ちの衝撃を嘘のように自然さへと変貌させてしまうものなのだろうか。いずれにせよ、この寡黙な少年の思いもかけぬ雄弁さこそ、侯孝賢を比類なき映画作家たらしめているものにほかならない。そのことを深い感慨とともに改めて認識するわれわれは、いま耳にしたばかりの声と、暗さにはためく布製の白いスクリーンのイメージとを胸の中で反芻しながら、『恋恋風塵』がまぎれもない映画だというごく当たり前の事実を、まるで奇蹟にでも立ち会っているかのような心の震えとともに受けとめる。

侯孝賢の演出と発生期の映画との類似は、この導入部にとどまるものではない。『恋恋風塵』には、リュミエール兄弟の神話的な作品『ラ・シオタ駅への列車の到着』（1896）にそっくりなシーンも存在しているのである。主人公の少年が、炭坑の事故で負傷して都会の病院に入院していた父親を、祖父とともに駅まで迎えに行くシーンである。侯孝賢は、それが久方ぶりの家族再会のシーンであることをあらかじめ説明したりはしない。われわれが目にするのは、庭先で鉈《なた》を操りながら黙々と木の枝を削っていた祖父の姿のみであり、器用に振り下ろされる鉈の刃が木材と触れあう摩擦音の鋭さが耳に残っているにすぎない。

白い大きな麦藁帽をかぶった祖父が、完成した松葉杖を孫に託して駅に立っている光景を見て、人は初めて事態を了解する。プラットホームに置かれたキャメラは、電車の到着を待ついくつもの人影をかなりの距離から画面の手前に位置づけ、背後にのびている線路を縦の構図におさめている。『ラ・シオタ駅への列車の到着』では、プラットホームに滑り込んでくる列車を斜め右からのアングルでとらえていたが、『恋恋風塵』では、到着する電車を斜め左からとらえている。アングルは対照的でありながら、徐々にスピードを緩め、停車した車輛から乗客が降りてくるまでを固定ショットでフィルムにおさめるキャメラの距離と不動性は両者に共通している。

ここで見落としてならないのは、少年が退院した父親と久方ぶりに会うという心理的な翳りがショットにこめられているはずなのに、キャメラは再会する家族に近づくことがなく、また、到着する列車のシークェンスを複数のショットに分割することもなく、侯孝賢がすべてを一連の持続として演出していることだ。そこに意義深い細部があるとするなら、手作りの松葉杖を息子が黙ってさしだし、それに身をあずけた父親が難儀しながらプラットホームを歩き始める部分につきている。それを見のがせば、かなりの距離から撮られたこの場面は、日々くり返されている駅の日常とほとんど変わるところがない。

こうした距離と持続と不動性による劇的な要素の排除が、侯孝賢の演出を特徴づける重要な要素であることは誰もが知っている。あえてできごとに介入しまいとするこの映画作家の姿勢は、ことによると彼が背負っている文化的な背景としての東アジア性、中国性を証言するものだといえるかも知れない。だが、その距離と持続と不動性とが、おそらくは作者自身によってそうと意識されることもないまま、映画が生まれ落ちた瞬間のフィルムのみずみずしい息吹へと見る者を誘っていることも否定しがたい事実である。東アジア的、中国的なものと理解されてもおかしくはないこうした独特な画面設計が起源の映画としてのリュミエール兄弟のキャメラワークに遥かに同調してしまうところに、『恋恋風塵』の作者の独創性を見いだすこともまた不可能ではない。少なくとも、『恋恋風塵』の彼は、リュミエール兄弟の同国人である現代フランスのどの映画作家にもまして、シネマトグラフの正統的な後継者なのだといえる。侯孝賢にとっての映画とは、物語である以前に、何よりもまず持続する映像として、またその被写体のたてる物音として

『恋恋風塵』

見る者を刺激する。その映像と音声は、風に煽られるスクリーンの長方形の白さや「映画だ」の一語がそうであるように、物語の展開に奉仕するというよりそれを断ちきり、新たな文脈を組織する力を作品のすみずみにゆきわたらせる。物語は、その視覚的、聴覚的な強度がおさまるのを待ってから、ゆるやかにつむぎあげられてゆくのである。

いま見た『恋恋風塵』の二つのショットは、侯孝賢の作品における乗り物の重要さを改めて理解させてくれる。これは、距離と移動という主題を作品の風土に応じて画面に導入することになるだろうし、輸送機関の乗客となる若者たちの多くが、きわめて寡黙な存在であることをも理解させてくれる。また、台詞のやりとりにおいてはいたって寡黙な彼らの多くが決して発語を禁じられているのではなく、ナレーションを口にするときはむしろ淀みなく雄弁でさえあるという事態を指摘しておかねばなるまい。さらには、祖父のように、彼らをとりまく年輩者たちはいたって饒舌であり、それが若い男女の寡黙さをきわだたせるのだという事実にも触れておく必要があるだろう。ここでは、そうした劇的な要素を統御しているかにみえる鉄道の主題を通して、侯孝賢の作品を論じてみようと思う。

もちろん、それが彼の作品に接近するにふさわしい唯一の方法だというつもりはない。例えば、「映画だ」とつぶやく少年の視線と、その視界に思いがけず浮かび上がるスクリーンの白さのように、視線とその対象とが編集によって継起的に示されることはむしろ稀だという事実を通して、被写体となる人物や風景から見る主体の人称性を可能なかぎり排除しながら、切り返しショットや心理的なクローズアップの使用を自粛しがちな侯孝賢の演出技法を分析することも可能である。また、どの作品にも必ず登場する食事の場面に注目し、誰がいつどんな形で食卓を囲むかという視点から、侯孝賢の作品における孤立と集団性の問題を明らかにするといった視点も有意義だろうとは思う。また、社会批判といった視点の導入を自粛しているかにみえるその画面にまといついている歴史の断片を通して、大陸からの亡命者に特有の政治性を語ることも不可能ではない。だが、ここでは、彼の作品と初めて出会った時期の感動に立ちかえり、さまざまな交通機関に向けられたキャメラを通して見えてくる侯孝賢のフィルムを語ることにしたい。

列車の通過

電車の到着で始まり電車の出発で終わる『川の流れに草は青々』（１９８２）から複数の鉄橋の上を行き交う無数の電車のイメージで終わる『珈琲時光』（２００３）にいたるまで、侯孝賢が何度もくり返し鉄道にキャメラを向けてきたことは指摘するまでもあるまい。あるときは車輌の内部に置かれ、またあるときは線路のかたわらやプラットホームに置かれたキャメラが、走行中の列車の運動をさまざまなアングルでとらえており、その複数のショットの配置が、個々の作品に独特のリズムを刻みつけているのである。

だが、この映画作家は、『恋恋風塵』の導入部や、『冬冬《トントン》の夏休み』（１９８４）の幼い兄妹を祖父の住む村へと運ぶ列車のように、走行する輸送機関のイメージばかりをフィルムにおさめているのではない。それにとどまらず、出会いや別れの舞台としての駅のプラットホームや改札口の光景、あるいはショットとして挿入される駅独特の丸い時計、列車の接近をつげる信号機の作動、踏切の昇降、等々、さらには短編『坊やの人形』（１９８３）の子供たちが屈託もなく遊び戯れる操車場など、鉄道に関するさまざまな光景に彼はキャメラを向けている。それは、しかし、侯孝賢が鉄道に特殊な個人的執着を示していることを意味するものではない。あるインタヴューで、幼年時代の鉄道旅行ではしばしば乗り物酔いに悩まされたと語っているように、彼にとっての電車の振動はむしろ不快な記憶に結びついているとさえいえよう。にもかかわらず、彼の多くの作品に鉄道が登場するのは、あくまで演出家としての運動感覚と空間設計によるものである。それは、基本的に、キャメラをみだりに動かすことなく画面に動きを導入するという演出意図にそったものである。

だが、侯孝賢の映画にあっては、鉄道が交通機関として描かれているとはかぎらない。主要な人物が誰ひとり乗っていない列車も、しばしば登場しているからだ。それは、登場人物のかたわらを勢いよく走り抜けることで、劇的な状況を鋭利にきわだたせる。主人公の少年とその祖母によって踏切脇の駄菓子屋の屋台で演じられる『童年往事　時の流れ』（1985）の素晴らしい場面を思いだしてみよう。『恋恋風塵』が脚本家の一人である呉念真の台湾で生まれた「内省人」としての記憶を反映させた作品だとするなら、その直前に撮られた『童年往事』には、中国大陸で生まれた「外省人」としての侯孝賢自身の少年時代の追憶が断片的に投影されている。いつも黒い中国服をまとった老齢の祖母は孫の阿孝を溺愛しているが、自分は大陸に戻るのだといって家を出てはしばしば迷子になり、故郷への帰還を半ば諦めている両親や、中国本土の記憶さえない子供たちを困らせている。

あるとき、祖母と幼い孫とが、つれだって外出する。表通りにそびえている枝もたわわな大きな木の下を通り過ぎる二人のロングショットに続いて、商店街の細い通りの先に見える踏切を貫物列車が通り過ぎているロングショットが挿入され、貨車の通過音が低く響いている。そして、三つ目のショットでは、踏切脇の風通しのよい屋台に並んで腰をおろした少年と老婆がカップにもられた甘い氷をスプーンですすっており、その背後には、何輛もの貨車が踏切を通過している。ほとんど壁もない屋台のまわりには明るい大気が吹き抜け、その開かれた空間を揺るがせるように走り抜ける貨物列車の運動感と通過音がいかにも生々しい。やがて列車は遠ざかり踏切の遮断機が上がると、祖母は大陸に住んでいた頃の土地の名前を口にして方角を尋ねるのだが、その広東語を、台湾生まれの屋台の女たちはまったく理解することがなく、その間、少年は一言も言葉を発することがない。侯孝賢は、あたかもその気詰まりなやりとりをあらかじめ救おうとするかのように、遥か彼方に遠ざかってゆく貨物列車を真後ろからの遠景でキャメラにおさめる。このロングショットは、故郷を見失った老婆が異郷で味わうもどかしげな孤独をいかなる比喩にも逃れることのない的確さで形象化し、見る者の心を震わせる。

この光景は、それ以前に撮られていた『冬冬の夏休み』の類似の状況へと見る者を導く。娘は都会で入院生活を余儀なくされ、息子は息子でこれといった仕事もないまま女と同棲しているといった家族関係に疲れはてた地方在住の老夫婦が、そのことをあからさまに口にするわけでもない朝方の散歩のおりに、たまたま鉄道線路の脇を歩く場面があることを誰もが記憶しているからである。だが、ここで老齢の二人の姿を進行中の列車の車輪ごしにフィルムにおさめる侯孝賢は、必ずしも自然なものとはいえないそのキャメラ・アングルからして、かたわらを勢いよく走り抜ける列車の無情な運動感によって人物の孤独をきわだたせるという演出をいまだ自分のものとはしていない。ただ、早朝の散歩の場面の導入部として、列車の影さえ見えぬレールに向けたショットが挿入されており、その鉄道のイメージが、事態は遠く離れたところで自分たちを無視して推移しており、それにおのれの手をかざしえぬ老夫婦のもどかしさのようなものを素描していることは指摘しておく価値があろうかと思う。多くの場合、侯孝賢の人物たちは、距離に対して無力な存在なのである。

いま、ここことは異なる時間、異なる場所で何か肝心なことが起きていながら、それが何であるかを知りえない存在のいらだちが視覚的に主題化されるには、『童年往事』を待たねばならなかったのだが、侯孝賢における「歴史」は、こうした「自伝的」と呼ばれる作品において、登場人物を置き去りにして画面を横切る前触れを欠いた運動として画面を活気づける。その運動感を画面にみなぎらせるものは、鉄道とはかぎらない。例えば、村の広場で退屈を持てあましている『童年往事』の成長した孫息子阿孝のかたわらをいきなり一群の騎馬の兵士がかけ抜けるとき、ショットにみなぎる予期せぬ緊張感が、侯孝賢における「歴史」の介入ぶりをあますところなく描きだしている。

通過する列車とそれを前にした登場人物の無力感とをこの上なく痛ましく描きあげたのは、『悲情城市』（1989）における海辺の人気のないプラットホームのシーンだろう。背後に岬が遥かに拡がりだす海に面した無人の駅が不意に画面にあらわれ、蒸気機関車の汽笛が遠くに響く。次のショットでは、手前を何輛もの客車が通過する向こう側のプラットホームに、逮捕の近いことを知った聾唖者の写真家（梁朝偉）とその妻（辛樹芬）が、二つのスーツケースに幼い子供を座らせたまま、停まろうともしない列車を茫然と見やっている。若い夫婦は視線もかわすことなく、列車の走り去った方向に漠とした瞳を向けたまま動こうともしない。それに続く忘れがた

『悲情城市』

い写真撮影のショットの背後に響く妻のナレーションによって、逃げようにも彼らに逃げる場所などなかったことが知らされる。この通過する列車のショットは、『童年往事』の踏切を走り抜ける貨物列車のように、決して大きいとはいえない島国台湾で混乱の一時期を過ごさざるをえなかった者の無力な諦念をきわだたせている。老婆は生まれ育った大陸へと帰る瞬間を思い描き、写真家もまた家族とともに身を隠すべき場所への逃亡を夢想しながら、それを断念するしかない現実の苛酷さを勢いよく通過する列車の運動が鮮やかに描き出しているのである。停まろうともしない列車は、それが煽りたてる距離の意識にもかかわらず、登場人物に遥かな場所への旅立ちを断念させ、無力な存在に追いやるしかない。

『悲情城市』の海辺のプラットホームをとらえたショットに蒸気機関車の汽笛が響くのは、舞台となった時代背景が一九四九年で、その時期の台湾の鉄道には蒸気機関車が走行していたという歴史的な現実があるからである。だが、ここでの侯孝賢は汽笛を響かせるだけで、現実の蒸気機関車を画面に登場させてはいない。その理由は、これが撮られた一九八九年のこの海辺の駅に、それもたった一つのショットを撮るために一九四九年当時の蒸気機関車を登場させることなど、技術的かつ財政的にほとんど不可能だったからだろう。おそらく、『童年往事』の踏切を通過していた貨物列車も蒸気機関車に引かれていたはずだが、同じ理由によってそれが画面に登場することはない。侯孝賢は巧みな編集によって通過中の列車の複数のショットをかさねることで、時代錯誤に陥ることを避けている。『童年往事』や『恋恋風塵』のような自伝的な作品や、『悲情城市』で始まる二〇世紀の台湾の歴史を描いた作品には、いずれも舞台装置や小道具が時代錯誤に陥らないための周到な配慮がなされており、黒い幌つきの人力車がしばしば登場するのはそのた

『悲情城市』

めである。

濃紺の車輛

しがないマフィア二人とその情婦の南国行きを描いた『憂鬱な楽園』（1996）では、舞台が現代であるだけに、その種の周到な時代考証は必要なかったといってよい。この映画もトンネルをくぐり抜ける列車の走行で始まっているが、いくつかの点で『恋恋風塵』の導入部とははなはだしく異なっており、そのことを監督は充分意識しているはずだ。

まず、列車の進行方向とキャメラの位置がまったく逆である。『憂鬱な楽園』では、黒い画面に白文字のクレジット・タイトルの段階から背後に列車の走行音が響いているが、トンネルを抜けたばかりの車内に位置するキャメラは、進行方向に向ってシートに座った乗客を真正面からとらえている。その中心にサングラスをかけたいかにもやくざ風の男（高捷）が位置しており、その背後にその相棒（林強）とそのガールフレンド（伊能静）が立ったまま戯れあっている。彼らの表情には、『恋恋風塵』の若い男女のような寡黙さは認められない。サングラスの男はたえず左右に視線を送り、聞き取りにくい携帯電話で何ごとかの指示を送ったりして落ち着きがない。走行する電車を導入部に持っていながら、この二つの作品がその画面設計において大きく異なっていることは誰の目にも明らかである。それに続くショットもまた、『恋恋風塵』とは対照的に、列車の後部にすえられたキャメラが、駅で反対方向に進む対向路線の列車とすれ違い、二人の中学生が歩いた線路を思わせる商店街にはさまれた細い軌道にさしかかるまでを、流れるような後退移動でフィルムにおさめている。

だが、前進移動と後退移動にもまして大きな差異が二つの作品を引き離している。それは、列車の走行音とともに、『憂鬱な楽園』にはポップ・ロック調の音楽が背後に流れていることだ。マフィアの一人を演じている林強自身の作曲によるもので、おそらくは彼自身が歌っているのだろう低いメロディーが、画面に同時代風のリズムを導入するのである。シンセサイザー処理を施されたとさえ思えるこの種の音楽を侯孝賢の作品で耳にした記憶のないわれわれは、導入部からある種の異郷感覚を覚えずにはいられない。だが、その異郷感覚こそが、見る者を「南国」へと誘っているのだと誰もがすぐさま理解する。『戯夢人生』（1993）の冒頭に響く人形劇独特の銅鑼《どら》の音を基調とした音楽がそうであるように、侯孝賢では、導入部をかたちづくる映像と音響とが作品の風土を直截に決定しているのである。

侯孝賢の映画で、鉄道のイメージの背後にポピュラーな音楽が流れるのは、『憂鬱な楽園』が初めてではない。鉄道で通学する小学生を乗せた青色の電車がトンネルを抜けた瞬間に物語の始まる『川の流れに草は青々』の場合は、遥かな山の麓まで拡がる田園地帯の緑の風景を示す最初のショットから、主要な登場人物である鍾鎮濤と江玲が「草は青々」というリフレインを持つ歌をデュエットで楽天的に歌い上げており、電車の走行音は、ごく短い警笛をのぞいてほとんど響いてはいない。自然な背景音とバックグラウンド・ミュージックの処理という点で、『川の流れに草は青々』の侯孝賢は、まだ充分に方法的ではなかったというべきかもしれない。とはいえ、少年少女の思いもかけぬ振る舞いを小学校を舞台としてエピソード風に描くというこの作品の題材は、すでに充分すぎるほど侯孝賢的なものだといえる。

導入部と中盤と終幕で合計三度も歌われるここでのポピュラーな主題歌の挿入の仕方からして、ポピュラー歌手の鳳飛飛と共演した処女作『ステキな彼女』（1980）や、第二作の『風が踊る』（1981）がそうであるように、これが歌手としての鍾鎮濤の人気にあやかる一種の歌謡映画として構想されているように見えることは否定しがたい。スクリーンのサイズは当時のほとんどの台湾映画がそうであったようにシネマスコープであり、移動撮影やパン撮影も多用され、ズームの使用による切り返しショットさえ使われているという点では、脚本家として朱天文が初めてスタッフに加わった『風櫃《フンクイ》の少年』（1983）でほぼ確立されたといってよい距離と持続と不動性による侯孝賢的な画面設計とは驚くほど異なっている。にもかかわらず、鉄道に対するキャメラの向け方という点で、彼の姿勢は初期の三作においても一貫しているといえる。

例えば、コマーシャル映画の撮影スタッフのスチル・キャメラマンを鳳飛飛が演じている『風が踊る』には、海辺の町で興味深いアングルを求めて高い家の屋根に上った彼女の足元を、青く塗られた車体の電車がゆっくりと通り抜けてゆくごく短いショットが存在する。ほんの些細なエピソードの一つでしかないと思われがちなそのショットは、しかし、それとほとんど同じ状況が『憂鬱な楽園』にも認められることで、主題としての意義深い反復性におさまっている。南国をめざすやくざたちの最初の宿泊地で、屋根の上で一人離れて茶碗の飯をほおばっている相棒の林強をとらえていたキャメラがやや右側にパンすると、その下に同じ濃紺の電車が停車し、乗客を乗せてからゆっくりと視界を遠ざかってゆくのである。

作品を超えたこの主題論的な反復性は、見る者に強い印象を与えずにはおかない。事実、戸外での食事の光景が無媒介的に列車の光景にかさなりあうこの場面は、『憂鬱な楽園』の中でも忘れがたい充実したショットの一つをかたちづくっている。『川の流れに草は青々』の電車もそうだが、侯孝賢における電車の車体はいずれもが濃紺に塗られており、それが台湾の鉄道の現実を反映したものか、監督の意図によるものかは明らかではないが、屋根から見おろす風景にいきなり滑り込んでくる『憂鬱な楽園』の車体の深い青さは、南国の光の中でことさらきわだって見える。実際、この青い車体をとらえた画面は、『恋恋風塵』の導入部とよく似た運動感でフィルムを活気づけることになるからである。

このショットが終わると、いきなり画面は真っ暗になり、それとともに列車の走行音が響きはじめ、ほどなくトンネルを抜けて明るさのよみがえる画面は、緑濃い南国の自然の中をゆるやかにカーヴしながら前進してゆく電車の運転席からのショットに変化している。こうして、マフィアの男女三人はさらに南をめざすのだが、『憂鬱な楽園』のもたらす興味は、彼らがさらにいくつもの交通手段を乗りついで移動し続けることにある。彼らはまず、モーターバイクでゆるやかにカーヴする緑におおわれた舗装されていない道を疾走する。その疾走をとらえた長い移動撮影は素晴らしい運動感を波及させるのだが、彼らがいったん自動車に乗ると、事態はいきなり深刻な様相を呈し始めるしかない。

自動車の不運

ここでわれわれは、侯孝賢における自動車の影の薄さに思いあたる。乗用車の走行する車体にキャメラが向けられるとき、電車のもたらす爽快さが画面を活気づけることはまずなく、ほとんどの場合、物語の展開に貢献することのない否定的な要素にとどまることになるだろう。

実際、初期の三作にしばしば登場していた自動車は、形式的な演出意図のもとに撮られた最初の作品『風櫃の少年』からしばらく影をひそめ、現代の台北を舞台にした最初の作品『ナイルの娘』（1987）まで、侯孝賢の作品に登場することがない。その間、エドワード・ヤン監督の『幼馴染み　タイペイ・ストーリー』（1985）では主演者としてハンドルを握り――それは、『冬冬の夏休み』でごく短いショットながらハンドルを握ったエドワード・ヤンへの返礼だろうか――台北の街路を走行した経験を持つ侯孝賢にとって、それは何を意味しているのか。

『風櫃の少年』以来、五年近くもその画面から自動車を遠ざけていた侯孝賢は、一九八〇年代に登場した世代の台湾の映画作家としてはきわめて例外的な存在だといえる。現代の都市風俗としての自動車に対する彼の禁欲は、『ナイルの娘』から『憂鬱な楽園』までさらに十年近くも維持されるのだが、もちろん、その真の理由をわれわれは知ることができない。自動車の狭い内部空間が、彼の空間設計の基盤ともいうべき被写体とキャメラの距離にふさわしくないからだと想像することは可能だし、現代の都会に物語を設定することが稀だったという題材上の理由も考えられはする。だが、われわれに可能なのは、地方を舞台とした自伝的な作品や台湾の現代史をあつかった作品においては、すでに述べたように自動車のかわりに老齢者の乗り物といってよい人力車がしばしば登場しており、都市での困難な生活を始める地方出身の若者が描かれている場合も、その交通手段はモーターバイクにかぎられていたという事実の指摘につきている。

そこで、これまでの侯孝賢の作品で、誰が自動車を操縦していたのかを思いだしておこう。初期の三作品でハンドルを握っていたのはいずれも若い女性であり、他方、『ナイルの娘』以後の大都会の風俗を描いた作品では、気性の荒い男性が車を運転することになる。だが、いずれにおいても、自動車が演じる機能はきわめて否定的で、そこで同席する男女の愛を謳歌することもなければ、他者の攻撃から身の安全を保障するものとなることなどまずなかったといってよい。その意味で、好んで自動車を舞台装置とするキアロスタミの対極に位置し、間違ってもヒッチコック的とはいいかねる侯孝賢は、よほどのことがないかぎり――『怒りの葡萄』（1940）のトラックや『タバコ・ロード』（1941）のポンコツ車、あるいは『荒鷲の翼』（1957）でモーリン・オハラが無謀に操縦するジープなどをのぞけば――自動車を登場させることが稀だったジョン・フォードにどこかしら似た感性の持ち主かもしれない。

処女作『ステキな彼女』のヒロインは、その導入部から派手な黄色の高級車を運転しながら台北の繁華街に颯爽と登場し、小さなバイクに乗った青年（鍾鎮濤）の目を惹きつける。だが、彼女は、高度な操縦技術を必要とするその車をまともに駐車することができずにバイクの男から嘲笑され、憤然とその場を去る。ここでは、高級車は資産家を、バイクは一般庶民を象徴する乗り物として対照的に描かれているかに見えるが、事態がそれほど単純でないことはあとで分かる。資産家の娘である彼女は、父親の経営する企業を切り回し、外国からの訪問者を接待したりするモダンな女性としてひとまず描かれているが、両親が準備した資産家の御曹司との結婚に踏み切ることに疑問を覚え、首都を離れて臨時教員として叔母の住む田園地帯に住みつくことになる。紆余曲折があった末に、喧嘩仲間のように対立していたバイク乗りの青年と結ばれるという物語の展開には、エリザベス・ケンドール Elizabeth Kendall が『花嫁逃亡』*The Runaway Bride*（Alfred A. Knopf, New York, 1990）として分析した一九三〇年代のハリウッドのロマンチック・コメディをふと思わぬでもない。だが、ここでいかにも侯孝賢らしいのは、農夫の運転する耕耘機に揺られてのんびりと叔母の家をめざす彼女の表情が、都会で高級車を乗り回すときより遥かに屈託がなく、あたりの風景ともごく自然に調和していることだ。スピードとは無縁の耕耘機は彼女が農村を去るときにも輸送手段となるのだが、そのゆるやかな運動感をことのほか好んでいるかに見える侯孝賢にあって、自動車を操縦することが若い男女の愛の成就に貢献することはまずなさそうだとほぼ見当がつく。

主人公が角膜移植手術を待つ地方出身の盲目の青年であることから、次回作『風が踊る』でもハンドルを握るのは女性キャメラマンである。侯孝賢は、そうすることで、若い主役の男性による自動車の操縦を物語の上であえて避けようとしているかにみえる。彼女は同僚の車を借りて青年の都会での生活をキャメラにおさめようとするのだが、撮影中に駐車違反の車はレッカー車で警察に押収され、そのため父親との駅での待ち合わせに遅刻するのだから、ここでも自動車はヒロインの生活を混乱させることにしか貢献していないことは明らかである。

こうした自動車の不運は、第三作『川の流れに草は青々』でさらにきわだつことになる。田園地帯に代用教員として赴任していた青年（鍾鎮濤）のもとにかつてのガールフレンドがいきなり訪ねてきて、すぐさま台北に戻るよう説得する場面がそれにあたる。彼が同僚の女性教師（江玲）を誘って自転車で散策する姿を誰もが目にしているだけに、村人たちは不意に彼の身に起こったいわくありげな突発事故が気になってならない。真っ赤なブラウスに真っ青なパンタロンという姿で都会性をきわだたせている元ガールフレンドは、大方の心配を無視して校庭で授業中の代用教員を拉致することに成功する。だが、首都へと向かう自動車の中で男の気持ちが自分から離れていることを思い知らされ、人里離れた雨の山中に彼を置き去りにしたまま台北に戻ってしまう。こうして、侯孝賢における自動車は、愛の舞台装置ともなりがたいことが改めて明らかになる。代用教員が同僚の若い教師とたがいの愛を確かめあうのは、作品の最後で同じ列車に乗る場面でしかない。

『ナイルの娘』にいたって、自動車は生命の危機をもたらしかねぬ不吉な交通機関として登場する。ヘッドライトが闇の中を無数にゆきかう現代の大都会の夜景に侯孝賢がキャメラを向けるのはこれが初めてだが、この映画で台北に住むヒロイン（楊林）は、『恋恋風塵』の地方出身の若者のように、アルバイト先のファーストフードの店から夜間高校までをバイクで行き来している。母親が病死したばかりで、いかがわしい仕事に手を染めているらしい兄（高捷）と父とのいさかいがたえない鬱陶しい家庭にあって、彼女の乗るモーターバイクは家計の逼迫ぶりと、それでもなお享受せずにはいられないわずかな自由とを象徴している。

彼女がひそかに心を惹かれている兄の親しい仲間が海岸までピクニックにゆくとき、彼女はいつも通りバイクで彼の車に併走するのだが、同行の若い男女は無蓋の前輪駆動車から身を乗り出して、かりそめの解放感を謳歌しているかにみえる。若者のつかの間の享楽を疾走する自動車で描きだすといういささか安易な画面を見て、侯孝賢における交通機関の役割になにがしかの変化が導入されたのかと、一瞬、誰もが驚く。だが、彼らが台北に戻った直後、その自動車は敵対する不良グループに襲撃されてフロントグラスを叩き割られ、止めに入った仲間の一人は拳銃で撃たれてしまう。だから、自動車はここでも充分すぎるほど不吉な交通機関なのである。惚れてはならぬ女に手を出して台北にいられなくなった兄の仲間は、ヒロインに金策を依頼してから自動車で逃亡をはかるが、彼もまた車を降りたとたんに射殺される。こうして、自動車は、逃亡する男たちを保護することのない非情な交通機関だということが改めて明らかになる。

『恋恋風塵』と同様に電車の走行とともに始まる『憂鬱な楽園』に登場する複数の交通機関の意味は、こうした背景を考慮した上で分析されねばならない。確かに、電車をモーターバイクに乗り換えて南国の曲がりくねった道をジグザグに疾走するやくざ二人とその情婦をとらえた長い移動撮影は、これまでの侯孝賢が見せたことのない運動感をぶっきらぼうに画面に導入する。それを目にする者は、まばゆい陽光や色彩感にあふれた南国が、彼らを快く受け入れているとさえ思ってしまう。だが、彼らがちゃちな復讐心から自動車に乗って夜の町を徘徊しかけたとたんに警察に踏み込まれ、わずかに残されていた金策の可能性もたたれて逃亡の機会を失う。原題に含まれている「南国」への別れの言葉（南国再見、南国）にもかかわらず、この映画のやくざめいた若者たちは、自動車に乗ることで「南国」から逃れることさえ禁じられ、人里離れた田園地帯に囚われの身とならざるをえないのである。緑の田圃の中にスリップしたまま動きをとめた乗用車の長いロングショットで終わる『憂鬱な楽園』の最後のイメージは、侯孝賢における自動車の否定的な機能をまざまざと視覚化したものだといえる。

現代の台北を舞台として始まる『ミレニアム・マンボ』（2001）は、『ナイルの娘』と『憂鬱な楽園』とで素描されていた自動車の不運を前提として構想された物語のようにみえる。大都会における性風俗を主題としたこの作品は、清朝末期の上海の遊郭を舞台として男女の葛藤を描いた前作『フラワーズ・オブ・シャンハイ』（1998）の物語を、現代のやくざのたむろする都市のクラブを舞台に描こうとするきわめて意欲的な作品である。上海の高等遊郭の客である高級官僚があるとき転任によって姿を消すように、『ミレニアム・マンボ』にあっても、ほとんどプルースト的とさえいえそうな貴重な存在の不意の消滅を主題とした作品だともいえる。人物のかたわらを走り抜ける列車の運動感がきわだたせていた都会との距離が、ここでは闇のさなかに不意にうがたれる不可視の距離として、ヒロインを首都の雑踏に置き去りにするのである。

そこで姿を消すのは、やくざのしきたりを心得た義侠心の強い男である。『ナイルの娘』で姿を消す兄を演じた高捷が、組織間に起こった厄介な事態の重大さをとっさに理解してしまうがゆえにたえず冷静なこの人物を、落ちついた身振りで演じている。運命にもてあそばれる若い娘（舒淇）は、同棲する男の身勝手にたえられずに家を抜け出し、いかがわしいバーのホステスに身を落としているのだが、客として姿を見せたこのやくざな男に心惹かれ、彼のかたわらにいるだけで不思議な心のやすらぎを覚える。憔悴しきった彼女を家に招き、麺など料理してもてなしてくれるその男との関係は、おそらくは盗難品のウォークマンをプレゼントしてくれた兄と『ナイルの娘』のヒロインとの関係のように、どこかしら男女の性を超えたものであるように見える。

世紀末から二一世紀にかけての侯孝賢が好んで描くこうした男女の関係は、寡黙なる者の雄弁というテーマに新たな表情をまとわせているように思える。詩情のかけらもない都会の猥雑な陰の部分を舞台装置としていながら、感傷性を排した抒情が言葉少なにつむがれてゆくからだ。抱擁するわけではなく、ましてや荒々しく愛撫しあう仲でもない二人は、そこで、性的な言語を一言も口にすることもなくたがいを貴重な存在として認めあい、知らぬ間に別れがたい仲となっている。実際、『ミレニアム・マンボ』では、やくざな男の運転する自動車の振動を受けとめることに無邪気な喜びを覚える女の表情を、侯孝賢は正面からの後退移動で二度もキャメラにおさめている。だが、自動車という交通手段の不吉さは変わることがなく、あたかも二度目の自動車の走行が二人にとって別れの儀式であったかのように、その直後にやくざの男は彼女の前から忽然と姿を消す。それは、『ナイルの娘』のヒロインが、姿を消した兄の死を殺風景な戸外にちらばっていた新聞で知るのとよく似ている状況かもしれない。

女は、わずかに手がかりの残された東京の小さなホテルにたどりつく。彼女が立ちつくす男の部屋の窓からはひっきりなしに行き交う電車が見えるばかりで、彼の行方を示すものは何一つ見当たらない。彼女が異郷の都市でさぐりあてることのできるのは、距離の彼方に姿を消した貴重な存在の不在の影のみである。海辺の駅のプラットホームに立ちつくす『悲情城市』の写真家とその家族のように、踏切脇の屋台で甘い氷をすする老婆と孫息子のように、通過する何輛もの列車のかたわらに取り残されたまま、彼女はどこまで拡がっているのか見当もつかない男との距離を、あてもなくまさぐることしかできない。

いきなり、雪におおわれた道を直進する自動車からの前進移動が、置き去りにされた女を夕張へと誘う。その挿話の時間的な前後関係は必ずしも明らかではないのだが、それに続く北海道の雪景色のショットの背後に流れるヒロインのナレーションが貴重な存在を永遠に失ったことを回想風に語るとき、『ミレニアム・マンボ』は終わりを迎える。台北で男の運転する自動車に揺られ、東京に着いたばかりの彼女のかたわらを電車が走り抜けていたとき、侯孝賢の交通機関の力学からすれば、ヒロインにとって、親しい存在の喪失はすでに決定されていたというべきかもしれない。

『悲情城市』

珈琲、そして最好的

こうして、人は、日本の首都を入り組んだ鉄道の網状組織とみなす『珈琲時光』の侯孝賢にたどりつく。彼にとっての初めての外国映画となるこの作品の舞台に選ばれた東京の街は、行政とビジネスの中心街にせわしなく行き交う雑踏など姿を見せておらず、白昼の都心の高層ビルも、夜の繁華街のネオンも描かれることはない。とりわけアンドレイ・タルコフスキーの『惑星ソラリス』（1972）に登場して以後すっかり未来都市的なイメージをきわだたせることになった高速道路にまったくキャメラが向けられていないことが、この都市に投げかける台湾の映画作家の視線を特徴づけている。

八〇年代の自伝的な作品以来フィルムにおさめることをつとめて自粛していた電車の運動感を、『珈琲時光』の侯孝賢は、久方ぶりに、思い切り画面にとりこんでいる。それには、首都の周縁地帯を走る路面電車から、都心を行き交う複数の路線までが含まれている。当然のことながら、若い男女を自動車に乗せることは周到に回避されており、帰省するヒロインを田園地帯の駅頭で待っている父親の運転する自動車には、父と娘との別れの儀式を思わせる何かが漂っている。いくえにも交錯しあう電車の走行ぶりを背景として、たがいの存在を貴重なものと受けとめあう寡黙な男女を登場させているところは、『ミレニアム・マンボ』で男と女を引き裂いていた距離が、いきなりその残酷さを放棄したかにみえる。

ここでいう寡黙さとは、性的な言語などいささかも操る必要がない、なだらかな愛のかたちにほかならない。二人は、『恋恋風塵』の中学生の男女とは年齢的に異なるものの、それに劣らず無口な男女である。題名に含まれる「時光」とは、寡黙さをいくえにもまとった彼らが男女の性を超えて享受しうるなだらかな時の拡がりにほかなるまい。その寡黙さは、ヒロイン（一青窈）を何くれとなく援助する若い古本屋の主人（浅野忠信）が鉄道の走行音を現場で録音して歩くという特殊な趣味の持ち主であることと関係している。『悲情城市』の写真家が聾唖者であったことから妻とも言葉を交わさなかったように、この若い古書商はたえずイヤホーンを耳にあて、録音機を手にしていることから、電車に乗っているかぎり、二人の間には会話が成立しないのである。

古書店主とは異なる男性の子供を身籠もり、未婚の母となってもそれを産むつもりでいるというこの作品のヒロインは、無言で電車の走行音を録音している男のかたわらにいるだけで心のやすらぎを覚える。彼とともにプラットホームに立ち、ときには彼とすれ違い、ときには彼のかたわらで電車に視線を送ったりしている彼女は、彼に見守られているとも知らぬまま、車体を断続的に揺るがせる走行のリズムに身をまかせて眠り込んでしまう。

こうした男女の関係は、明らかに『ミレニアム・マンボ』のそれを反復しているが、ここでのヒロインのまわりには、いたるところに鉄道の路線が敷設されているので、キャメラを向ければその構図のなかにいつでも電車が走りこんでくる。もちろん、そこにも、歴史は断片的ながらあざやかな影を落としている。それは、ヒロインがその足跡をたどっている台湾生まれの作曲家である江文也の生きた苛酷な運命や、それをいささかも予言することのないピアノ曲として、小津安二郎に捧げられたこの作品によりそいつつも、それとは異なる階調におさまっている。あたかも江文也の不在をきわだたせる音響的な歴史の介入に敬意をささげるかのように、古書店主は、いっときもイヤホーンを耳から離さず、マイクを握り続けているのかもしれない。

ただ、ここで見落としてならないのは、『珈琲時光』の画面を行き交う電車が、どれ一つとしてリュミエール兄弟の列車には似ていないということだ。ここにはもはや『ラ・シオタ駅への列車の到着』を思わせる構図はなく、侯孝賢がフィルムにおさめる車体はもっぱら無方向にかけ抜けている。『恋恋風塵』におけるキャメラの距離と持続と不動性はごく自然に放棄され、そのことで、たえず走行している電車は、ほとんど交通機関とは異なる何かへと変貌しつつあるかに見える。

では、侯孝賢は『珈琲時光』で変わったのだろうか。それとも、決定的な変化への過渡期にいるのだろうか。かりに彼が変わったのだとしたら、その変化は映画作家としての成熟を語っているのだろうか。あるいは、彼にとって初めてのこの外国映画は、その作者がある聡明な諦念に達したことをつげているのだろうか。さして遠からぬ時期に六〇歳を迎えるはずの侯孝賢の新作『スリー・タイムズ』(英題、2005、邦題『百年恋歌』)が『最好的時光』という原題を持っていることを知ってしまったわれわれが口にしうるのは、ごくわずかなことでしかない。

まず、侯孝賢が、『珈琲時光』につづいて『最好的時光』という題の作品を撮ったことが見る者を驚かせる。彼のフィルモグラフィーは、その題名に、「時光」といった同じ語彙の間近な繰り返しなど受け入れたためしはないからである。この例外的な反復に、映画作家としての驚くべき自信がみなぎっていることに誰もが強く打たれる。『珈琲時光』における「時光」が、寡黙さをまとった男女によって享受される性を超えたなだらかな時の拡がりにほかならなかったとするなら、『最好的時光』における「時光」からは、そのなだらかな時の拡がりが奪われているからだ。ここでも、出会う男女はいたって寡黙なのだが、彼らが性を超えて共有しうる時間は、あまりにも短く呆気ない。ここでの「時光」は、持続におさまることがないからである。『最好的時光』を原題として持つ『百年恋歌』は、舒淇と張震とが、異なる時間と空間のもとで、同じ一組のカップルを演じる三つの中編からなっている。ここでの男女は、一九一一年、一九六六年、二〇〇五年の異なるできごとを通して出会い、そして別れるのだが、その三つの挿話のいずれもが、被写体の動きとそれに向けるキャメラのアングルを大胆に抑制することで成立した作品なのである。とはいえ、『百年恋歌』の侯孝賢が演じている身振りは、無駄を排した簡素な演出といったものではまったくない。古典的な均衡とはおよそ異なるあやうい直接性が、そのつど、被写体の生きつつある時間を大胆に制限しているからだ。

審美主義的な形式化に陥ることのないその大胆さは、まだ存在したことのない映画が、撮られることで、この世界にいきなり姿を見せたかのような息詰まる体験へと瞳を誘う。それぞれのショットは、それ以前にもそれ以後にも映画は存在していないと断言するかのような苛酷さにおさまっているので、見る者は、一瞬ごとに、胸をしめつけられる思いで画面と向き合うしかない。実際、『百年恋歌』は、誰とも知れぬ若い女性の視線を受けとめながらビリヤードに熱中している大柄な青年にキャメラを向けた冒頭の室内シーンから、映画がたんなるイメージの流れではなく、ショットの連鎖として世界から厳しく身を引き離すものだという現実を生々しく喚起しつつ、この寡黙な青年が、かたわらによりそう女性をその視界から永遠に失うしかないという物語的な必然を痛ましく予言している。目の前にいる貴重な存在が手をすり抜けるようにして遠ざかってゆくという「一九六六年篇」に素描された消滅の主題は、芸妓茶屋を舞台とした無声映画風の「一九一一年篇」から、疾走するモーターバイクに相乗りしているあやうげな男女を導入部とする「二〇〇五年篇」にいたるまで、反復をも恐れずごく自在に変奏されてゆく。それは、あたかも、これまでのすべての侯孝賢の作品はこの三篇の中編フィルムに凝縮されているといってもいるかにみえながら、そこには、結論めいた最後の言葉など一言ももらされてはおらず、すべてが時間を排したみずみずしさで視線を戸惑わせている。

人は、これまでの侯孝賢の映画で経験したことのない緊張にとらわれ、いったい何が起こっているのかとつぶやかずにはいられない。この未知の緊張が何かを想起させるとしたら、それは、呆気ないほどに短いリュミエール兄弟のフィルムに立ち会っているときの緊張をおいてほかにない。人は、『百年恋歌』を一息に見終わってしばらくしてから、そう思い当たる。意義深いことに、『珈琲時光』の国際的な題名は『カフェ・リュミエール』《Café Lumière》だった。いうまでもなかろうが、リュミエールとは、「光」を意味する言葉だ。『最好的時光』は、リュミエール兄弟への、意識されてはいないが故になおいっそう深いオマージュなのだろうか。人は、『百年恋歌』以降、リュミエールの一語をすべからく「時光」と呼ぶべきなのかも知れない。

後記　ここに読まれた文章は、二〇〇五年四月のシンガポール国際映画祭における「侯孝賢レトロスペクティヴ」を記念して、同月二九日・三〇日に行われた「侯孝賢国際シンポジウム」（国立シンガポール大学アジア研究所、シンガポール歴史博物館共催）のキーノート・スピーチとして書かれた英文原稿《The Eloquence of the Taciturn》の自由な日本語訳に、その後見ることのできた『スリー・タイムズ』へのコメントを書き加えたものである。文中のいささか啓蒙的とみられかねない言辞は、上記の成立の事情を反映したものと理解されたい。

静穏な透明さを超えて——エドワード・ヤン監督『牯嶺街少年殺人事件』

ソフト帽と運動靴

白いブラウスに紺のスカートという中学の制服をこざっぱりと着こなした小明《シャオミン》が、母親の入院している診療所の一階の開け放たれた扉のかたわらでふと足をとめ、奥に人影を認めて室内に入ってくる。決して短いとはいえない『牯嶺街《クーリンチェ》少年殺人事件』（1991）が、ようやくにして終わりの気配を漂わせ始めたころのことといったらよいだろうか。

どうやらそれは医師の書斎――診察室ではなかろうと思う――のような洋間であり、午後の日ざしがあたりに透んだ明るさを万遍なく投げかけている。彼女は、黙ったまま扉のかたわらの椅子に前屈《まえかが》みに腰をおろす。机の向かって左手には緑色のランプシェードの電気スタンドが置かれ、奥まった棚の上には往診用の鞄が見えている。そこで書物に視線を走らせていた医師が小明の存在に気づくと、庭先で見かけた白衣の若い娘が誰なのかと彼女は問いかける。ついさっき、庭の植木をめぐって、院長らしい老人と彼女が言葉を交わしているのを見てしまっているからである。

院長の息子である若い医師は姿勢を正しながら、あの女とは九月に結婚するだろうと答える。小明は、あの女の人がどうも気に入らない、あなたが心を許しているようにはとても見えないと口にする。恋愛のことは複雑で、若いきみには分かるはずもあるまいと医師は笑みを見せながら応じるのだが、それでも自説を曲げようとしない小明は座りなおして背筋をのばし、自分は多くの男に言い寄られてきたが、問題が起こると彼らはみんな逃げて行ってしまうとつぶやく。相談したいことがあれば、何でもいってほしいと医師は応じ、母上の入院費の心配は要らないといいそえる。だが、それには答えずにしばらく黙ったままあたりに視線を走らせていた彼女は、衝立の白衣のかたわらにソフト帽がかけられているのを目にし、ふとそれに手をのばしてすっぽりとかぶってみせてから、本当のことは他人には絶対にいわない、先生だってそうでしょうと帽子姿のまま微笑みかける。これまでとは異なる透明な空気がいきなり映画に流れこんできたかのような、『牯嶺街少年殺人事件』でもとびきり素晴らしいシーンである。

実際、ここでの帽子姿の小明を目にして涙をこらえるのは何ともむつかしい。たえずその全身がキャメラにおさまっている彼女の白い運動靴がソフト帽との場違いさをきわだたせ、どこかしら痛ましくも感じられるからだ。にもかかわらず、そのソフト帽が自分の頭におさまることがこの世界でもっとも自然なことだと確信しているかのように、彼女は余裕にみちた微笑みをたやさずにいる。しばらく前に、中学の医務室で、白い壁に掛けられていた同じ医師の帽子をかぶって西部劇の真似事をしている張震《チャンチエン》を見かけて近づいてきて、あたしを騙すことだけはしないで頂戴なと懇願するように口にする彼女の頭に、彼がその帽子をそっと乗せてはにかむように微笑む美しいロングショットがあったことを忘れているものなど、まさか誰ひとりとしていまいと思う。しかも、若い男性が若い女性にソフト帽をそっとかぶせてやるという映画ではきわめて稀な仕草を演出できる監督など、世界広しといえども、無声時代の小津安二郎――『その夜の妻』（1930）――かデビュー当時のジャン＝リュック・ゴダール――『勝手にしやがれ』（1960）と『はなればなれに』（1964）――ぐらいしかいまいと誰もが信じているはずである。

にもかかわらず、ここでのエドワード・ヤン＝楊徳昌は、そうした映画史的な記憶を遥かに超えたところでこの場面を撮っていたとしか思えない。キャメラは、几帳面な構図＝逆構図の切り返しショットで、年齢の異なる男女を平等にとらえ続けているのだが、まるで画面から時間がふと消えてしまったかのような透明な単純さが、このシーンをそれ以前の複雑な物語から思いきり遠ざけているかにみえるからだ。確かに、この少女は年上の女から疫病神と呼ばれていたし、多くの若者を惹きつけるファム・ファタル的な要素も無意識のうちに身につけており、この医師が自分に充分すぎるほど好意的であるとも自覚している。だが、ここでの彼女は、そうした性格的な規定からも自由に振る舞っている。それと同時に、この画面は、監督の国籍や年齢、見ているものの世代意識、あるいは物語の背後に流れているはずの時代環境からもひたすら遠いところで、純粋状態の画面としておのれを誇示しているかにもみえる。不意に画面にみなぎるこの透明感はとめどもなく爽快であり、同時に、とめどもなく不気味でもある。それは、どういうことか。

『牯嶺街少年殺人事件』

いま見ている『牯嶺街少年殺人事件』についてなら、誰もが充分すぎるほどの知識と情報を持っており、ひとによっては、忘れがたい視覚的な記憶さえいくつも手にしているはずだと確信している。

実際、これが一九四七年に上海で生まれて両親とともに台湾に逃れてきたエドワード・ヤン監督の長編第五作にあたり、難儀しながらもこの超大作を完成させたとき、合衆国への留学経験もある彼が四三歳になっていたことを知らぬものなどひとりとしていまい。この作品の一八八分ヴァージョンが一九九一年の第四回東京国際映画祭で上映され、審査員特別賞に輝いたとき——それより上位にあたる東京グランプリに選ばれたのは、ジョン・セイルズ監督の『希望の街』（1991）。悪くはないが、エドワード・ヤンの作品の例外的な出来栄えにはとうてい及ぶべくもない——閉会式の会場にいたわたくしたちは、みずからの世代にふさわしい監督がついに身近に出現したことにいたく興奮し、ひたすらブラボー！　と絶叫し続けていたものだ。あの歓喜の瞬間が、昨日のことのように鮮明に思い出される。ただ、台湾国籍の作品を認めない中国代表部の抗議によって、この作品の出品国は日本と見なされてしまったのである。優れて台湾的というほかはないこの傑作が「日本映画」だなどというフィクションがまかり通っていたのだから、思えば、一九九一年のアジアの映画界は、いまだ野蛮きわまりない時代だったというほかはない。

最初の挿話が位置しているのは一九五九年のことだが、実際に物語が始まるのは一九六〇年に入ってからであり、そこに描かれようとしているのは、戒厳令下の台北に巣くう不良少年たちの苛烈な抗争である。とりわけ、「小公園」と「217」というふたつのグループが敵対し合っており、夜の校舎を舞台に派手な乱闘を繰りひろげたりしている。小明の恋人でもある「小公園」

のリーダーのハニーは、彼女をめぐっての諍いからどうやら人を殺め、いまは台南に身を隠しているらしい。その跡目を狙う滑頭《ホアトウ》という学生は張震と同じクラスだが、ふたりはきわめて仲が悪い。おまけに、やがて退校させられることになる滑頭は、「217」の頭目の山東《シャンドン》との手打ちを画策しているらしいのだが、それがかえって事態を混乱させるのはいうまでもない。張震とその親しい仲間たちは、山東のみならず、滑頭をも敵視することになるだろう。

この少年たちの両親のほとんどは中国本土の共産党支配から逃れて来た外省人であり、台湾在住の本省人たちとの仲はきわめて微妙なものである。冒頭近くに挿入されていた説明文には、「大人の不安を感じとり　少年らは徒党を組んだ　脆さを隠し自分を誇示するように」という白い文字が黒地に浮きあがっていたことを想起しておこう。前作『恐怖分子』（1986）が同時代の台北を舞台として、その中心街までがいきいきと描かれていたとするなら、この作品の台北は三〇年ほど前のエドワード・ヤン自身の中学時代の記憶にもとづくもので、台北の近代都市としての側面はほとんどといってよいほど視界から排されている。

そんな上海出身の外省人夫婦の次男坊で小四《シャオスー》と呼ばれている張震が、中学の夜間部にしか入れなかったことに落胆した父親は、かつての同僚や知人を総動員して昼間部への転学を画策しているが、どうもうまくはかどりそうもない。妻からもいわれているように、国家公務員である彼は中国大陸の地方出身者で、上海人のように融通が利かず、どちらかといえば生真面目なのだが、そうした性格が彼の身に危険な状況を招きよせぬともかぎらない。実際、彼は恩師との親密さによって中国大陸の共産党との関係を疑われ、のちに召喚されもするだろう。

ふたりの姉とひとりの妹がいる張震は、そんな一家の次男坊である。物語の始まり近くで、五人兄妹と両親とがしんみりと夕飯の食卓を囲んでいると、いきなり近くの屋台から音楽が聞こえてくる。ああ、自分たちは日本軍と八年にもわたって戦ってきたというのに、この台湾の地では日本家屋に暮らさざるをえず、しかも食事中に日本の音楽まで聞かねばならぬのかと母親は嘆息するしかない。そのような皮肉な状況の中で、すべては進行することになるだろう。

実際、張震が暮らしている家は、畳、障子、唐紙、縁側、押し入れ等々、戦前の日本人の多くが暮らしていたのとそっくりな木造の日本家屋であり、玄関では誰もが靴を脱ぎ、木の床の洋間ではスリッパを履いている。また、父親がしばしば対中国関係の報道に聞き入っている真空管つきのラジオの受信機はいつ壊れても不思議ではないほどの時代ものでしかなく、おまけに停電も日常茶飯事である。そのことから、蠟燭——これは、いかにも中華圏の台湾らしく真っ赤である——や懐中電灯が必需品となるだろう。夜中に表通りを何台もの戦車が騒音とともに走りぬけても、とりわけ物騒だと顔を顰《しか》めるものもいそうにない。いつ中国との戦争が始まっても、おかしくない時代だからである。

また、張震と親しくなるいわくありげな転校生の小馬《シャオマー》の自宅は、父親が司令官というだけあって、かつて日本の将軍が住んでいたという二階建ての豪勢な日本家屋であり、大きな犬もいれば、最新の電気冷蔵庫もそろっている。彼自身は拳銃から猟銃までを手慣れた手つきで扱い、その屋根裏には、日本刀や短刀などが隠されていたようだ。張震と連れだってその二階の見晴らしのよい部屋を訪れていた小明は、拳銃を操りながらそれを張震に向けて発砲してしまい、見るものの度肝を抜く。

そんな時代背景を持つ『牯嶺街少年殺人事件』の中で、問題の診療所の書斎の場面は、そこに

『牯嶺街少年殺人事件』

はりつめている静穏な透明感によって、すでに記しておいたように、台湾の歴史そのものからは孤立した時空を構成しているように見える。もっとも、中学にも出向している眼鏡をかけたこの若い医師は、小明の足の怪我を処置してから、たまたま医務室にいた張震に教室まで送って行く役目を負わせている。そのことがふたりの仲を親密にさせたのだから、この医師が物語において演じている役割はきわめて重要なものだといえる。喘息持ちの小明の母親はそれまでに何度もこの医師の厄介になっていたし、その医療費についても、父親である院長の了解を得て、割引きしてやったりもしている。さらには、小明のかつての恋人で不良グループ「小公園」のリーダーでもあったハニーの不慮の死に深い衝撃を受け、過度の情緒不安に陥った小明を診療所にあずかって休息させていた——診療所の庭先で、白い毛布で下半身を覆った彼女が、黙って肘掛け椅子にかけているショットの素晴らしさはどうか——のも、この医師だった。すでに述べたように、彼がこの女子中学生に好意以上の感情をいだいていることは、明らかである。その意味で、この画面には、これまでのできごとが集約されているといっても過言でない。

それでいながら、この画面は奇妙に孤立している。物語の内容という視点からではなく、いかにも落ちつきはらったその演出ぶりにおいて、戒厳令下の台湾の首都のこととはとても思えぬ静穏きわまりない何かが、年齢の異なるここでのふたりの対話を、それだけで成立しそうな男女の物語としてあたりから切り離しているように思えてならないからだ。実際、それはほとんど抽象的ともいえる時空をかたちづくっており、それでいて、同時にこのうえなく具体的なものとも映るこの状況を演出しているエドワード・ヤンは、いきなり自分の体験や年齢を超えてしまったかのように物語から一歩しりぞき、成熟とは異なる高度に洗練された姿勢でふたりの関係を処理している。そう、ここでの画面の連鎖はほぼ完璧だといってよい。では、洗練されつくしたこの静穏な完璧さによって、監督は何を示唆しているのか。

a brighter sunny / summer day

物語が始まったとき、張震のクラスメートたちは、もっぱら喧嘩に明け暮れていたわけではない。親しい級友である小柄な王茂《ワンマオ》がそうであるように、悪童どもは流行し始めたばかりのエルヴィス・プレスリーのレコードに熱狂している。

ある日、重そうな自分自身のポータブル電蓄をひっさげた王茂が、小鳥の鳴き声のような口笛の合図とともに張震の家に姿を見せる。まるで自宅のような屈託のなさで部屋から部屋へと歩きまわっている彼は、唐紙の向こうでストッキングをはこうとしていた張震の姉とばったり出くわし、俺は何も見ていない、見ていないとかん高い声で弁解気味にいい張りながら、大げさに謝ってみせる。それ以前に、軽装で濡れた髪の毛をタオルで乾かしていた彼女を玄関で見かけたときにも、朝から入浴とは、まるでハリウッド映画で見るアメリカ女性みたいだとお世辞をいっていたものだが、その弁解やお世辞には充分な理由がそなわっている。彼は得意なボーイソプラノでプレスリーの新曲《Are You Lonesome Tonight》を歌おうとして、彼女に頼んでレコードの歌詞を聴き取ってもらっているからなのだ。

ところで、一九二七年にルー・ハンドマンとロイ・タークによって作詞、作曲されたこのなだらかなメロディーは、陸軍を除隊した直後のプレスリーが一九六〇年に歌って改めて流行させた古い曲であり、いささかもロックンロール的なものではない。だが、その冒頭から四行目の歌詞は、オリジナルではDoes your memory stray to a brighter *sunny* day となっている。その部分を張震の姉がa brighter *summer* day と聞き間違えたという設定なのかと思っていたが、プレスリー自身も明らかにa brighter *summer* day と歌っているではないか。ふと気がかりになり、多くの歌手——この曲をカヴァーしている男女の歌手の数は、優に百人を超えるという——によるこの部分を聞き直してみたところ、最初のレコーディングであるチャールズ・ハートの《Are You Lonesome To-Night?》を初めとして、アル・ジョルスンからフランク・シナトラ、さらにはノラ・ジョーンズにいたるまで、誰もが例外なくこの部分をa brighter *summer* day と発音していることがわかる。正式にはa brighter *sunny* day と書かれていたはずの歌詞がどうしてa brighter *summer* day と歌われることになったのか、その来歴は、合衆国のポピュラー・ミュージックの事情に通じているわけではない筆者にはとうてい詳《つまび》らかにはしえない。

ところで、張震の姉の厚意によってプレスリーの《Are You Lonesome Tonight》を歌おうとしているこの小柄な友人の王茂は、ときおりバンドのメンバーにまぎれこんでそのボーイソプラノでさまざまな曲を歌って見る者を驚かせており、脇役ながらきわめて魅力的な登場人物である。ここでは、エドワード・ヤン監督のしたたかな人物造形の資質に、誰もが改めて舌を捲くしかない。もっとも、王茂が何とか問題の曲を級友の家族に聞かせようとしても、持参したポータブル電蓄がうまく機能せず、ハンダ鏝《ごて》を器用に操りながら真空管のラジオまで動員して聴取を試みても、どうやらそれもむなしい作業に終わりそうだ。

あるとき、張震は姉から貰った歌詞の書き下ろしを手渡して王茂を歓喜させる。だが、この級

『牯嶺街少年殺人事件』

友が勢いこんでその場でテープレコーダーで自分の声を録音し始めるのは、すでに物語が終わりかけたころのことだ。しかも、彼が自分の声で歌う《Are You Lonesome Tonight》の完璧な録音に成功するのはすべてが終わってからでしかないのだが、それについてはいまは触れずにおき、ここでは、エドワード・ヤンが、『牯嶺街少年殺人事件』の英語題名としてA Brighter Summer Dayを選択しているとのみ記しておくにとどめる。惜しくも遺作となってしまった『ヤンヤン夏の想い出』（2000）で、彼が愛妻のカイリー・ペンとともにピアノ演奏を披露してみせたように、この映画作家は豊かな音楽的な素養の持ち主でもあったのである。

懐中電灯と裸電球

赤茶けた煉瓦を背景として吊されていた裸電球が何者かの手で灯されるイメージとともにクレジットが始まるこの作品は、そのイメージが予告しているように夜間の場面がかなり多く、そのつど照明やその光源がきわめて重要な意味を持つことになる。夜間のみならず、暗い部屋の中では、何が光源となるのかが重視されることになるだろう。

たまたま高校が撮影所に隣接していたことから、張震は王茂をともなって授業をさぼり、そのステージの屋根裏にこもって撮影中の光景を見やっていたりしているのだが、あるときその悪戯ぶりがスタッフの目にとまり、ふたりは追われて暗いステージの中を逃げまどうことになる。追っ手のひとりに捕まって事務所で説教されていた張震は、胸に書かれていた学生番号からその素性を相手に握られてしまうのだが、王茂のとっさの機転からその場を逃げだすことになる。そのとき、彼は、自分の顔に乱暴に押しつけられた大きな懐中電灯を机のうえから奪うことを忘れてはいない。それは、自宅の押し入れにこもる張震が思索に耽《ふけ》ったり、ノートに何やら書きつけたりするときの光源となるので、以後、この照明器具は、張震の生活必需品となる。何しろ中学の夜間部が舞台だから学校でも活用されるし、小明を撮影所へと誘うときにも、それが有効に機能することになるだろう。

だが、それは幸福を約束する小道具だとはかぎらない。例えば、台風が襲いかかったある豪雨の日の夜、張震の仲間たちは、「217」の山東一派の撲滅に向かうのだが、懐中電灯がもっとも効果的、かつ残酷きわまりないかたちで機能するのは、停電であたりが真っ暗なこの襲撃場面だろう。それぞれが菅笠をかぶり合羽をはおっているので、暗闇の中では誰が誰だかもはや見わけがたい。そんな禍々《まがまが》しい一群の若者たちが、しのつく雨をものともせずに日本刀などで身を固め、張震の兄が金をかすめとられたビリヤードのある建物に向かう。菅笠もかぶらず、合羽も着ていない張震自身もまた、王茂から借りた小刀を手に、懐中電灯を手放そうとはせずに彼らのあとを追う。

すべての暴力は、気配を察した山東が何本も灯されていた蠟燭を一息に吹き消す瞬間に、暗闇の中で炸裂する。罵声とともに男たちは相手に襲いかかるのだが、ときおりわずかな光の中で人影がもつれあうだけの暗がりの中のできごとを把握しうるものなど、ひとりとしていない。やや遅れて修羅場に立ちあうことになる張震には、すべてが終わってしまってから懐中電灯をかざし、傷ついた遺骸を闇に浮かびあがらせて無言で立ちつくすことしかできない。

その懐中電灯の投げかける局部的な動く光と、手にしている小刀からかろうじて張震と識別しうる人影が、懐中電灯を頼りにビリヤードのある建物の二階に上がり、傷ついて床に倒れている「217」のリーダーの姿を認める。あたりは真っ暗だが、山東が傍らの出刃包丁に難儀しながら手を伸ばす姿を目にして、その傍らに立ち、お前がハニーを殺したのかと詰め寄る。とうとうこの少年が殺戮に手を貸すことになるのかと、誰もが息を詰めて見まもることになるのだが、そこに髪の長い山東の恋人が姿を見せ、懐中電灯の光に脅えながらも傷ついた男を抱き起こそうとする。まるで抱擁しあうように抱きあっているふたりの姿を見て、張震と思われる人影は無言でその場を離れ、奥の廊下へと遠ざかる。その遥かな黒い人影を、彼自身の持っている懐中電灯の光がかろうじて闇に浮きあがらせる。翌日、彼は、何ごともなかったように、王茂に小刀を返すだろう。懐中電灯は、以後、不穏な雰囲気をあたりに漂わせる小道具となる。

　実際、この懐中電灯が他人の手によって握られるとき、事態はたちどころに不穏な雰囲気を強める。まず、王茂が小馬の住む日本家屋の天井裏にあがり、そこで日本女性が自害に使うものだという懐剣をさぐりあてるとき、その小道具が張震の生涯を支配することになるだろうとは、まだ誰も知らない。また、それを小明が握るときにも、不穏さがさらにつのるだろう。

　あたりはとっぷりと暮れて夜の闇が深まり始めるころ、背後に木々が生い茂る大通りのへりに立ち、目の前を通り過ぎる何台もの戦車の黒々とした影に向かって懐中電灯の光を楽しげに投げかけている小明は、やや離れたところに立つ張震に視線をはせたりもせず、まわりの者たちに聞かれるという気遣いもないまま、いまさらいうまでもないことだろうが、わたしには多くの男が言いよってくるのよと声をかける。どうやら、中学のバスケットボールの選手と何かがあったといいたげなのだが、そんなことは知らないと張震は不服そうにいう。それに、あの若い医者がわたしに惹かれていることぐらい、そのそぶりを見ればわかるはずではないかと彼女はいいそえる。このように、ふたりの間の初めての「痴話喧嘩」めいたやりとりの小道具として、懐中電灯が使われているのである。

 やや離れた位置でその話に耳を傾けていた張震は、彼女から離れようとするかのように無言で自転車を押しながら歩を進める。この時、横の構図であった両面は縦の構図へと引きつがれることになるのだが、懐中電灯を消して彼に従う小明に向かって、そんな生活をしていると、みんなから軽蔑されるだけだぞと彼はいう。その男の言葉に、軽蔑したいのはむしろあなた自身でしょうと反撃して女は怒ったように歩を早める。だが、数歩進んだところで女は振り返り、男に歩み寄って肩に手をそえ、その胸にそっと顔を寄せる。いかにもファム・ファタルめいた彼女のこの本能的な身振りの背後には、戦車が列をなして遠ざかっていったあとの夜の大通りがむなしく拡がっているばかりである。

冒頭で触れた診療所の書斎のシーンは、こうした事柄がすべて語られた以後のことである。だが、そこには、物語の未来を告げる意義深い細部も含まれている。それは、小明が医師に向かって、庭先で見かけた白衣の若い娘について、あの女の人がどうも気に入らない、あなたが心を許しているようにはとても見えないと口にしたことと関係している。このシーンの直後に、中学の医務室で、看護師として医師につきそっていたその白衣の若い娘と張震とが大喧嘩をやらかすことになるからだ。医師を前にした彼の態度に難癖をつける彼女を、口汚く罵倒してしまったからである。彼は、補導員によって職員室に連れて行かれる。その結果、彼は中学を退学させられることになるのだが、見落してならないのは、呼びだしをくらった父親と教頭との口論を黙ってたえていた張震が、不意に傍らのバットを手にして、それまで画面には描かれていなかった職員室の裸電球をたたき割ってしまうことだ。無言でバットを振り下ろす少年の姿は描かれてはおらず、衝撃音とともにソケットをたらした長いコードだけがいつまでも揺れ動いているショットに続いて、呆気にとられた教員たちの無言のショットが示されるのみである。

その破壊された裸電球が、クレジットに先だって誰もが目にした裸電球そのものだとはいうまい。だが、それとは異なるものかもしれない裸電球が、張震自身の手でまぎれもなく破壊されているのだから、小明が気に入らないと公言していた医師の婚約者が、張震をそうした粗暴な振舞いへと向かわせたことだけは確かである。ことによると、少女は、医師の婚約者だという白衣の若い娘が自分と少年との仲を引き裂くだろうことを、本能的に感知していたのかもしれない。

懐剣 扉 テープ

『牯嶺街少年殺人事件』のエドワード・ヤン監督は、同じキャメラ・アングルでとらえた空間を何度も異なる瞬間に描き出すことで、地理的な位置関係にとどまらず、人物関係の推移をもごく自然に納得させるためのきわめて入念な演出に徹している。空間にとどまらず、いま見た裸電球がそうであったように、同じ小道具が異なる瞬間にキャメラにとらえられることで、物語の進むべき方向が的確に示唆されることになるだろう。物語がひたすら複雑で、登場人物もまた多数にわたるので作品の理解にはしかるべき熱量が必要とされるなどといわれたりもするこの作品は、反復される空間の表情や、同じ一つの小道具が演じている画面ごとの意味の推移をそのつど的確に把握するなら、物語は複雑というよりはむしろ単純であり、多すぎると思われた人物関係もごくわずかな人脈へと収斂してゆくことがわかる。そして、張震がさりげなく懐剣を手にすることで、物語の終わりが示唆されることになるのだが、そこへといたる空間と小道具の意義深い連鎖をたどってみたい。

すっかり暮れなずんだ郊外の樹木に囲まれた大通りを、父と子が並んで自転車を押しながら歩いてくる。どうやらふたりは、呼び出された職員室で退学を宣告されての帰り道のようだ。父親は、俺がかっとなりすぎたかもしれぬがと詫びるが、息子は構わない、父さんのいったことは正しいし、ぼくは昼間部を受験するから安心してほしいと答える。その台詞から、張震が裸電球を壊した直後のことであることがわかる。これまで、この父子が並んでこの道をたどって行くさまは何度も目にしたことがあるが、いずれも、張震が中学で補導され、父親が引き取りにいった帰りのことだった。そのかたわらには、煙草も売っていれば飲茶のようなものを提供したり、張一家が米を初めとする食料品や日用品をつけで買い求めている商店があり、父親がその店主と言い争いをしたこともあるが、酔っ払って溝に落ちた彼を張震が助け出したりしたこともあったりする。この大通りを父子が並んで自転車を押している光景を目にすると、自宅も遠くはないぞという安心感のようなものが見る者の心に萌《きざ》しているはずである。その同じ大通りをここで目にすると、夜の色が濃くなり始めていることで、どうやらこれが最後だろうと誰もが見当をつける。

夜のテニスコートでの若い男女のやりとりも二度ほど描かれているが、そこで演じられているのは、一度目は、裕福な家庭に生まれて女性との関係を遊びぐらいにしかとらえていない小馬のはからいで、小明とは異なる少女たちと映画を見に行ったかえりに、名前も告げられていない未知の女と張震が戯れに接吻したりするという裏切りじみた振る舞いである。どうやら、小馬は、滑頭の彼女だったはずの赤と青のストライプのセーターを着て人目を惹く小翠《シャオツイ》を手なずけてしまったようで、君もあの娘とうまくやればよいのにとけしかけるのだが、張震はその誘いに従おうとはせず、おのれの振る舞いを悔いているようだ。彼女と懇意にならないのは愚かなことだと小馬はいうが、そんな男どもの無責任な会話をよそに、ひとりで接吻の余波をかみしめているかのような身振りをしている少女のロングショットが素晴らしい。二度目に夜のテニスコートでは、小翠とデートしている張震が、抱擁までしながら、彼女の口から彼の知らない小明の行状をあれこれ聞かされ、ふたりの愛への不信感をいだくことになるのだから、これはあからさまに裏切りの空間だというほかはない。

かと思うと、どうやらその母親がドレスメーカーらしいことが傍らの部屋の装具から想像される小茂のせまくるしい勉強部屋——というより録音室——も、同じアングルから複数回描かれている。すでに触れたように、一度目は張震が小刀を返すついでに、姉によって書き写された《Are You Lonesome Tonight》の歌詞を書いた紙を手渡すときなのだが、そこでの彼は、小茂がそれをどこに隠しているかを目ざとく見とどけている。二度目は、すでに退学になった張震が、何ともへたくそだなとなかば軽蔑しながら、王茂によって録音された《Are You Lonesome Tonight》のテープを聴いたり止めたりしながら、学校での小明の様子をそれとなく尋ねるときである。彼女のことは俺たちが世話を焼いているから安心して、せいぜい入試の勉強に精をだすがよかろうと、王茂は説教じみた言葉を口にしている。だが、三度目は、夜学にいっている部屋の主の留守中に訪れて、本を借りると偽って、張震が懐剣を隠し場所から探しあて、ポケットに

『牯嶺街少年殺人事件』

しまうシーンである。そのさまを目にすれば、誰もが事態は深刻だと思うだろう。

そのとき、張震は、小明の母親が小馬の家に住み込みでつかえることになり、小翠との仲を解消した小馬が、いまでは小明と親しくしているとの情報を滑頭から手にしている。彼はそう口にする相手を殴り倒してから、小馬の家にかけつけ、その家の玄関先で、お前たちふたりが一緒にいるところを見かけたら、俺はお前を殺すことになるから覚悟しておけと宣言している。それがいわば「兄弟」の仕打ちかと相手も口汚く罵るのだが、どうやら事態の進展ぶりを察した王茂が間に入り、どうか俺の顔を立てて手打ちをしてくれと懇願する。だが、もはや中学の制服は着ておらず、ラフな白いランニングシャツ姿の張震は決意を固めてしまったらしい。その決意を示唆する細部として、彼が懐中電灯を放棄したさまが、撮影所のステージの机のうえに残されたクローズアップで的確に示されるだろう。どうやら小馬も小馬で相手と闘う覚悟を決めたようで、中学に護身用の日本刀を持参していたらしいことが、のちの会話から知られる。

いま見たように、同じ空間と同じ小道具がくり返し描かれることで、物語は不幸な結末に向けて、一挙に加速することになる。生活の必需品でもあった懐中電灯を放置することで張震は帰路を絶ったのだが、そのとき彼が手にする懐剣は、小茂が懐中電灯で照らしていた天井裏で発見したものなのだから、小道具の意義深い連鎖が、心ならずもこの「少年」を「殺人事件」の主役たらしめてしまうことになるだろう。すべては、身のまわりの小道具によって決定されているのだが、それは裸電球を衆人環視のもとでたたき割った少年の宿命かも知れない。それを象徴するかのように、校舎のシルエットとともに夜空に浮きあがる不穏な月のショットが挿入されることになるだろう。

かくして、張震は、持ち馴れぬ懐剣をズボンのベルトに忍ばせ、それを不器用にとり落としたりしながら、中学の建物の陰に身をひそめて、夜学がえりの小馬を待ち伏せすることになる。だが、彼を見かけて近寄ってきたのは、肩から鞄を提げた下校時の小明だった。彼は無言で彼女を避け、下駄か木製のサンダルのような足音を響かせながら、その場から遠ざかろうとするが、彼女は追いすがり、なぜ学校にいるのかと問い、彼が隠し持つ懐剣を目ざとく探りあて、その柄から刃の部分を引き抜きながら、小馬を待っていたんでしょうといいあてる。黙っている張震に向かって、それはだめよといいきる彼女の背後には、おそらく牯嶺街かと思われる地域の夜店が賑わっているのが遥かに見え、何人もの生徒たちがあたりを行きかっている。ふたりはあたりの喧噪に乱されることなく、ふたりだけの言葉を交わしあう。そのさまは、もはや少年と少女ではなく、男と女が素肌をさらしながら向きあっているかのような緊張感が漂う。

そのとき、張震は、自分が小馬を待ち受けていたことを忘れかけ、もっぱら目の前の少女に専念しているかに見える。おそらく、それが小明の魅力のなせることなのだろう。君のやってきたことは何でも知っているが、そんなことはどうでもよろしい。君はハニーのことが忘れられないのだろうが、それでも構わない。このぼくがハニーなのだ。そして君を救うと彼はいう。その言葉を聞いていた小明は、男は、みんなわたしの心の見返りを求め、それで安心しようとしているようだが、あなただけは違うと思っていた。でも、あなたもほかの人たちとまったく同じではないか。わたしを変えようと思ったって、わたしは変わらないという。その瞬間、張震は小明にのしかかるように身を寄せ、鈍い衝撃音が画面を揺るがせる。小馬と戦うはずだった懐剣で、小明をさしてしまったのだ。ただ、刃物は見えてはおらず、彼女もまた痛みで表情を曇らせたりはしない。その衝撃を受け止めるように女は男の肩に手を回し、胸に顔をあずけ、まるで抱擁するかのような朗らかな表情を保ったまま、ゆっくりと崩れ落ちる。ロングに引いたキャメラは、その突発事故にも乱されることのないあたりの夜景をとらえ続けている。

『牯嶺街少年殺人事件』の少年による殺人事件は、小馬と張震が戦いあうこともないまま、それで終わりを迎える。この悲劇をめぐる家族の反応については触れずにおく。ただ、冒頭で分析した医師の書斎の場面で、小明を誘いこむように開かれていた扉については触れておかずにはいられない。あの扉は、いつまでも開いたままなのだろうか。いや、それは作品の論理として閉じられねばならない。問題の書斎も、じつは二度描かれているのである。少年による少女の殺人事件が起きたとき、被害者の知人だという理由で、若い医師のもとに新聞記者たちが大勢おしよせてきてあれこれ質問をしているのだが、医師自身が被害者と恋愛関係にあったのではないかと問う者がいる。君たちはそれでも人間かと憤りながら、医師は彼らを力ずくで押しだし、勢いよくばたんと扉を閉める。開かれていた扉は、閉ざされねばならぬというかのようにしてなされるこの身振りの几帳面さはどうだろう。扉を閉めてから、医師は、傍らの椅子にやや前屈みに腰を下ろす。その姿勢は、彼自身を前にした小明とまったく同じものである。だが、そこには、あの純粋状態の画面にはりつめていた静穏な透明さはもはや漂ってはいない。

では、A Brighter Summer Day と歌われている《Are You Lonesome Tonight》の録音はどうなってしまったのか。事件の後日譚として、王茂が張震の収監されている勾留所と思われる場所に訪ねてくる。職員らしい人物とあれこれやりとりしながら、手紙ではなくなる可能性があるからといって、張震宛てのカセットテープを置いて去って行く。そのテープはあっさりゴミ箱に捨てられてしまうのだが、庭先の大きな熱帯植物の葉陰に王茂の人影が遠ざかって行くとき、そのテープの内容が聞こえてくる。録音したテープをプレスリーに送ったら、返事が来たというのがその内容なのだが、それにかぶさるように、彼自身のボーイソプラノによる《Are You Lonesome Tonight》がかろうじて聞こえてくる。そこで、この作品の英語題名さながらに、Does your memory stray to a brighter summer day と歌われているのはいうまでもない。

太い木の幹の下を遠ざかっていった王茂を演じている王啓讃《ワン・チーザン》は、それから五年後に『カップルズ』(1996)でふたたびエドワード・ヤン監督の作品に登場することになるのだが、声変わりをしていて、ここでのようにボーイソプラノを響かせることはしなくなっている。それにも共演していた張震が、東アジア映画を代表する大スターとして君臨していることは、いまさらいうまでもあるまい。だが、張震を真の意味での張震たらしめたのは、『牯嶺街少年殺人事件』の監督エドワード・ヤン=楊徳昌以外の誰でもない。

ガラスの陶酔——ヴィム・ヴェンダース論

無機質的恍惚

ガラスはいつも透明であるとは限らない。雨滴に濡れるフロントグラスをワイパーがいらだたしげに払いのけるとき、そこににじむように流れ落ちるイルミネーションの絵模様は車の走行に従って刻々と構図を変えながら、外と内との関係をたちまち曖昧なものにしてしまう。かと思うと、晴れた日の都会の通りや田園地帯の一本道を自動車があてもなくさまようとき、ハンドルを握る者と助手席に位置する同行者の顔は、フロントグラスに映る空や木立や家並みのたえまない流れと、いつしか一つのものになっている。あるいは車外に、あるいは車内に置かれたヴェンダースのキャメラがこうした不透明なガラスをじっと捉え続けるとき、われわれが見ることになるのは何なのだろう。あたりに推移する風景なのか、それとも車内の人物たちの表情なのだろうか。あるいは本来が透明でありながらも光線の変化に応じて鏡のようにものを反映してみせるという、ガラスの属性そのものであろうか。

いずれにせよ、ガラスの持つ透明性と反射性とが演じてみせるこうした不断の戯れは、バックミラーの存在によってさらに増幅される。だが、その戯れは、見るものを眩暈《めまい》へと導く複雑な乱反射性からはほど遠い、静まりかえったような陶酔感をかたちづくる。『アラバマ　2000光年』（1969）を撮った二十三歳のヴェンダースが身を浸し、かつわれわれを誘っていたのは、そうした慎しい、だが、ある種の深い緊張感を秘めた陶酔感にほかならない。自動車の後部座席に据えられたキャメラが、左へ右へとゆるやかに迂回する田舎の一本道をフロントグラス越しにじっと映し続けたときいらい、人は、この陶酔感に身をまかせることこそがヴェンダースを見ることなのだと納得している。

その陶酔感を、いま、われわれは、ガラスの恍惚と名づけうるように思う。ガラスの恍惚。それは、決して熱を帯びることのない、無機質的な陶酔といったらいいだろうか。疾走のはてに達する甘美な忘我境とも異なり、醒めきった部分をどこかにとどめながらも、鉱物的な固体性に帰着することだけは拒否しているような流動性を帯びた恍惚感。おそらく、多少ともこの恍惚感をいだくことなしに、『パリ、テキサス』（1984）のクライマックスの覗き小屋での夫婦の対話や、ホテルの窓辺での母子の抱擁の感動をそっくりうけとめることは不可能だろう。そこに体現されているのは、まぎれもなく、ガラスがいつも透明であるとは限らないというヴェンダース的な世界にほかならぬからである。

だが、ヴェンダースにあってのガラスは、いつでもものを反映するとも限らない。覗き小屋でのマジックミラーは、光線の加減によって鏡であることをやめ、慎しい透明性を獲得する。そうして夫婦の対話が成立した瞬間に、子供の待っているホテルの大きな窓ガラスが出現し、窓一面に高層ビルの立ち並ぶヒューストンの夜景を浮かびあがらせる。そのとき、窓ガラスが本当に存在しているのかと思わずいぶからずにはいられぬほどの生なましさで、無機質的な陶酔感とともに、戸外の風景が見るものの瞳に迫ってくる。これがガラスの恍惚でなくて何だろう。

ヴィム・ヴェンダースは、『アメリカの友人』（1977）いらい、パリやニューヨークや東京といった大都会の、壁面そのものがガラス張りでできているかのような高層建築を好んでキャメラにおさめている。たとえば『ことの次第』（1982）のあれはロスであったろうか、とにかく都市の高層ビルを背景にして、パトリック・ボーショー演じるところのヨーロッパ出身の映画作家が、姿を消してしまったアメリカ人プロデューサーの行方を求めてその情報を握っているらしい人物に会う場面がある。何やら秘密を握っているらしい人物を演じているのはアメリカの映画作家ロジャー・コーマン自身なのだが、このごく短くさりげない場面の背景にそびえ立っている高層ビルは、窓という窓が鉛色に輝く鏡でできているようにみえる。ヴェンダースがしばしば好んでその作品に挿入するこの種の超現代的な建築物は、しかし、時代の先端的な技術を駆使して可能になった高度なテクノロジー社会へのオマージュでもなければ、地理的かつ風俗的なコノテーションを担ったイメージへの執着を示すものでもない。窓という窓が空を反射して鉛色の鏡のように見えるその硬質的な壁面が、夜となり、いったん室内に光が点ると、遥か離れた外部からでも内部に起っている光景をうかがうことの可能な透明なガラスへとたちまち変貌してしまう。だからこそ、彼はこの種の硬質な高層建築を登場させずにはいられないのではないか。

事実、『パリ、テキサス』のトラヴィスは、窓辺での母子の抱擁を地上から確かめた上で、ヒューストンの町を離れてゆく。そのとき起っていることが、覗き小屋での夫と妻の再会とまったく同じ情況であることは注目されてよい。覗き小屋でのマジックミラーは、女の部屋の照明を極端に落すことで鏡であることをやめ、それまで女の目には映らなかった男の顔を鏡を透かして浮きあがらせるのだが、それと同じ関係が高層建築の窓ガラスにも起っているのである。

ガラスは、いつも透明であるとは限らない。また、いつでもものを反射するとは限らない。透明性と反映性というガラス本来の二重の性格を、光線の変化といういうきわめて映画的な手段によって物語に導入し、その無機質的な恍惚感をフィルムに定着して見るものを静かな陶酔へと誘うこと、それがヴェンダースの基本的な身振りであり、その身振りのもっともみごとな形象化が、『パリ、テキサス』のクライマックスなのだ。

鏡の主題を越えて

ヴェンダースにあって、窓と鏡とはほとんど液体的とも呼びうるしなやかさで融合しあう。いままで鏡としか思えなかったものが、あたりの照明の微妙な推移につれて、おそらくはまた天候の変化にも従いつつ、たやすく透明な窓ガラスへと姿を変えてしまう。その事実は、ヴェンダースの映画的な感性を深く揺り動かすものが、鏡でも窓でもなく、あくまでガラスそのものの本性であることを示しているといえるかと思う。この事実は、かなり重要である。というのも、映画史は、鏡と窓とをそれぞれ異質の主題体系に分類し、その流動的な交換ぶりを、これまで映画的資産として登録して来てはいないからである。

鏡、というのであれば、人は誰しもすぐさまオースン・ウェルズを想起するだろう。『上海から来た女』（1947）のクライマックスを構成しているあの無限反射による眩惑的な映画的効果を忘れうる者はまずいないに違いない。風景のバロック的なゆがみと細分化を誇張するあれに似た効果をねらった映画作家は、オースン・ウェルズより才能は劣りはしても無数に存在する。また、コクトーと鏡、ジョゼフ・ロージーと鏡、アンドレイ・タルコフスキーと鏡といった主題は、すぐさま映画の本質に迫る作家論の執筆を触発せずにはおかぬものでもあるだろう。ウィリアム・ワイラーについてさえ、人は、そのフィルム的宇宙と鏡との関係を論じることができる。あれはフォードの『三悪人』（1926）であったろうか、それとも『アイアンホース』（1924）であったろうか、女が男から手渡されたハモニカに顔を映して髪の乱れを整える。かと思えば、『間諜X27』（1931）のジョゼフ・フォン・スタンバーグは、銃殺直前の女スパイのディートリッヒに、将校のさし出すサーベルで唇にルージュを塗らしている。だが、ヴェンダースは、鏡が担いうるもろもろの象徴的な意味作用とも、映画独特の鏡の審美的な効果ともあくまで遠い地点に位置している。

たしかに、ヴェンダースの映画にも鏡が登場しないわけではない。ドイツ国内を大型トラックで旅しながら、廃館直前の映画館のプロジェクターを修理したり学校の講堂での上映を手伝ったりもしている青年を主人公に持つ『さすらい』（1976）は、その冒頭から、運転席の脇のバックミラーで髭をそる青年の姿を描き出している。初期のヴェンダースの感性的共犯者ともいうべきリュディガー・フォグラーの演じるこの放浪の上映技師は、手なれた日常的な仕草でシャボンをあわだて、入念に髭をあたろうとする。何度かくり返されるこの戸外での起床の情景は、鏡と人間との親密な関係の刻明な描写となってさえいる。

にもかかわらず、ヴェンダースにあっては、鏡そのものが問題となることはごく稀である。

『パリ、テキサス』

『さすらい』でもそうであるように、彼は、人物たちが鏡の中をのぞき込む姿の反映を、ほとんど画面に示そうとはしないからである。そのありさまは、ガラスが鏡という反射機能のみに徹してしまうことを、ひそかに怖れているかのように見えさえする。ヴェンダースとのインタヴューでも触れられているが、散髪や調髭は彼の作品の特権的な瞬間を構成している。『緋文字』（1973）ではハンス・クリスチャン・ブレッヒが、『ハメット』（1982）ではフレデリック・フォレストが、ともに床屋で髭をあたらせている。だがそれらはほとんどワンショットで示され、二人が自分の姿を鏡の中に確かめる画面は存在しない。

『都会のアリス』（1974）にも床屋の場面がある。アメリカでの長旅で伸びてしまった髪の毛を、アムステルダムの床屋で整えさせるリュディガー・フォグラーは、自分の理解しえないオランダ語の単語の意味を、かたわらの少女アリスに問いただしてみる。だが、ここでもキャメラは真横に置かれたままで、鏡はほとんど不在というに近い。ヴェンダース自身が洩らしていたように、『パリ、テキサス』にも床屋の場面が存在しながら、それは最終的な編集ではカットされてしまっている。そのことの理由を考えてみるのはきわめて刺激的だともいえぬではない。というのも、ことによると、ここで、鏡の中に自分の姿を認めるトラヴィスを例外的にフィルムに定着してしまい、それ故に、みずから実に面白い場面だったと微笑みながら回想してもいるこのエピソードが、編集の段階で排除されてしまったのではないかとも想像しうるからである。もちろん、その想像が見当違いであることも大いに考えられる。だが、いずれにせよ、どんな理由があろうと、かなりの頻度で登場する床屋の画面に鏡が決定して欠けていることは間違いない。

自分は強度の近視で、床屋の椅子で眼鏡をとると、目の前の鏡はおろか何も見えなくなってしまうが故に、鏡を画面に登場させないのだというヴェンダース自身の説明は、もちろん、彼の伝記的な事実の考証としてならはなはだ興味深いものではある。だが、こうした理由の説明は、われわれを納得させえないばかりか、ヴェンダース自身の作品をも裏切っているように思う。床屋での散髪があろうとなかろうと、彼の映画で鏡が問題となるのはきわめて稀だからである。この理由は、これまでに見たガラスの恍惚と関係があるに違いない。床屋での挿話が頻繁に描かれながらも鏡が登場しない理由は、ものを律儀に反射することしか知らぬ鏡をフィルムにおさめた場合、透明性と反映性というガラスの流動的な戯れがそこで停止し、無機質的な陶酔が遠ざかってしまうからにほかならない。

『パリ、テキサス』のトラヴィスとジェーンとは、覗き小屋のマジックミラーが、どれほど豊かな反射性と透明性の戯れを演じうるガラスであるかを心得ていた、きわめてヴェンダース的な人物たちだということができる。そして、本物のマジックミラーを装置として使い、照明の増減によって見えないはずの客室にトラヴィスの顔をわずかに浮きあがらせたとき、撮影監督ロビー・ミュラーのこの技術的達成から観客に先んじてガラスの恍惚を味わったのも、ほかならぬヴェンダース自身であろう。

窓辺にて

ヴェンダースは旅の映画を撮るという。みずからのプロダクションをロードムーヴィーズと名づけたように、たしかに彼の作品のほとんどで、主人公たちは彷徨し続ける。『パリ、テキサス』が例外的に目的を持った直線状の旅であることも、作者がインタヴューで強調している通りだ。だが、『パリ、テキサス』が文字通りガラスの恍惚を無機質的な陶酔感とともに味わうことを求めた旅であったように、彼らはいずれも、ガラスの近くに身を寄せる人間たちであることは改めて注目されてよい。

ガラスに惹きよせられ、ガラスの壁に保護されたいと願う存在たち。彼らがしばしば自動車の運転席や列車の窓ぎわの席に腰をおろすのは、たんにそれが交通機関として動くものだからというにとどまらず、何よりもまず、そこに大きなガラスが存在しているからにほかならない。ガラスの壁に保護されるといっても、そこでの内と外との関係がきわめて曖昧であることは、すでに冒頭で触れたとおりである。

事実、『さすらい』の映写技師の青年は、運転席でハンドルを握りながら、ほとんど外部に身をさらしている。途方もなく大きなフロントグラスが、その印象をさらに強める。キャメラが車外に据えられたときも、そこに反映しては流れ落ちる戸外の風景が男の顔と一つになり、ますますその印象は鮮明なものとなってゆくだろう。それにつれて、彼は本当に内部で保護されているのだろうかと思わずいぶからずにはいられない。男の顔が、フロントグラスの上を縦に流れる空や木立の反映とともに運転席から滑り落ちてゆかないのが不思議なほどだ。

そうしたことはもちろん、『都会のアリス』についてもいいうるだろう。ごく唐突に未知の母親から一人の少女をあずけられ、はじめはそんな気などまるでなかったフォトジャーナリストの青年が、彼女とともに、一枚の写真を頼りに、祖母の家をさがし求めてドイツの町を通りから通りへとさまよい続けるとき、あの運転席の青年と少女の顔も、たえず、それに似た反映の流れにさらされて、いまにもその輪郭を失いそうにさえなる。無機質的でありながらも流動性を帯びたそこでのイメージの戯れからあの静かな陶酔を感じとりえぬものに、ヴェンダースを見る資格はないとさえ断言すべきだろう。

トリュフォーをときにいらだたせもした、このフロントグラスの透明性と反映性との戯れから、ヴェンダースは、しかし、最大限の抒情を引き出してみせる。熱を帯びることも、湿ることもないガラスの抒情である。それが可能なのは、トリュフォーがあくまで窓の人であるのに対して、ヴェンダースがガラスの人であることからくる特質にほかならない。『パリ、テキサス』での母子の抱擁が窓ぎわで行なわれるのは、子供が、ホテルの部屋の中で、もっぱらそこが自分の居場所だと確信しているように、始めから終りまで窓のガラスに接するようにしていたからにほかならない。その姿勢が、いかにトリュフォー的な窓と違っているかは、一見して明らかだろう。ハンター少年は、そこで母親を待ちつつ『さすらい』の運転席のブルーノ青年のように、外部に身をさらしていたのかもしれない。

もちろんわれわれは、ハンター少年にとどまらず、ヴェンダースの多くの人物たちが、ホテルの部屋に入るなり、いきなり閉ざされていたカーテンを開いて窓ぎわに立たざるをえない理由をよく知っている。『都会のアリス』のフィリップ青年は、ノース・カロライナ州からニューヨークへの帰途、立ち寄ったモーテルの殺風景な部屋のカーテンをほとんど義務のように開けてみる。戸外には、田舎町の何の変哲もない夜景が拡がっている。彼はそのモーテルのテレヴィでジョン・フォードの『若き日のリンカーン』（1939）を見ながら眠りに落ちるのだが、『アメリカの友人』のハンブルグの額縁職人ヨナタンがパリのホテルに着いたときに示すのも、それとまるで同じ仕草である。あれはおそらくセーヌ河近くに新築されたばかりの日航ホテルでロケされたのだろうが、近代的な装飾や調度品をそなえたその部屋にはカーテンはなく、障子が窓を蔽《おお》っている。しかしブルーノ・ガンツが演じるヨナタンは、何のためらいもなくその障子を滑らせて窓ぎわに立つ。すると、セーヌの対岸の近代的に変容をとげ始めたパリの高層ビルや、建築工事のクレーンがぐっと間近に迫ってくる。これこそガラスの恍惚でなくて何だろう。

『都会のアリス』の青年が、出会ったばかりのいわくありげな母娘とニューヨークでの最後の夜を過すホテルでも、彼は娘を窓辺に誘い、高層ビルの夜景とその照明の変化を、手品のように演出してみせる。こうした一連の身振りは、閉所を嫌って開かれた世界を希求するといった心的状態の表現というより、ガラスの誘惑への敏感な反応と呼ぶべきではなかろうかと思う。それは、外部に身をさらしながらも透明なガラスの壁に保護されるというきわめてヴェンダース的な欲望なのだ。その事実は、処女長篇ともいうべき『都市の夏』（1971）いらい一貫して認められる。

刑期を終えて出獄する一人の青年が、出口で待ちうけていた友人の車を捨てて、あるカフェに入り、その奥まった部屋でジュークボックスに耳を傾ける。その部屋には、一見したところ窓がない。ところが、まるでねらいすましていたかのように青年が壁の一部に触れると、そこに不意に窓ガラスが出現する。そして、折りたたまれたブラインドの向うに、雪の中で遊ぶ子供たちの黒い人影が浮かびあがる。その唐突な戸外の侵入を、その段階では、人は窓の主題に分類しうるかもしれない。だが、青年がその足で戸外に向かい、夜の通りの電話ボックスに入って受話器をとりあげるのを見るとき、その前後左右ガラス張りの立方体が、透明性と反映性の戯れにとって

『都会のアリス』

は特権的な舞台装置にほかならぬことをわれわれはたちどころに理解する。

電話による間接的な対話が、ヴェンダースにあっての親密なコミュニケーションの手段であることは、誰もが知っているだろう。『パリ、テキサス』の覗き小屋のシーンがそうしたコミュニケーションの典型的な例となろうが、写真、テープレコーダー、ウォーキートーキーといった機器が演ずる重要な役割のかたわらに電話を据え、機械的な声の伝達性のみを強調するのは正しいやり方とはいえまい。問題は、電話が特権的な伝達手段としてあることのみの指摘ではなく、ヴェンダースにあって、受話器をとりあげ、ダイヤルに指をそえたりする者たちのかたわらに、きまってガラスがあることを見落さずにおくことなのだ。『パリ、テキサス』の覗き小屋のマジックミラーはいうまでもなかろうが、父親役のハリー・ディーン・スタントンとともに母親さがしの旅に出た日の夜、遠くに大きな恐竜の像が浮かびあがる小さな町の電話ボックスから、ハンターが少年がいまやそれが叔父、叔母にほかならぬと理解しえたディーン・ストックウェルとオーロール・クレマンに大人びた口調で電話をする場面のあの透明な電話ボックスの中の小柄な少年の姿が忘れられることがあってはならないだろう。

このエピソードは、笑いとともにしめくくられるごく短いものだが、状況としては『都市の夏』いらいのあらゆるヴェンダース的な存在を一方で反復しながら、しかも、覗き小屋で演じるだろう父親の身振りの一部をも雄弁に予告しているという点で、きわめて感動的だといわねばならない。ヴェンダースによる旅の一側面とは、カーテンを開けることにせよ、受話器をとりあげることにせよ、ガラスに惹きよせられ、その間近に身を置いたとたん動きをとめることと深くかかわりあったものだからである。彼の映画で描かれる人物たちは、たえず動きまわっているわけではない。ガラスを認めると、まるで吸いよせられるように近づき、そこで運動を停止してしまうのだ。

透明な壁を通して

物語の流れをたどり、画面の構図を決定する上で、ヴェンダース自身がこうしたガラスの恍惚にどれほど意識的であったかどうかはよくわからない。だが、透明性と反映性との無機質的な陶酔にまったく無感覚であるとは思えない決定的な例として、われわれは、『都会のアリス』におけるアリスと青年との出会いの瞬間を挙げることができる。それは、この作品のもっとも美しい瞬間の一つである。もっとも美しいといっても、構図が審美的であるとか、物語が入念に語られているとかいったことではない。ただ、写真によるアメリカのルポルタージュを断念したばかりのジャーナリストと、母親から曖昧なかたちで捨てられようとしている少女とが、まったく偶然のことながら、同じガラスに惹きつけられてしまうというだけの話なのだ。それは、航空会社の切符販売の窓口がある事務所の入口の回転ドアーである。もちろんその扉は、一面のガラスでできている。青年が中に入ろうとするとき、少女がそれをまわして遊んでいる。したがって二人は、ガラスの透明な板をへだてて隣り合わせに位置することになる。しかも、その四枚の扉の表面には、戸外の光景がたえまなく反映しては消えてゆく。これこそ、外部と内部との関係を曖昧にする特権的なガラスだというべきだろう。

だがそれにしても、これほどヴェンダースにふさわしい出会いがまたとあるだろうか。見るものは、ここでの二人の遭遇が決定的なものであることをたちどころに理解する。回転扉のガラスの無限の運動性、それが、組み合わされた鏡の無限の乱反射性に似ていながらも、いっぽうで透明性を保ちつつ、乾いた陶酔を深く沈潜させた装置であることはいうまでもない。

ありとあらゆるガラスの恍惚が、この一点に固定された扉の運動から導き出される。車での走行での外部と内部との融合についてはすでに述べた通りだが、飛行機、モノレールといった交通機関の窓がそうした恍惚を準備していることもいうまでもあるまい。だが、何よりも見るものを深くつき動かすのは、写真を頼りに発見した家にもはや祖母が住んでいないことが明らかになったとき、二人がしばし休息するカフェの構造である。

それは、ときおりモノレールが通り抜けてゆく表通りに面した、窓の大きなカフェである。席をとるのは、もちろん、窓ぎわの席だ。だがそれは、窓というより、正面の壁一面が厚いガラスでできた店であり、歩道よりも数段高いところに位置している。そこでの二人は、太陽の淡い光を全身にうけとめ、運ばれてきた飲みものを口もとに運ぶ。キャメラは、その光景を、外部と内部とからフィルムにおさめている。外から中をうかがうとき、窓ぎわに位置する二人は、とうぜんのことながら戸外の光景の反映と一つになるようにみえる。だが、ヴェンダースは、カフェの奥のジュークボックスの脇に一人の少年を配し、その姿をじっとキャメラに捉えつづけることで、窓ぎわに位置する二人の、ほとんど外部に身をさらしているかのようなありさまをきわだたせる。そのとき、大きなガラスの壁に身をすりよせるようにしている青年と少女のよるべなさが、痛いように見るものに伝ってくる。そのよるべなさは、『パリ、テキサス』で、母親と子供とが同じようなガラスの壁面を前にして抱きあうのを見るとき、われわれが抱く感情が、大きな

『パリ、テキサス』

安堵感というより、ある痛ましさに近いものであることとどこかでつながりあっているような気がする。間近に迫るガラスは、人を陶酔へと導きながら、熱や湿りけを排してどこかしら乾いているのだろうか。いずれにせよ、そこに漂っているのは、二つの存在が完璧な融合を達成する深い共感の風土とはいささか異質のものなのだ。孤独といった言葉は安易に使いたくないが、そこには、孤立することでかろうじて得られる連帯が、ある諦念とともにかもし出される。あるいはそれが、ヴェンダース的な旅の同行者たりうる条件なのかもしれない。

おそらく、『さすらい』の二人の男を結びつけることになるのも、その種の負の連帯だろう。彼らが、いっぽうは列車の窓辺に坐り、いまいっぽうは大型トラックの運転席でハンドルを握り、ともに同方向に並行してしばらく走りつづけるとき、見るものは、ある陶酔とともにガラスの恍惚を体験する。列車の窓ガラス、トラックのフロントグラス、たがいにその透明な壁によって保護されながら、距離を介してもっとも近くに位置し合っている。ガラスの恍惚とは、会うことが別れることの同義語でもあるような遭遇の儀式なのかもしれない。ガラスは、別れうるもののみに許された遭遇を組織する。『パリ、テキサス』のクライマックスでわれわれが立ち会うのも、まさしくそのような儀式であったはずだ。『東京画』（１９８５）のパチンコ屋の光景をガラスの恍惚として描いてみせたヴェンダースにとって、目の前に迫ってくるガラスの板は、それが列車の窓であろうが、自動車のフロントグラスであろうが、あるいは飛行機の丸窓であろうが、孤立をきわだたせる透明な壁にほかならない。それは、最後の瞬間に先立つ別れの儀式に必要不可欠な舞台装置なのだろう。

『ことの次第』の最後に登場するあの窓の大きな高級キャンピングカー。後部座席の大きな窓ガラスを背に語り合うヨーロッパ人の映画監督フリードリッヒとアメリカ人の製作者ゴードン。ラオール・ウォルシュの映画の題名 They Drive by Night（1940）にふさわしくその車が闇を貫いてハイウェイを走りぬけ、やがて戸外が白々と明け染めるまで二人が語りあうとき、彼らは何と痛ましく暗さや明かりにおのれの存在をさらしていたことだろう。あれこそまさに長く引きのばされた別れの儀式というべきものにほかなるまい。そのときヴェンダースは、物語の筋や人物設定の本当らしさをキャメラが徐々に放棄し、ガラスによりそう者たちが受けとめているはずの戸外の侵入をそっくりそのままフィルムに定着しようと、そのことのみに専念していたかのようだ。

それはおそらく、ニコラス・レイを講演会場へと運ぶ『ニックス・ムービー』（1980）の高級車の走行に似た別れの儀式であったのかもしれない。だがそれにしても、たえずガラスによって保護されているそうした交通機関のかずかずを、人は、本当に交通機関と呼ぶことができるのだろうか。透明であるとも限らず、ものを反映するものとも限らないガラスは、外部と内部との関係をたえず曖昧にしていたように、遭遇と別離との関係をもことごとく曖昧にしてしまう。ヴェンダースにおける旅とは、この曖昧さがどこまでも引きのばされてゆく過程にほかならない。

空っぽの風景

『ゴールキーパーの不安』（1972）の主人公と『さすらい』の主人公は、ともに、映画館の切符売り場の女とつかの間の愛をかわす。それは、監督のヴェンダースがことのほか映画を好み、何かといえば自分の作品に映画的光景を導入したがっていることを必ずしも意味しはしない。映画館の切符売り場とは、構造的に、ガラスを介して人と人とが向かいあう空間なのである。そのとき、そこには、遭遇と別れとが同時に起っているのだ。その関係は、『まわり道』（1975）で、並行して走る二本の列車の窓辺で見つめ合う男女にそっくり移しかえられているものとみていいだろう。なるほどここでは、二つの列車の窓ガラスはなかばあけられている。だが、媚びを含んだ微笑を浮かべながら窓辺に立つハンナ・シグラが腕をそえている窓ガラスには、こちら側の列車や窓の影が複雑に反映しては流れて行き、方向こそ異りはするが、自動車のフロントグラスに似たような効果がそこに再現されている。列車がほぼ同じ速度で走り、次第に離れてゆくというこの画面では、まさしく別れと出会いとが同義語として演出されている。『ウィルヘルム・マイスターの修業時代』の自由な現代化であるこの映画では、窓辺で自分の町を見つめるウィルヘルムが旅立ちを決意し、二、三冊の書物を鞄につめて家を出るのだが、その中に混っているギュスターヴ・フローベールの『感情教育』におけるフレデリック・モローとアルヌー夫人との出会いの、まさに遭遇が別離と同時に起っているようなありさまを、ヴェンダースが、十九世紀の典型的な乗物である馬車ではなく、列車で再現してみせようとしているかのようだ。

　だが、ここでわれわれを何より驚かせるのは、ミニヨンの登場ぶりである。遍歴を始めるウィルヘルムは、まず、列車の進行方向に背を向けたかたちで座席に腰をおろす。外部の光景は、したがって窓辺に位置する彼の顔から引き離されるように流れてゆく。ハンナ・シグラを乗せた列車が視界から消えてしまったとき、彼は、いささかうつ向き加減に目をふせる。窓ガラス越しに捉えられた線路を示す画面がその映像にゆるやかにオーヴァーラップする。しばし、人は列車の走行音のみを聞きながら流れてゆくレールのみを見続けている。そこに、一人の少女の顔がゆっくりとオーヴァーラップされてくる。それが、少女のあどけなさをとどめた子役時代のナスターシャ・キンスキーである。彼女の瞳は正面の何かをじっと見つめている。その視線の深さにまずわれわれは驚かされる。それと同時に、この二つのオーヴァーラップによって、キャメラは一貫して車内にありながら、少女の顔がまさにガラスの向うから浮き上って来たかのような印象を与えることにも強い驚きを感じる。それはまるで、透明でもありものを反映しもするガラスの表面で、外部と内部とが一つに融合してしまったかのようなのだ。それこそ、これまで何度も触れたガラスの恍惚であり、静まりかえった陶酔の魅力というものだろう。

いまや、ヴェンダースの映画的世界に、いかに多くのガラスが意義深い出現ぶりを示しているかは明らかだと思う。にもかかわらず、その事実に敏感たりえないというのであれば、『ハメット』におけるその圧倒的な現存ぶりを想起してもらうほかはあるまい。そこには、床さえがガラス張りになっている奇妙な図書館が登場していさえするからである。謎を追って古い新聞記事を読みにそこを訪れたハメットは、階上から自分をつけねらう男の存在に気づく。そこでわれわれが見ることになるのは、身分のほども明らかでない男の靴の底をガラスの床を通して捉えた画面なのだ。これは発想としてはあからさまにヒッチコック的だが、これまでの記述からして、この透明な床と天井とがヴェンダース的な世界そのものの表情にほかならないことを見落すものは、もはやいまいと思う。それでもまだ納得がゆかぬというのであれば、『ことの次第』における監督フリードリッヒの夢を挙げておく。夢にさえ、窓はガラスそのものとして登場し、しかもこなごなにくだけてしまうのだ。

だが、われわれは、ヴェンダースにおける特権的なガラスについていまだ語らずにいる。それは、いうまでもなく、キャメラであり、写真機であり、双眼鏡であり、望遠鏡でもあるレンズである。『都会のアリス』いらい、どれほど多くの人物たちが、こうした光学機械の小さなレンズに瞳をこすりつけていたかは改めて指摘するまでもあるまい。ここではただ一つ、ロスアンジェルスの丘の上に位置する家の前庭に腰をおろし、遥かに望まれる空港の滑走路に発着するジャンボ機の機影を追っていた『パリ、テキサス』のトラヴィスの姿を思い出してみるにとどめておこう。

ハリー・ディーン・スタントンと、その義妹にあたるフランス生まれのオーロール・クレマンとが、ややぎごちなさをとどめながらもたがいの存在を全面的にうけ入れながら言葉を交わすシーンは途方もなく美しい。その美しさを、ヴェンダースは、発想と人物配置とキャメラアングルとを小津安二郎から借りたことで説明しているが、そうした小津的な世界を一挙にヴェンダース的なものにしているのが、トラヴィスの手に握られた双眼鏡であることはぜひ指摘しておきたい。彼は、遠くのものを間近に見ようとして両眼をその二つのレンズにあてがっているのではない。事実、滑走路は、そうすることでいささかも拡大されたりはしないのだ。問題はあくまでガラスである。レンズのように小さなものでもかまわない。あらゆるヴェンダース的な人物は、ガラスのもっとも近くにまで存在をすり寄せずにはいられないのである。

それこそ『ことの次第』の映画作家フリードリッヒが、最後の瞬間に示した本能的な身振りではなかったろうか。窓の大きなキャンピングカーでプロデューサーのゴードンと一夜を明かした彼らは、陽の昇りきっていない戸外に降りたって別れの抱擁をかわす。その瞬間、一発の銃声がゴードンの背中を貫通する。フリードリッヒは、手にしていたスーパー8のキャメラを、銃器を扱うような手さばきで反射的に胸もとにかまえる。だがそれにしても、この瞬間に立ち会うものの異様な胸の高まりは何によるものなのだろう。キャメラとピストルとの構造的な類似であろうか。不可視の銃口に向けて身がまえる青年監督のひたむきな復讐への意識だろうか。それとも、キャメラのレンズのような小さなものでも、ガラスが護身用の武器たりうると信じる者の無邪気な確信だろうか。

だが、ほとんど当惑と呼ぶにふさわしい感動の質を吟味しうる以前に、画面は大きく揺れ、その8ミリキャメラにおさめられた早朝の戸外の光景に置きかえられる。レンズという小さな非人称的なガラスを通してフィルムに定着された風景は、何度か揺らいだ後に、地面を大きく捉えた斜めの映像を粒子の荒れた画面としてスクリーンに再現する。ただ、それだけであり、あとは何もない。そのあくまで空っぽなイメージは、まるでガラスそのもののようだ。

深く心を乱されたまま、われわれはその空っぽな光景を、かろうじて『さすらい』の一画面に結びつける。大型トラックの屋根にうがたれたガラスを通して捉えられた夜空のショットである。そこで、キャメラはいささかも揺らいではいない。だが、その長方形のガラス板からのぞく夜の空には、淡くたなびく雲のほかは何も映っていない。思いもかけずその空っぽの光景に出会ったときのガラスの恍惚。そして不意に高まる陶酔。そのガラスの長方形がスクリーンに似ているなどとはいうまい。また、その何もないことが、小津の墓に刻みこまれた「無」の意味するものだなどとも主張せずにおく。見るものは、ただ、内と外との関係が曖昧に崩れさった世界で、鈍い興奮に浸ることしかできない。

「撮る」ことの成熟、あるいはその理不尽な禁止について

――『アネット』をめぐって

みごとでありながらも、何やら不信感をもたらしかねぬ導入部について

黒地に白い文字で浮きあがるクレジットが始まると、レオスその人のものでしかありえないくぐもった声が、鑑賞にあたっての理不尽な禁止事項をあれこれ英語で述べたて始め、最後に、この作品の上映が終わるまで、いっさい呼吸などしてはならぬ（Breathing will not be tolerated during the show）と厳命したりするので、それならこちらのお手のものだから合点だ！　とその挑発にあえて乗ってみせるふりなどしてうなずいたりしていると、共同製作者（co-producers）の名前が数人挙げられている画面——そこにはいつもの通り Kenzo Horikoshi という名前も読める——から、あたりの背後に何やら管楽器のような音が〈Au Clair de la Lune（月の光に）〉を低く曖昧に奏でているので、そうか、これはまぎれもなくフランスに起源を持つ子供向けの題材を大人の視点から語ってみせる映画なのだろうとほぼ見当をつけはしたものの、あるいはその真逆で、大人向けの題材を子供の視点から語ろうとしているのかも知れないと思ったりもする。だが、ここではほとんどの台詞が英語で歌われ、その後、フランス語の曲が歌われることはいっさいない。

いったんクレジットがとぎれると、大きな交差点の際に立つ何やら白い円柱の見えるこれといった趣味もほどこされてはいない殺風景で大きな建築物が電子的に赤く点滅したりするさまが画面に浮きあがり、メトロと呼ばれるLAならではの長くて何の味わいもないバスが通りすぎると、その建物を真正面から捉えた画像を見ているめっきりと白髪のきわだつレオス・カラックス——すでに還暦を過ぎているから、当然といえば当然なのだが——自身がミキシング・ルームにおさまりかえっている。透明なガラス越しにそれぞれの楽器を手にしながら音色をあわせあっているミュージシャンたちを視界におさめていると、彼は、やおら背後に控えている若い女性を呼びよせ、「さあ始めるぞ（On va commencer!）」とフランス語で低く声をかける。

そのつぶやきは、この作品で耳にすることのできる唯一のフランス語の、かつ歌われることのない数少ない台詞の一つかもしれない、と見当をつける。ナスティアNastyaと呼ばれるその若い女性は、この作品が捧げられていることが最後の最後で明かされる女優カテリーナ・ゴルベワKaterina Golubevaの残したレオスの一人娘にほかなるまい。前世紀の最後に撮られた『ポーラX』（1999）に出演し、十年前の前作『ホーリー・モーターズ』（2012）にも姿を見せていたロシア系のこの女優は、その後、無惨にも自死によって二人から遠ざかってしまっていたのだから、ある意味では、何とも痛ましさがきわだつ始まり方だといわねばなるまい。

やがて、正面に向き直ったレオスが、こんどは英語で《So, May We Start?》とつぶやくように口にすると、それを受けるかたちでOriginal Storyの提供者でもありかつまたMusic composed by Sparksとクレジットされることにもなるラッセル・メイルが正面を向いて1、2、3、4と拍子を取ってから《So, May We Start?》と晴れやかに歌い始め、伴奏のロン・メイルもそれに和してポップな雰囲気をあたりに行きわたらせているが、ある小節にさしかかったところで二人は大きなイヤホーンを耳からはずし、ラッセルは歩きながらマフラーを首に巻きつけ、ロンもまた脱いでいた背広をまとい、思いきり声を張り上げながらキャメラに向って近づいてくる。

二人が録音室を抜けだして狭い廊下をすり抜けると、薄グリーンの衣裳をまとったバック・コーラスの四人の女性歌手たちもそれに続き、玄関の奥の階段を二階から降りてきたアダム・ドライバーとマリオン・コティヤールとなだらかに合流して表に出ると、ともに歌いながら薄ぐらい車道を晴れがましげな身振りで横切り、照明の鮮やかさがました歩道をこちらに向けて進んでくる。ドライバーは漆黒の長髪を揺るがせており、コティヤールはといえば、おそらく自毛であるだろう暗い色の髪を肩まで垂らしてコーラスに和しているのだが、颯爽たるドライバーにくらべてみると、彼女の存在感はいささかの稀薄さにおさまっているといわざるをえない。

そのとき、Adam DriverとMarion Cotillardという文字が赤字でクレジットとして浮きあがりもするのだが、おそらくはハンディカムのキャメラが揺れの少ない後退移動でとらえ続けている画面にはサイモン・ヘルバーグが歩調をあわせて加わり、三人の俳優が腕を組んで歩行し続けていると、そこにSimon Helbergという赤い文字が几帳面にクレジットとして挿入され、なめらかな後退移動を持続しているキャメラはなおも楽天的なリズムで画面を支えながら、あえて意気込みをおさえつつこちら向きに進んでくる陽気そうな複数の人影を、途切れることなくとらえ続けている。

たったいまキャメラの前で結成されたばかりのこの男女のグループは、几帳面に整列したりすることなく表通りに背を向けて脇道へと入りこみ、黒衣の合唱団めいた少年たちをも数人巻き込むかたちでひとまず動きを止め、前にいる大人たちが跪《ひざまず》くような姿勢をとってなおも歌い続けていると、やや遅れたかたちで、大通りの向かいの歩道が遥かに望める構図のはしっこの右隅に、ソフト帽などかぶった監督のレオスとその娘のちっぽけな人影が姿を見せる。

それを目にするわたくしたちは、なるほど、ここでのレオス・カラックスは、監督でありながらもキャメラのこちら側に控えてはおらず、撮影監督のキャロリーヌ・シャンプティエに全幅の信頼を寄せているかのように構図におさまっているのだが、また、みずからが思いついた物語を語るのでもなく、十六歳のころから心酔していたというスパークスの二人組によって提案された筋書きの「原案」を発展させた物語のささやかな一員として、さして目だたぬ被写体となっていることにどうやら満足しきっているかに見える。もちろん、前作『ホーリー・モーターズ』での監督カラックスもまた画面に映ってはいたが、それは「眠る人」という役名を持つ特定の作中人物としてだったのだから、ここでの彼とは画面に映った存在の様態がまったく違っている。

おそらく、これまでの流れるような運動からひとまず停止を受け入れるこうした画面のすべての要素を統御しているのは撮影監督のキャロリーヌ・シャンプティエしかいまいと見当をつけるのだが、「サンタ・モニカの減税店」と大きく書かれているが故にどうやらサンタ・モニカとは無縁の土地ではなかろうと想像させてしまいかねない白い大きな建物の前で、アダム・ドライバーは与えられた緑色のブルーゾンをまとってバイクに跨《また》がり、どこへともなく遠ざかって行く。ベージュのマントを受けとった長髪のマリオン・コティヤールもまた、それを羽織って大きな黒い車に乗り、逆方向へと姿を消す。以後、二人は、衣裳のグリーンとベージュという色彩にとり憑かれることになるだろうが、この段階で、それが確かな主題論的な統一におさまっているかどうかは誰にもわからない。

そこまでのワンシーン・ワンショットによる流動的ながらも厳密なキャメラワークは、その抑えた躍動感さえ見せてもらえば掌編映画としてこれでもう充分だと呟《つぶや》きたくなるほど、充実した「始まり」の瞬間を楽天的にフィルムにまぶしこめているのだが、その素晴らしさに見あった漠たる不信感のようなものを見るものに感じさせてしまうのも、また確かだといわざるをえまい。それぞれ、自分の仕事場である二つの異なる劇場へと向かっているのだろう二人の男女を見送る仲間たちの群れには、なおもカラックス親子の姿がぼんやりと混じっていたりするのだから、ここでの監督は、「さあ、始めよう」という彼自身の言葉がメロディーとして口にされている楽天的なコーラスに同調するかのように、視界から遠ざかって行くヒロインを乗せた車を無邪気に見送っている。ほとんど無防備といってよいほどの主張のなさに身を委ねているここでの監督とその娘とのやや鮮明さを欠いたたたずまいが、なにやら居心地の悪さを画面に導き入れている。

そのとき、オートバイと自動車を見送っている者たちの《Bon Voyage》だの《Bye, Bye》だのといったごく散文的な別れの挨拶が響く画面が暗転し、三日月に少女の顔を重ねあわせたイラストが《Annette》という題名を表示することになるのだが、それにしても、これほど楽天的な男女の歌声と歩調とをワンシーンで捉えるショットに、監督とその一人娘までが素直に同調してしまってよいものだろうか。わたくしたちは、「始める」ことのこの陰翳を欠いた明るさ——夜であるにもかかわらず——に、ふと疑念を抱かざるをえない。どんなものとなるのかいまだ見当すらつきかねている『アネット』(2021)の物語を、これほど艶やかで流れるようなワンシーン・ワンショットの画面で始めてよいものだろうか。

『ホーリー・モーターズ』からほぼ十年後に撮られたレオス・カラックスの長篇第六作の『アネット』は、二〇二一年のカンヌ国際映画祭のオープニング作品としてコンペティション部門に選出されて監督賞まで受賞してしまったのだが、この作品をめぐるその種のエピソードの指摘は、この際どうでもよろしい。わたくしにとって「どうでもよろしくない」ことはといえば、ここでの女優マリオン・コティヤールの画面における存在感の奇妙な稀薄さにほかならない。彼女が画面におさまるときの輪郭の曖昧さに、カラックスが満足していたとはとても思えないからである。初期の作品におけるジュリエット・ビノシュをはじめ、『ポーラX』におけるカテリーナ・ゴルベワにおいても、この種の演出と演技の行き違った感覚をいだくことはまずなかったのだから、これは決定的な事態だというほかはあるまい。

髪の悲劇――あるいは女優とそのヘアスタイルの自然さと不自然さをめぐって

この作品の撮影が始まるより遥か以前に、レオス・カラックスの新作がルーニー・マーラの主演で実現されるというニュースが伝わってきたものだが、ふとそれを聞いたとき、わたくしは、思わず、やったぞ！　と歓声をあげたものだ。デヴィッド・フィンチャー監督の『ドラゴン・タトゥーの女』（2011）の途方もないメイクやヘアスタイルもさることながら、デヴィッド・ロウリー監督の注目すべき『セインツ　約束の果て』（2013）や素晴らしい緊張感にみちた『A GHOST STORY／ア・ゴースト・ストーリー』（2017）、さらにはトッド・ヘインズ監督の傑作というほかはない『キャロル』（２０１５）などにおけるごとく、ごく普通の女としてただ黙ってキャメラにおさまっているだけで画面を引きしめる力を秘めたこの女優の巧まざる存在感に注目したに違いないレオス・カラックスの確かな眼力に、期待以上の思いを抱いていたからだ。

ところが、事態は思ってもみない方向に進んでしまう。他の作品の出演で拘束されたルーニー・マーラがカラックスの新作に出演できなくなったと聞いたときは思いきり失望したものだが、ミシェル・ウィリアムズがそれに代わったと知ったときも、これはよくない方向に事態が進行していはしまいかと、深い危惧の念に囚われたものだ。ところが彼女もまた出演不能となり、とうとうマリオン・コティヤールで撮影が始まったと聞いたときには、あらかじめいやな予感に囚われたものだ。あの凡庸きわまりないオリヴィエ・ダアン監督の『エディット・ピアフ～愛の讃歌～』（２００７）の、誰が見ても空回りしているとしか思えない文字通りの大げさきわまりない熱演ぶりでオスカーの主演女優賞を獲得していようと、レオスにとってはあくまで三番目の選択肢でしかなかったこの女優は、ロバート・ゼメキス監督の『マリアンヌ』（２０１６）でブラッド・ピットと共演したときはかろうじて女優としての存在感が垣間見れたが、ひたすら評判のよかったダルデンヌ兄弟の『サンドラの週末』（２０１４）では空転していたし、ジェームズ・グレイの失敗作『エヴァの告白』（２０１３）でも、キャメラの前で、撮られているという事態を超えた無言の存在感を画面のすみずみにまで行きわたらせたためしなど、一度としてなかったからである。

その予感は、不幸にして、『アネット』という題名に続く最初のショットによって証明されてしまう。ワンシーン・ワンショットによる導入部の最後でまとったベージュのコートで身をつつんでいるかにみえるマリオン・コティヤールは、足を組み、音をたてて林檎をかじりながら車の後部座席に身を落ちつけ、〈True Love Always Finds a Way〉を口ずさんでいるのだが、瓶から飲みものなどを口に含みながら彼女が歌うときに強調されるのは、第二小節の《But True Love Often Goes Astray》――「方向を見失いがちだ」と訳しておく――という怖れの意識でしかない。しかも、導入部ではその肩まで垂れていた暗い色の長髪は、ここでは、ごく短い赤毛へと変貌をとげている。この短髪への変化は、いったい何を意味しているのか。

なるほど、この女優は、林檎の赤さに導かれて「赤」の女へと変身しているのかと納得することも不可能ではないが、物語の状況として、彼女は前の画面の最後で遠ざかっていった車に乗っているはずだから、そこで見せていたあの長い褐色の髪からこのごく短い赤毛への変化は、かなり大胆なショットの不一致に監督が居直っていることを示している。ただ、問題は、長髪から短髪への変化だけではない。頭部の輪郭を隠そうともしないその髪は、うなじにかけての生えぎわの不揃いさによって、とうてい魅力的な短髪と呼べるものではないからだ。この女優は、これまでもそうだったが、ひたいとうなじの美しさというものを決定的に欠いているのである。

もちろん、ここで、『ドラゴン・タトゥーの女』のルーニー・マーラのような完璧すぎる奇態なヘアスタイルが求められているのではないと理解することはできる。ただ、このマリオン・コティヤールの場合、デヴィッド・フィンチャーによる『エイリアン3』（1992）のシガニー・ウィーバーのようなスキンヘッドではないにしても、ゴダールの『勝手にしやがれ』（1960）におけるジーン・セバーグ――もとはといえば、オットー・プレミンジャー監督の『悲しみよこんにちは』（1958）のセシル・カットからきている――程度には短いのである。だが、見ているものは、『アネット』の主演女優がはたしてこの程度の粗雑なヘアスタイルでよいのかと思わずつぶやかざるをえない。乗っている車の窓が開けられていながら、その短い髪の生えぎわが微妙に風になびくというならともかく、ほとんど微動だにしていないのだから、これは、女優の撮り方として、あまりに芸がなさすぎはしまいか。

もっとも、これはフィクションなのだから、前の画面の長髪から赤い短髪への変化などたやすく許されてもよかろうとは、まず誰もが思う。ところが、それと交互に示されているバイクに跨がるヘルメット姿のアダム・ドライバーは、ワンシーン・ワンショットの画面から姿を消したときとまったく同じ服装をしているのだから、そこで髪を肩まで垂らしていたコティヤールのここでの短い赤毛への変身は、やはり不自然といえば不自然だというほかはない。

ふたりはやがてそれぞれの劇場へと到着するのだが、緑色のフードつきのバスローブをまとった男の方はどうやら人気のスタンダップ・コメディアンのようで、ひたすら煙草を吸いながらバナナなどくわえ、やる気満々の気配をあたりに漂わせながら出番を待っている。他方、オペラ歌手の女の方はといえば、飾りの照明に縁取られたいかにも楽屋めいた鏡に映ったさまとして、あたかも呼吸を整えようとするかのように床に寝そべって舞台に立つことの不安を隠しきれずにいる。鏡の中には林檎と飲み物の瓶とが映っているので、それ以前の車の中の彼女とのショットとの几帳面な連鎖が計られているとはいえるが、鏡の手前には長い赤毛のウイッグが置かれているのだから、彼女は長い赤毛という人工的なヘアスタイルで舞台に立つだろうと誰もが理解する。

事実、事態はそのように推移するのだが、他方、男はといえば、緑のバスローブをまとい、マイクを派手に振りまわしながら、満席の観客の拍手を受けとめ、オペラ歌手との愛の成就を観客

『アネット』

たちに大げさに披露している。そのとき、長くて赤髪のウイッグをつけたオペラ歌手はといえば、コメディアンの説明の言葉につれてほとんど無言というに近いかたちで舞台装置をすり抜けてゆくさまが挿入されているにすぎず、最後の舞台挨拶も、劇場の最上階からのイメージでしかなく、鬘《かつら》であることが間違いない長い赤い髪がかろうじて見えているばかりだ。ともかくも、予告通り、赤い長髪は舞台上の扮装でしかなかったのだと誰もが納得することはするのだが、何やらしっくりこないものが残る。

男がバイクで迎えに行くと、短い赤髪に戻った彼女が劇場前でファンたちに囲まれ、サインなどせがまれている。上演のありさまを訊かれた男は、ああ、客たちを笑い殺してやったと自信ありげに吹聴する。わたくしは観客を救ってやったわという女の言葉に、ああ、舞台でみごとに死んでみせることによってだろうと応じる男の言葉は、彼が女のパフォーマンスをすでに何度も見ていることを窺《うかが》わせる。だが、この愛しあう黒い長髪の男と短い赤毛の女とが、いったいどこで、またどのような姿態でラヴ・シーンを演じることになるのかが、気にならなくもない。

すると、そこでのレオス・カラックスは、ごく短いシーンながら、さすがに念のこもった簡潔な演出でみごとに乗り切ってみせる。二人してバイクにまたがり、〈We Love Each Other So Much〉をデュエットで歌いながら夜道を疾走するシーンを導入部として——行く手を照らすオートバイのランプが遥かに迂回して消えて行くまでをキャメラでじっと追っているのはさすがというほかはない——、自宅に戻った二人が抱擁するさまを、床に脱ぎすてられた下着を舐めるようにパンするキャメラがとらえ、やがて、素肌となったマリオン・コティヤールがベッドのはしから床に向けて頭をのけぞらせ、照明の薄さが肌の微妙な艶をきわだたせている乳房に手をそえ、あえぐように《We Love Each Other So Much》と歌うシーンには、さすがに目を見張るものがある。

その歌声につれていくぶんか上昇するキャメラが彼女の開かれた太腿の奥の裂け目に唇をよせているアダム・ドライバーを捉えると、彼もまた、そのあられもない姿勢を恥じる風情もみせることなく堂々と〈We Love Each Other So Much〉という歌詞に和してみせる。そしてその抱擁は、全裸で横たわる二人の交合シーンで終わるのだが、それに続く男による女への振る舞いについては、ひとまず触れずにおく。ここで指摘しておくべきは、部屋の薄明かりによって、女の赤い短髪をほとんどそれと意識させない演出が最後まで維持されており、長髪の男と短髪の女とが素肌のままからだをからみあわせるという愛の交合としての不自然さを巧みに回避しているという演出上の細心さにつきている。

では、長くて赤いウイッグをつけて長髪となったオペラ歌手としての彼女が、舞台で華麗に歌うシーンが本格的に描かれることはないのか。ないはずもなかろうと誰もが思う。だが、それはピアノ伴奏者としてのサイモン・ヘルバーグの〈I'm an Accompanist〉というソロによって導入されることになり、本当のところは伴奏者ではなくオーケストラを指揮したいのだというひそかな思いを饒舌に歌いあげているので、大きな劇場が舞台となっていながら、いったんマリオン・コティヤールの存在を意識から遠ざけてしまいがちである。

はたして、それが物語の論理にかなっているかどうかはともかく、その後に、彼女自身による本格的なアリアの〈Aria（The Forest）［森］〉がようやくにして始まることになるのだが、舞台の正面から捉えられたその姿は、天井から垂れているベージュ色の何枚かの細い布の合間に小さくたよりなさげに揺れているにすぎない。ところが舞台の奥にいきなり登場する長方形に仕切られたスクリーンには、鬱蒼と生い茂る緑の森が垣間見られる。スリップをまとっただけのほとんど半裸の彼女は、その枠内の森へと躊躇なく足を踏みいれる。

そこには、蜘蛛の巣が網を張り、鹿の姿が見えたりするこんもりとした木々が立ち並んでおり――あと一つ、奇態な動物なり昆虫なりの登場があれば完璧だったろう――、そこでのコティヤールは、初めて本格的にソロでアリアを歌ってみせ、ひとまず見るものを魅了させはする。ただ、ここでも、赤毛のウイッグがその額を長方形に浮きあがらせるので、このプリマドンナに長髪の鬘は似合っていないという印象は拭いきれない。やがて、長方形の枠を通して遥かにオーケストラの指揮者や客席が見える枠の中に姿を消す彼女は、舞台上でみずからの死を演じてみせ、喝采を博する。長方形の枠をくぐり抜けるだけで自然の森と劇場の舞台装置とを無媒介的に通底させて見せるカラックスの空間設計はみごとというほかはない。ただ、それを舞台裏から無言で見ているアダム・ドライバーのクローズアップが、やがて訪れるこのオペラ歌手の世界的な大成功とスタンダップ・コメディアンの凋落《ちょうらく》とをあらかじめきわだたせ、何ごとかが起こりそうな予感をあたりに漂わせる。

では、女の短い赤髪はどうなってしまったのか。すでに触れたように、彼女は、まず赤い短髪のまま男に身をまかせ、おそらくはそのことで懐妊するという設定である。だから、彼女は同じ短い赤毛のまま出産することになるのだが、どう見ても人形であることが明らかなその赤子が成長するにつれて、その髪がみごとに生えそろって行くことを見おとしてはなるまい。そして、あるとき彼女はプールで泳ぎ、室内に戻って黄色のタオルをまとってその濡れた髪を乾かしながら、右側がやや長く頬まで垂れる濃い色の赤毛を得意げに振り乱し、部屋から部屋へと移動しながら鏡の前を通ったりして〈Girl from the Middle of Nowhere〉を口ずさむとき、レオス・カラックスは、初めて彼女はほぼ完璧な被写体として構図におさまる権利を手にしたというかのように、ほとんどクローズアップに近い距離から、その姿態や、とりわけその自然そうにたわむ髪におおわれた素顔をキャメラに収めているのである。

それはまた、娘のアネットが初めて歩いた瞬間でもあり、そのさまに歓喜した母親は娘をプールぎわまで連れ出し、胸に抱いて思いきり振りまわすようにして、《Lalalala》と歌い終える。すなわち、この瞬間、マリオン・コティヤールはその髪のごく自然な長さを回復し、赤毛のウイッグをまとってオペラの舞台で歌うときよりもより遥かに艶やかな髪の持ち主としてフィルムにおさまることになる。だが、不幸なことに、そのときスタンダップ・コメディアンとしての人気をすでに失っている夫の心は、すっかり妻から離れてしまっている。ごく自然で華やかな長さの髪を見出したとき、彼女は死によって歌う手段さえ失おうとしているのである。

そうか、これは短い赤毛の女が、なだらかなリズムでその髪の成長をおのれのものとする流れが追い求められているのだと、人は漸《ようや》くにして理解する。実際、物語の展開につれてその髪はごく自然なカールにおさまり、思いきり早い娘の成長に歓喜する姿を間近からキャメラに収めることにレオス・カラックスは大きな悦びを覚えているかに見えるのだから、導入部のごく短い赤毛は、なだらかな髪のたゆたいによって凌駕されるための口実でしかなかったのかと思わずにはいられない。だが、見ているものにとって、それはほとんど命を失うこととほぼ同じ振る舞いではなかろうか。

そう思わずにはいられないのは、風雨に弄ばされるクルーズ船の甲板で〈Let's Waltz in the Storm!〉を歌う瞬間の女の髪がかなりの長さに達していることで証明されている。実際、女は波間に姿を消し、男はそれを助けることすらできず、娘とともにボートで脱出して岩場にたどりつく。妻の死は、意図的であるか否かはともかく、夫の無意識によるものであることは否定しがたい。海辺でうちひしがれた夫の前に姿を見せる女の亡霊の、全身をおおうように地面まで垂れるほど、そのからだをすっかりおおうほどに長くて房を帯びたぼさぼさの毛の不気味さはどうか。

実際、足元までを覆うほどの長い髪を垂らした女の亡霊は、後の夫の裁判中にも遥かな高みに姿を見せ、それを幻視しうる唯一の存在である男を脅えさせる。そうか、この作品の最初のショットに見ることのできた彼女の赤い短髪は、舞台上のあまり似合わぬ長い赤毛のウイッグもまた、溺死した彼女がまとうことになる亡霊としての乱れた長髪へと辿りつくための口実でしかなかったのかと、誰もが漸くにして思いあたる。それは、文字通りの「髪の悲劇」とも呼びうるこの作品の中心的な主題であり、レオス・カラックスは、ここでの男と女の宿命ともいうべきものを、最後の最後にいたって、初めて明らかにさせてみたのだろう。

ところで、マリオン・コティヤールが演じていたオペラ歌手がその命を喪ったとき、物語はまだ半分も語られていない。だが、見ているものは、彼女の視界からの想定を超えた早期の退場を、むしろほっとした思いで肯定したくなる。とはいえ、かりにルーニー・マーラが主演をつとめていたとするなら、これほど素早い女優の視界からの消滅を監督として構想していたかどうか、機会があればレオス・カラックスにぜひ訊ねてみたいと思う。

懲罰、または母親よりも遥かに巧みに歌を口ずさむ娘について

その後の物語の展開を詳しくたどるには及ぶまい。アネットと呼ばれる娘はマリオネットの人形によって体現されており、コンピューター・グラフィックで何でも可能なこの時代にあえて肢体の動きもたどたどしく、あくまで人工物でしかない点が強調されており、その赤い髪もまた亡き母親のウイッグのように不自然ななびき方をしている。だが、その人形は驚くべき歌い手として世に知られることになり、母親の伴奏者だった男と組んで世界旅行に出て──「六本木」という地名さえ登場する──、各地で大成功をおさめる。だが、かつての伴奏者がオペラ歌手との仲を不意に告白したりするので、アネットが自分の真の娘であるかどうかに迷いを生じたアダム・ドライバーはサイモン・ヘルバーグをプールに落として殺してしまい、しかもその事実をアネットが数万人もの観衆の前で公言することになるので、彼は拘束される身となるしかない。

こうしてすべてが悲劇的な結末に向けて終息しようとするとき、レオス・カラックスは、遥かに都会を見おろす高台に一匹の狼──山犬かも知れない──を登場させ、その咆哮ぶりを響かせて見せる。これは、『駅馬車』(１９３９)のクライマックスの前夜に一匹のハイエナを独立したショットに収め、その不吉な鳴き声を聞かせてみせたジョン・フォードの演出ぶりの再現であるはずだが、おそらく監督自身はその映画史的な関連を意識してはいまい。また、すでに触れておいたように、逮捕されたアダム・ドライバーはその裁判の過程でマリオン・コティヤールを幻視することになるのだが、そこには確かな順序が踏まれており、まず、短い赤髪の時期──性交か

ら分娩まで——の彼女が登場し、それに続いて、長い毛を足首にまで垂らした幽霊としての彼女をまざまざと目にするのである。その上で、彼はあえて死刑になって果てることを裁判長に要求するのである。

それから、わたくしたちは、おそらくこの作品の驚くべきシークェンスに立ちあうことになる。さすがにカラックスだけのことはあるだの、映画史に記憶さるべき細部だの、心に浸みる挿話の展開だの、細部の演出のこまやかな創意だのといった言葉を受けつけようとはしない堅固なフィルムの表層そのものにじかに触れているかのようなわたくしたちは、痛みとともに画面が推移していることに同調しつつ、しかもそこから荒々しく排除されているかのように思うしかないという事態が、不意に生起してしまうからだ。それは死刑の時が迫ったアダム・ドライバーのもとに、アネットが訊ねてくる場面にほかならない。

正直なことをいえば、ここまでくれば、アネットの人形から生身の少女への変貌がまぎれもなく見られるはずだと、誰もが薄々とながら予想していたのは確かである。だが、そこでは、あらゆる想像を超えた奇跡としか思えないまばゆい瞬間に誰もが立ちあうことになる。すなわち、《SILENCE》と大きく書かれた監獄の一室に、猿の縫いぐるみを手にした人形のアネットが警備員に抱かれて入ってくる。すっかり髪も短くなった赤の囚人服をまとったアダム・ドライバーが、アネット、お前は変わったねと声をかけると、それまでマリオネットの人形でしかなかったはずなのに、それこそがこの映画の求めるところだと確信しているかのように生きた人間の少女へと変貌しつくしているその娘もまた、そう、変わったでしょうと壁を背にして口ずさむ。そのさまに目を奪われるわたくしたちは、可憐さとも愛くるしさとも異なるその少女の、これこそが

『アネット』

女優だというしかない繊細な顔立ちと、これしかないという役者ならではのおちつきはらった振る舞いに、なすすべもなく囚われるしかない。

　実際、顔そのもののなだらかな輪郭といい、整いきった額の髪の生えぎわといい、鼻筋の通った顔立ちといい、乱れているようでみごとになびいている髪のほつれといい、どんな台詞もなまめかしくしかも明瞭に口にするその整いきった発話ぶりの快さといい、まさに絶品というほかはない。また、バストショットであれ、クローズアップであれ、これこそがまさしく映画における女の理想的な撮り方と誰もが納得しつつ、しかもその納得をそのつど崩しかねないほどの迫力をみなぎらせているここでの少女アネットは、ほぼ完璧な構図におさまってみせる。しかも、猿の縫いぐるみをのせたテーブルを前にして、こんなところにいれば、もう人殺しもできないわね《You can't kill here》と歌うのではなくそっと呟き、「ジョークだけど」といいそえてかすかに微笑んでみせたりする呼吸は、どうみてもその母親より確かな存在感におさまっている。

　それを、間違っても、あたかも成人の女性のようだなどといってはならない。この作品の題名でもあるアネットとは、あくまでも少女でありながら、まるで父親を諭すかのように、《Now you have nothing to love》というリフレインを口ずさみ、《Can't I love you, Annette?》と口にして、事態の重要さをいまだ認識していそうもない彼に向かって、少女なりの結論を下してみせる。それは、懲罰に値する父親への、精一杯の親切心ともいうべきものなのだ。

　それから、《Sympathy for the Abyss》を真摯に——ということは、それぞれがおのれのフィルム的な存在感にふさわしく、しかもそれを超えようとするかのように——歌いあう父と娘は、これまでのアダム・ドライバーとマリオン・コティヤールのどのデュエットにもまして、いっそう呼吸がひとつであるかにみえる。ここで人間となった娘は、かつて人間でありいまは亡霊としてその夫に憑きまとっているその母親よりも、遥かに巧みに――実際、ここで決して子供じみているわけではない内容の言葉を口ずさんでいるのは五歳のデヴィン・マクドウェルその人であり、母のように、カトリーヌ・トロットマンの声を必要としていない――メロディを口ずさむことができる存在だといわざるをえない。しかも、彼女は、《I'll never sing again / Shunning all lights at night, ...》と繰り返し歌い、最後には《I'll never sing again / A vampire forever》と結論づける。

それに続くデュエットがこれまた素晴らしい。監視の職員が部屋に入ってきて、接触は禁じられていると注意するのを振り切って娘をかき抱き、《I sang these words to you》と父親は口ずさむ。すると、ほぼ同時に、《Can I forgive what you have done?》と娘が応じ、最後には《I must be strong》と胸を張るように口にするので、ひとりとり残された父親は、もう《Goodbye, Annette》と、何度も何度もつぶやくことしかできない。

スパークスの原案には無かったというこのラストシーンをあえて詳細に語って見せたのは、このシーンを撮る監督が、途方もない悦びとそれに見合ったとめどもない怖れとを抱いていたことが、あまりに明白だからである。映画作家としてのレオス・カラックスは、このシーンのためにこの作品を撮る宿命を担うしかなかったのである。つまり、漠とながらクレジット部分で耳にした〈月の光に〉のメロディにつれて、「大人向けの題材を子供の視点から語ろうとした」ものではないかと予想したこの作品は、文字通り、親が子に見捨てられる物語だったことに、いまにして気付くのである。

だが、ここで重要なのは、十三歳にしてレオス姓を名乗ることで両親を「見捨て」つつ遠ざかり、いまはその娘から「捨てられる」ことになりはしまいかと怖れているのかも知れない監督自身の個人的な体験とは、いっさい無縁のものだと思わねばなるまい。それは、映画作家その人が、みずから撮りつつある作品から「捨てられる」か否かという決死の賭が、ここでの真の問題だからである。

では、レオス・カラックスを名乗るこの孤独な映画作家は、その賭に勝ったのか、それとも負けたのか。その確証を誰にも与えることもないまま作品は暗転し、ごく事務的に断ちきられた画面連鎖が見るものを置き去りにしながら、すでにクレジットが流れ始めている。ここで口にしうる確かなことといえば、「みごとでありながらも、何やら不信感をもたらしかねない導入部」のワンシーン・ワンショットのその「不信感」がどこから来ているかが、漸くにして明らかになったということにつきている。それは、『アネット』の物語を引き寄せるための集団的な人の流れにもかかわらず、「アネット」その人だけがそこから排除されていたという現実にほかならない。

そのとき、導入部の画面のかたすみにごく曖昧に娘とともに姿を見せていたレオス・カラックスの必死の企みが明らかになる。この俺は、あえて『アネット』を「アネット」のまったき不在のまま撮り始めることにするが、それは作品として決定的に間違っている。そう指摘しうる人間が、この世界にはたして何人いるか。

『アネット』とは、あえてそうした事態の推移にひそかに目を向けさせるために撮られた厄介きわまりない映画にほかならない。だが、映画とは、そもそもが厄介きわまりないできごと＝事件だったはずではないか。

「冒険」について——ペドロ・コスタ試論——

移動撮影

何やら黒いビニール袋のようなものを片手にさげた若い男が、大きな歩幅で歩道を進んで行く。やや離れた距離からのキャメラが、その孤独な歩みを全身像として途切れることなく真横から追う。男を構図の中心に捉えたまま右へ右へと流れるように移動する画面の背後に響いているのは、その靴音ではなく、ときおり反対方向に画面を横切ってゆく車のエンジン音の高まりである。キャメラは、いま、まぎれもなく外気にさらされており、低くはあっても生なましい街の騒音がそれを否応なしにつげている。ぽつりぽつりと立っている人影をのぞくと歩道にはまだ雑踏があふれてはおらず、ことによると、これは早朝の光景なのかもしれない。

実際、通りに落ちかかる光線はあくまで鈍く、立ち並ぶ家の薄汚れた壁面を左手にしながら進み続ける男の姿が、あたりの風景からことさらきわだつことはない。見知らぬ土地ではなく、明らかに見なれた風景の中をまっすぐに進んでゆく彼は、左右に視線をはせたりはせず、また、男のひたむきな歩行ぶりに驚き、ふと振り返ったりする者も一人としていない。ところどころに見える朱色や青色に塗られた扉や窓の覆いや壁の落書きなどが、まったく台詞のないこの長い移動撮影に視覚的なアクセントをそえている。

ペドロ・コスタの第三作『骨』（1997）をここまで見てきた者は、長髪を背中で束ねたこの男が何者であるかをよく知っている。彼は、はからずも父親になったばかりの定職もない貧しい青年であり、まだどこかに幼さをとどめていさえするのだが、このショットにおける彼の一心不乱な歩行の意味を、誰もがすぐさま理解するわけではない。多くの場合、ペドロ・コスタの編集は、前後の脈絡の説明を小気味よく避けているからである。見る者は、だから、目の前に推移している長い移動撮影にほとんど無媒介的に惹きつけられ、それを一瞬たりとも見逃すまいとしてじっと目を凝らす。ペドロ・コスタのあらゆるショットは、そのつど垂直に作用する縦の強度によって、見る者を物語の因果律から勢いよく解き放ってくれる。それに身をさらすことのえもいわれぬ快感は、ムルナウいらい、映画を見ることだけに許された人類の特権にほかならない。

移動するキャメラは歩く男にどこまでも同調し、その持続が息詰まるサスペンスを煽りたてる。起こるかもしれない未知の事態への漠とした予感ではなく、このまま何も起こりはしまいという確信がどこまで維持できるかをめぐるサスペンスである。実際、この画面がいったいいつまで続くのかと気がかりでならず、人は映画から置いてきぼりをくらうまいとひたすら目を凝らすしかない。

歩く男の孤独な歩行ぶりは、何かから逃れようとしているかにみえ、どこかに向けて急いでいるようにもみえる。不意に、男の歩調が心持ちゆるんだかのように感じられる瞬間がある。だが、ジーンズをまとった彼の両足は躊躇することなく大幅に運動し続けており、ただ腕の動きにわずかな変化が認められるばかりだ。一瞬も立ち止まることなく、彼は片手にさげていた黒い袋を持ち上げると、いきなり両手で胸元にかかえこむのである。

そのとき、人は、黒いビニール袋にくるまれているものが何であるかを一気に理解する。歩行する男の両腕は、いま、小さな生き物をかかえこんだのである。袋をかかえこむ両手のそえられかたは、袋の中身が無機物ではなく、まぎれもなく生命体であることをつげているからだ。とするなら、それは赤ん坊であるはずだ。父親となったばかりの長髪の男は、母親のもとから乳飲み子を奪い、足早に遠ざかろうとしているのである。何が彼にそうさせているのかすぐには納得しえないものの、見る者はたちどころに意識せざるをえない。ジャン゠リュック・ゴダールの『勝手にしやがれ』（1960）が自動車泥棒の映画であったように、ペドロ・コスタの『骨』が嬰児泥棒の映画として撮られつつある、ということを。

冒険

物語のその後の展開についてはここでは詳しく触れずにおく。嬰児泥棒の映画が、ポルトガルの若い映画作家――『骨』を撮ったとき、彼はまだ三七歳でしかない――によって二十世紀末に撮られたことの意味も、あえて論じることはしまい。われわれはあくまで唐突に始まるこの長い移動撮影に惹きつけられ、そこにみなぎっている演出の強度に揺り動かされるほかはないからである。ペドロ・コスタの作品を見ることは、そのつど有無をいわさずに視線を捉えるフィルムの運動を、身をもって体験することにほかならない。その画面は、あるときはひりひりするような痛みとして瞳を刺激し、またあるときはえもいえぬ柔らかさとして瞳をつつみこむ。だから、この『骨』の移動撮影に立ち会う者は、まず痛みとしてその運動を受けとめ、青年が黒いビニール袋を胸元にかかえこむ瞬間、その痛みが嘘のように柔らかさへと変貌することに驚かずにはいられないのである。

そのとき、見る者は、すぐさま二つの事態に直面する。一つは、この映画作家における移動撮影の機能と意味であり、二つ目は、この作品における移動撮影の役割である。リスボンの貧民街フォンタイーニャス地区に初めてキャメラを向けたことで記憶さるべき『骨』についてみるなら、それが誰だかすぐには理解しがたく、その関係もにわかには想像しがたいいくつもの男女の顔のクローズアップの固定画面で語られていたこの作品は、ここにいたって不意にキャメラの横移動に身をゆだねることになるのだが、この唐突な変化が見る者の心を騒がせる。それと同時に、細い路地やせせこましい部屋の中で起こっていたできごとがいきなり外気にさらされ、自然光をうけとめることにもなるのだが、その唐突な移動撮影が導入するフィルムの肌触りの変化は、いったい何を意味するるか。

確かなことは、処女作の『血』（1989）以来、ペドロ・コスタのキャメラが作品ごとにその動きを抑制してゆき、初めてのDVカムによるヴィデオ作品『ヴァンダの部屋』（2000）にいたって――われわれが映画館で目にしたのは、1:1.66サイズのカラーフィルムとして上映されたものではあるが――、そのほとんどの画面が固定ショットとして撮られるにいたったという事実にほかならない。『骨』でも長い移動撮影はこの場面にかぎられているのだが、ここで、これによく似た移動撮影が前作の『溶岩の家』（1994）にも姿を見せていたことを誰もが想起する。

事故で人事不省に陥った黒人労働者につきそい、火山の島カーボヴェルデまでやってきた若い看護婦マリアーナ（イネス・デ・メディロス）が、初めて病院の敷地を離れ、島の中心部まで一人で散策にでかける場面が、『骨』のそれを予告するかたちでの長い移動撮影で描かれていたのである。

　やや短かめの赤いドレスをまとっただけの『溶岩の家』の若い女性も、いきなり軽い足取りで異郷の歩道を進み始める。その唐突な歩みを真横から捉える長い移動撮影は、その直前のショットがどんなものであったかをすぐさま小気味よく忘れさせる。島の住人の家のつらなりの汚れた壁を左手に見ながら、彼女はひたすら無言で進んで行き、その姿を画面の中央に捉えたままのキャメラは、アングルを変えることなく右へ右へと流れるように移動する。『骨』の青年と異なり何も持ってはいないその両手は小柄なからだのまわりでしなやかに揺れ、ときおり左右に投げかけられるその視線も、見知らぬ土地と新たな関係を結ぼうとする若い女性のしなやかな身振りに同調して快く弾んでいるかに見える。

　この長い移動撮影が、『骨』のそれと驚くほど似ていることはあえて指摘するまでもない。交差する通りを身軽に踏み超え、立ち止まる気配も見せない彼女の軽やかな歩調は、未知の世界をからだごと受け入れてゆくことの悦びをあたりにまぎらわせ、エキゾチズムという便利な映画的小道具を思い切り視界から遠ざける。

　黒いビニール袋を胸元にかかえたまま進む若者を捉えていたショットとは対照的に、この長い移動撮影には、初めからある種の柔らかさがまとわりついている。およそ身構えることのない異郷との親密な出会いを、この若い女性は、あえて「冒険」とさえ意識することがないからである。どこまでも真横に移動し続けるキャメラは、戸惑いもみせずに進んで行く若い女性の運動が

『骨』

あたりの大気や陽光へとごく自然にまぎれこんでゆくさまをフィルムにおさめ、この作品に、真の「冒険」の名に価する純度の高い緊張感をゆきわたらせる。それが、ペドロ・コスタの移動撮影にこめられた強度にほかならない。『溶岩の家』は、ロベルト・ロッセリーニの『ストロンボリ』(1950)がそうであるように、語の最良の意味における「冒険」映画だといってよい。

フィクション、ドキュメンタリー

『溶岩の家』もまた、島に住む女性たちのものいわぬ表情のクローズアップで始まっているが、その視線が何を見ており、その無表情が何をいわんとしているのかは明らかでない。見ることの起源である瞳と、その視線が捉えているはずの対象との関係をショットの連鎖で示すことは、ペドロ・コスタにあってはごく稀だからである。

説話論的には無償というほかはない冒頭のいくつもの人物の顔の固定ショットの中に、いきなり移動撮影が導入される。移動撮影といっても、火山の岩肌を見おろすヘリコプターからの俯瞰ショットである。意識不明の患者をのせた担架を運ぶヘリコプターの操縦士二人と、点滴の透明な容器を思い切り高くかかげた若い看護婦の歩みをかなりの距離から捉えた移動撮影がそれに続く。見えてはいないヘリコプターのプロペラが捲《ま》き上げる褐色の砂塵と、背後に拡がる火山性の荒涼たる地形とが舞台の異郷性をきわだたせる。この担架を病院まで送るのは貴女の責任だといって遠ざかる男たちに追いすがる看護婦の姿が、ふたたび逆方向の移動撮影でとらえられる。操縦士二人は、看護婦との口論の末、その場に担架を置きざりにしたまま立ち去る。

担架に横たわる意識不明の黒人患者とともに見知らぬ土地に立ちつくすしかない若い女性の横顔は、自分より遥かに頑強そうな病者を看護する者にはおよそふさわしからぬあどけなさをとどめている。『骨』のイザベル・ルートの落ち着きはらった白衣姿とくらべてみれば、白衣もまとわずに重傷患者のかたわらに立つ『溶岩の家』の若い看護婦イネス・デ・メデイロスの頼りなさは誰の目にも明らかである。にもかかわらず、彼女は女手一つでこの屈強そうにみえる怪我人を島の治療施設まで運ばねばならない。この見かけの不均衡が、溶岩の島カーボヴェルデでの彼女の身振りを、さらにあやうげな「冒険」にしたてあげることになる。

それに続くショットは、『溶岩の家』の若い看護婦もまた、『骨』の青年のように、生きた存在を胸にかかえこむ女であることをいきなり見るものに思い出させる。移動する乗り物から捉えられたものに違いない火山性の高山の揺れ動くショットが示されてから、砂利だらけの道を一匹の犬が追うともなく走りよる後退移動のショットが挿入され、この若い看護婦のあやうげな「冒険」の始まりをつげているからである。

人事不省に陥った黒人患者を胸元に寝そべらせ、点滴の透明な容器を右手で思い切り高くかざしながらトラックの荷台に揺られている彼女のもの言わぬ表情は、途方に暮れているのでもなければ、確かな職業意識に支えられているわけでもない。現在という瞬間にひたすらふさわしくあろうとしているだけの彼女の身振りは、せっぱ詰まっていながらも焦燥感とは無縁であり、居心地悪そうにタイヤの動揺に耐えているその横顔が斜めの夕日を受けとめているさまは途方もなく美しい。撮影にはいかなる審美的な配慮もこめられていないのに、その無言のショットには、これしかないという姿勢で聡明に事態をやりすごそうとしている者の孤立した寡黙の美が生成されてゆく。寝そべったままの見も知らぬ黒人の頭を胸元にかかえこむ彼女の背後には、未知のものであるはずの乾いた異郷の光景が拡がっているが、女の視線は間違っても左右に揺れたりはしない。

無防備に外気にさらされたトラックの荷台には、鈍いエンジン音だけが響いている。午後遅くの、すでに傾きかけた陽射しを受けとめながら、ややもすれば低くなりがちな点滴の容器を意識して高くかざそうとする彼女は、透明な容器に映える鈍い光線に視線を送る余裕もないまま、言葉もなく島の診療所へと運ばれてゆく。『骨』の歩道の移動撮影ほど長いわけではないこのトラックの荷台での揺れ動く固定画面にも、見る者を物語の因果律から自由にする強度がみなぎっている。垂直に作用するこの縦の強度がいったいどこから来るのかもわからぬまま、人は、まぎれもなくスクリーンに推移しつつあるフィルムの現在に同調することの甘美な痛みから、ただ素晴らしいとつぶやくことしかできない。

絶対化される現在

近くの木の枝に点滴の容器を吊りさげたまま、担架に横たわる病人と二人で異郷の荒野に立ちつくしていた若い看護婦が、いつ、どのようにしてトラックに乗ることができたのかをペドロ・コスタはショットの連鎖によって説明しようとはしない。見る者は、溶岩性の砂利道をがたごとと進むトラックに揺られている若い看護婦を何の前触れもなく認め、荷台に寝そべって患者を胸元にかかえこんでいるその姿を、ありうべき唯一の現実として躊躇なく受け入れるばかりだ。

そこにあるのは、例えばフリッツ・ラングやヒッチコックが得意とした映画における古典的な省略の美学とは異質の、現在という瞬間の視覚的な絶対化ともいうべきものである。それは、しかし、映画における時間の廃棄ではいささかもなく、ともすれば物語の流れや人物の心理に従属しがちなフィクションを、そのつど生なましいフィルム的な持続として形成せしめる演出の、ほとんど裸形に近い飾り気のなさにほかならない。ごく稀なことだが、映画においては、こうして、フィクションの至上形態がドキュメンタリーの至上形態と呆気なく一体化する。傑作と呼ぶほかはない『ヴァンダの部屋』のすべてのショットは、その「ごく稀なこと」を、１７８分の上映時間を通して、一瞬ごとに体験させてくれる贅沢きわまりない作品なのである。

現在という瞬間のこうした視覚的な絶対化は、ショットを説話論的な因果律から解放することで、『ヴァンダの部屋』におけるペドロ・コスタの映画的な核心をかたちづくることになるのだが、この作品については別のところで論じたこともあり（「映画の21世紀はペドロ・コスタとともに始まる」『インビテーション』03年12月10日号、『映画崩壊前夜』青土社に収録）、そのつきぬ魅力を語ることはつつしみ、現在という瞬間の視覚的な絶対化が、すでにそれ以前の作品で部分的に試みられていたと指摘するにとどめておきたい。『溶岩の家』の移動するトラックの荷台のシーンや、町の中心部への散策の場面における移動撮影がそれであり、すでに触れておいた『骨』の長い移動撮影もまたそれなのである。

物語の文脈形成をショットの連鎖で説明することがいたって稀なペドロ・コスタの編集は、赤ん坊が父親の手で盗まれる瞬間を、画面としてあらかじめ見せたりはしない。人が最後に見たものは、久方ぶりのものであるはずの父親と母親との気まずい再会であり、赤ん坊の前で深く眠り込んでしまう男を言葉もなく見つめる女のみじめな姿ばかりである。

もちろん、人は、新生児をかかえて自宅に戻った幼い母親が、家に帰り着くなり、窓という窓を几帳面に閉め、キッチンのガスボンベを赤ん坊の眠るソファーの脇に引きずってくるショットを見ている。だが、ペドロ・コスタは、彼女の演じるそうした仕草を未来に投影し、ことによったら母親がガス心中を心に決めていはしまいかというサスペンスとしてシークェンスを提示することを避けている。そして、いきなりこの移動撮影が始まる。しかも、この長いショットはそれ自体として豊かに自足しており、見る者をたちどころに前後の脈絡から解放せずにはおかない強度がみなぎっている。

くり返すが、この長い移動撮影は息づまる緊張感にみちている。その緊張に耐えつつ何かをふと理解するのは、そのショットの中で演じられる小さな身振りの変化を目にするときにほかならない。実際、ごくありきたりな荷物のようにただぶら下げていた黒いビニール袋を男が不意に胸元に両手でかかえこむとき、赤ん坊を盗むという行為が事件としていきなり音もなくスクリーンに炸裂する。見る者は、そのできごとにうろたえながら、このショットの冒頭で、男が黒いビニール袋を地面すれすれにぶら下げて歩いていたときのことを、胸苦しい思いで想起するしかない。

いったい、人は、生まれたての赤ん坊を、買ったばかりの野菜のように無造作にビニール袋に入れ、それをぶら下げて歩道を大股に歩いたりするものだろうか。遅まきながら事態の重大さに気づき、誰もがそう口にせずにはいられない。同時に、この若い父親が、ぶら下げていた小さな生き物をあるとき胸にかかえこまずにはいられなかったことに、ほっと胸をなでおろす。だが、そんな事態の推移をことごとく無視するかのように、長い移動撮影はなお続いている。

そのとき、人は、ペドロ・コスタというこの若い映画作家が画面に導入する途方もない強度に改めて深く揺り動かされる。持続の中で起こるほんの一瞬の小さな変化——黒いビニール袋を下げていることから、それを抱きかかえることへ——ですべてを語ってみせるその演出の大胆さと、それが要請している視線の繊細さに、見る者は思わず慄然として息をのむ。

もっとも、ペドロ・コスタが、この長い移動撮影によって、黒い袋の中身が母親から引き離されようとしている乳飲み子であることまで理解せよと求めていたかどうかは確かでない。だが、監督としての彼が父親役の俳優にそれを周到に指示していたのは間違いなかろうと思う。ことによると、あの黒いビニール袋の中には本当の赤ん坊が入っていたのかもしれないなどと、人はつい演出の裏側にまで無益な関心を向けてしまう。

もちろん、それを知ることは『骨』の理解にとって決定的なことではない。だが、この長い移動撮影を通して、まだ不定型な幼い生命体の塊を胸にかかえるときの頼りない感触をまざまざと受け止めるとき、そのヴァーチャルな感触は、ドキュメンタリーとフィクションとのあるかないかの境目で、映画に向けられるわれわれの視線をみずみずしく活気づけてくれる。

かかえること

父親らしからぬ若い男に赤ん坊を抱きかかえさせ、そのいかにも頼りない身振りにキャメラを向けること。それが『骨』におけるペドロ・コスタの野心の一つであることはまぎれもない事実である。もちろん、それは、独身男性どもがなれない手つきで乳飲み子の世話に没頭するあれやこれやの凡庸なコメディの記憶などとはいっさい無縁の野心である。それは、むしろ、ジョン・フォードの『三人の名付親』（１９４８）のジョン・ウェインのように、やや戸惑いながら乳飲み子を胸にかかえる姿にキャメラを向けることへの誘惑というべきかも知れない。

事実、およそ父親らしからぬ男に生まれたばかりの赤ん坊を抱かせて長い道のりを歩かせた監督は、第二次世界大戦直後のジョン・フォード以後、このペドロ・コスタしか存在しない。とはいえ、それはあくまで事実の指摘にとどまり、ジョン・フォードの西部劇の記憶がこの『骨』に反映しているなどとしたりげに吹聴したいのではない。ただ、赤ん坊をかかえて砂漠を横断することが西部劇スターとしてのジョン・ウェインにとって希有の「冒険」だったように、『骨』の若い父親が貧しい界隈の歩道で黒いビニール袋をいきなり胸元にかかえこんだり、『溶岩の家』の若い看護婦が自分より遥かに頑強そうな患者を胸にかかえて火山性の砂利道をトラックの荷台で揺られていたりすることもまた、映画にあっては希有の「冒険」だといいたいのである。いうまでもなく、それが、いかにも「冒険」的と想定されがちな状況を描いているからではなく、つまり、殺人、脅迫、監禁、誘拐といった題材を扱った処女長編の『血』にもまして、撮影の瞬間に生起する未知の体験をフィルムにおさめるということそのものの「冒険」性がここでの問題なのだ。

ことによると、ペドロ・コスタにとって、何かを胸にかかえこむことは、それ自体が一つの「冒険」なのかもしれない。ごく身近なイメージを想起させるという点でなら、赤ん坊がおさめられていた『骨』の黒いビニール袋は、それがいきなり胸元にかかえこまれた瞬間、『ヴァンダの部屋』のヴァンダが思いだしたように脇にかかえて売って歩く、あの野菜入りの粗末な木箱に似ているというべきかも知れない。

影の落ちかかる細い路地や、住民の人影も識別しがたいほどの暗さにつつまれた戸口から戸口へと木箱をかかえて野菜を売ってあるくとき、それは、「ヴァンダの部屋」をしばらく離れることをヴァンダに許す瞬間である。その意味で、何かをかかえることは、ペドロ・コスタにとって、人物が外気に身をさらすための口実だといえるかもしれない。事実、『骨』の若い父親は、箱に入れたレタスだかサラダ菜だかを脇にかかえて路地裏を売って歩くヴァンダのように、胸元に両手で抱いた赤ん坊を通行人の視線にさらしながら、それでいくばくかの金を手に入れようとする。疲れはてたヴァンダが売れ残った野菜の木箱を脇に置き、壁ぎわの地べたに腰をおろしてゆっくりと煙草を吸うように、『骨』の若い父親もまた、壁に身を寄せて道路に座りこみ、不器用な手つきで嬰児に乳を含ませながら、深々と煙草を吸い込むことになるだろう。

だからといって、『ヴァンダの部屋』の野菜売りヴァンダが、『骨』の若い父親の身振りを反復しているといいたいのではない。この二つの仕草の類似は否定しがたい事実だが、そのことの指摘が二つの作品の理解に決定的だとはいいがたいからである。とはいえ、登場人物が、性別にかかわりなく、何ものかを小脇にかかえたり胸に抱いたりするとき、ペドロ・コスタの演出がことのほか生きいきと活気をおびるかにみえるのは否定しがたい事実だといわねばなるまい。

実際、『ヴァンダの部屋』の以前に『骨』で若い母親の友人役を演じているヴァンダ・ドゥアルテが、いっさい血縁のない赤ん坊を、フォンタイーニャス地区のせせこましい路地裏で、いかにも母性的な身振りで抱いて見せる光景に人は何度も立ち会っている。また、『血』のラストでも、青年ヴィセンテ（ペドロ・エストネス）は、暗闇に倒れていたクララ（イネス・デ・メディロス）を助け上げるのだが、気を失っていた彼女を胸元にいだくとき、そこには男女の抱擁とはほど遠い母性的ともいえる保護者めいた振る舞いが素描されている。

『血』で父親が曖昧に葬りさられてからというもの、ペドロ・コスタの若い男女は、性にかかわりなく、あたかも母親のようなそぶりで誰かを両手でかかえこむ。この優れてペドロ・コスタ的な身振りは、不可視の家族を素描する素振りなのだろうか。それとも、性を超えた愛を引き寄せようとするものなのだろうか。

幽霊のように

あたかもこの二つの問いを無効とするかのように、『コロッサル・ユース』（2006）のペドロ・コスタは、これまでとはおよそ異なる風土にキャメラを向ける。この新作の主人公であるカーボヴェルデ出身のヴェントゥーラは、これまでの作品で描かれていた若い男女にくらべれば遥かに年長だし、何かを小脇にかかえたり、何者かを胸元に抱いたりすることもまったくない人物だからである。仲間の誰かと同じショットにおさまる場合のトランプのカード、手渡されるリンゴ、酒瓶、等々、をわずかな例外として、この男は、自分からものに触れることも拒んでいるかにみえる。ことのほか指先が器用にみえた『ヴァンダの部屋』の麻薬常習者のヴァンダとは異なり、ここでのヴェントゥーラは、何かを手先でもてあそぶこともなければ、親しい仲間の手を握ることさえごく稀な男なのだ。

『ヴァンダの部屋』と同様、ヴィデオ・キャメラで撮られた『コロッサル・ユース』でも、移動撮影にふさわしい被写体は視界から周到に排除されている。ここにも、取り壊しが進んだ貧しい移民地区フォンタイーニャスの崩れかけた壁ぞいに歩くヴェントゥーラをとらえた画面がないわけではない。だが、その人影がもっとも生きいきとした構図におさまるのは、動いている瞬間ではなく、彼が何も持たずに立っているときなのだ。この作品のフィルム化にあたってあえて選ばれた1:1.33の古典的なフレームが、小津安二郎の固定ショットにおけるように、この男の背の高さを孤独にきわだたせる。もはや抱きあげるべき姪も、握るべきライフル銃も持つことなしに戸外にとり残されるジョン・フォードの『捜索者』（１９５６）のラストショットのジョン・ウェインのように、この初老のアフリカ系移民は、両手をもてあましたままただ立ちつくすしかない存在なのである。

きまってそのような構図でキャメラにおさまるヴェントゥーラの人影は、どこかしら幽霊に似ている。ジャック・ターナーの『私はゾンビと歩いた！』（１９４３）のものいわぬ土着民のように、彼は、異なる時間からこの世界にさまよいこんできた無時間的な存在だとさえいえると思う。実際、白壁や青空を背景に浮きあがる鮮明な輪郭の横顔さえ、現存よりもむしろ不在を印象づけているかのようにひたすら寡黙なのだ。背丈も高く、彫りの深い容貌の持ち主であるにもかかわらず、彼が現在という瞬間を充実した体験として生きているとはとても見えないのである。ペドロ・コスタは、いわばその幽霊性ともいうべきものを、絶対化された現在としてフィルムにおさめてみせる。

実際、『コロッサル・ユース』は、ヴェントゥーラという大柄な人物が、現在という時間から二重、三重に遠ざけられた存在であることを、155分の上映時間を通じてゆっくりと明らかにする。映画が始まったとき、彼は、三〇年以上もつれそっていた妻のクロチルドに逃げられたばかりである。家財道具のいっさいを窓から放り投げて彼女が移民地区から姿を消したとき、ひとり取り残された彼のまわりには、せせこましい路地を行き交う人々の匿名の身振りや声が行きわたらせていたこの地域に特有の濃密な時間がすっかり影をひそめている。地域開発が進み、もはやブルドーザーの音すら響いていないフォンタイーニャス地区から「ヴァンダの部屋」はすでに消滅しているからである。

ヴェントゥーラは、この貧しい移民地区が取り壊されて低所得者向けの住宅に移り住むか、もう電気すら通っていないこの地域の家になお暮らすしかない旧知の若い男女を訪ねて歩き、「お前の母親」が私を捨てたのだとぶっきらぼうにつぶやく。彼は、そんな「子供たち」からパパと呼ばれていながらも、そこに血縁関係などあろうはずもなく、いわば「父親」の幽霊として、遍在する「子供たち」の時間をいっさい共有せず、同じ表情を崩さぬまま、ただ彼らの言葉に黙って耳を傾けているばかりだ。

カーボヴェルデ出身のこのアフリカ系ポルトガル人は、なぜこれほどまでに無表情なのか。それは、まず、自分にもあてがわれるはずの低所得者向け住宅の清潔な白い裸の壁が、一九七二年にカーボヴェルデからリスボンに移住してきたこの労働者の過去を、そっくり否定しているように思われるからだ。また、すべてのポルトガル人にとって「解放」を意味していたはずの七四年四月二五日の「革命」さえ、彼にとっては、アフリカ系移民の存在を無視した恐怖の体験でしかなかったからでもある。『コロッサル・ユース』のペドロ・コスタにとって、自分の父親の世代

『コロッサル・ユース』

にあたる移民ヴェントゥーラは、見えない過去をいくえにも背負ったまま、現在を生きかねている歴史的な幽霊にほかならない。

旋律を欠いたミュージカル

では、ペドロ・コスタは、ここでなぜ幽霊にキャメラを向けようとするのか。それは、幽霊の背負っている不可視の過去が、何を考えているかわからない幽霊だけに可能な非時間的な言葉を通して、現在という時間をしたたかに揺るがせることになるからだ。その非時間的な言葉をフィルムにおさめることが、ここでのペドロ・コスタの新たな「冒険」となる。

実際、文字の書けないヴェントゥーラは、不在の妻への書かれることのない——返事を期待することもない——愛の手紙として、この作品にふさわしい単調な旋律を孤独に奏でてみせる。「君に100000の煙草を贈りたい。……住みたいと願っていた溶岩の家を君に贈りたい」と何度もつぶやかれる彼の言葉は、最後のクレジットをのぞくと音楽のまったく響かないこの作品にいかにもふさわしいモノローグとして反復され、フィルム全編になだらかに揺らぎを行きわたらせている。これは、旋律を欠いた声のミュージカル映画なのであり、そのことに気づいたわれわれは、その画面の連鎖を瞳で追うのと同じ緊張感をこめて、ヴェントゥーラの口にする単調な声に耳を傾ける。

ことによると、『コロッサル・ユース』のヴェントゥーラは、『映画作家ストローブ゠ユイレ　あなたの微笑みはどこに隠れたの?』（2001）で作中人物として描かれたジャン゠マリ・ストローブを思わせる存在だといえるかも知れない。実際、「現代の映画」シリーズの一本として撮られたこの作品で編集台やフィルムに触れているのはもっぱらダニエル・ユイレであり、編集室の開かれた扉のあたりに手持ちぶさたに立っているだけのジャン゠マリ・ストローブは、自分からものに触れることをひたすら避けているかにみえる。多くの場合、編集台にかがみこむダニエル・ユイレを手前に捉えたショットの中で、室内に踏みこむことを自粛するかのようなストローブはたえず遠景においやられ、一見、影の薄い存在であるかのように見える。にもかかわらず、この作品にふさわしい音楽を導入しているのは、扉の陰に見え隠れする彼の、やや離れた場所から響く声なのだ。

ときおり煙草をくわえるだけで、たえず両手をもてあましているストローブは、ときに編集中のダニエル・ユイレをいらだたせるような饒舌に陥りながら、こんな言葉をぽつりと口にする。「時間と忍耐が必要なのだ。そうすれば、一つの記号でしかなかったものが小説となるのだから」。これを、ペドロ・コスタが父親の世代にあたる映画作家ジャン゠マリ・ストローブから受け取るべき経験的な創作談義だなどととらえてはならない。これは、編集作業に没頭しているダニエル・ユイレに向けられた愛の言葉にほかならないからである。それは、まぎれもなく、不可視の家族を素描する声であり、性を超えた愛を引き寄せようとする声にほかならない。

あたかもその声に誘われるように、われわれは唐突に理解する。ポルトガルの若い映画作家ペドロ・コスタにとって最初の外国語作品である『映画作家ストローブ゠ユイレ　あなたの微笑みはどこに隠れたの？』は、旋律を欠いたミュージカル映画として聞きとどけられねばならぬ作品なのだ、と。われわれはまた、同時にこうも理解する。『コロッサル・ユース』のペドロ・コスタは、名高い老齢の映画作家たちによって演じられた「時間と忍耐」をめぐる愛の言葉の交換を、カーボヴェルデ出身の移民労働者の声を通してリメイクしているのだ、と。その「冒険」によって、この大柄で寡黙な幽霊であるかに見えたヴェントゥーラは、フィクションとしての現在の輝きを奇蹟のように身にまとうことになる。

終章

まがいものとして

『燃える平原児』

『燃える平原児』　見るものから言葉という言葉を奪うこの知られざる傑作について

ほの暗い荒野にキャメラを向けて撮られた七つのショットを背景として流れる『燃える平原児』（１９６０）のクレジット・タイトルは、その段階からしてすでに途方もない傑作である予感をあたりに波及させる。実際、この作品は、『殺し屋ネルソン』（１９５７）とともに、「知られざる傑作」という名にふさわしい稀有な出来映えに収まっており、ドン・シーゲル監督による演出の芳醇な簡潔さというべきものが、見るものから言葉という言葉を奪う。その演技指導によく耐えてみせたエルヴィス・プレスリーには、祝福以上の賛辞を贈らねばなるまい。

「20世紀フォックス社によるシネマスコープ作品」として提示されるその最初のショットは、横長画面の右端にうっすらと月のかかった草原に馬を進める誰とも知れぬ二人のカウボーイの走行ぶりを、シルエットとしてとらえたものだ。これはおそらく夜の光景なのだろうが、その視界の鮮明さからして昼間に撮られたものであることは明白である。《Day for Night》つまり「アメリカの夜」として白昼に撮影されながら、夜を意図して光源をおさえた映像の連鎖であることに間違いはなかろう。その画像の審美的な統一感によって、ことによるとこの作品は「アメリカの夜」として撮られた夜景が主体となる西部劇なのかもしれないと誰もが思わずにはいられない。それほどみごとな画面処理が、物語が始まる以前から、オレンジ色がかった赤い文字として浮きあがるクレジットの背景に周到になされている。実際、この作品の重要な場面は、いずれも「アメリカの夜」で撮られた夜景によるものとなるだろうとここで予告しておく。

二人の騎馬の男が画面の左側から右へと移動するにしたがってショットが変わり、《Elvis Presley in / Flaming Star》との表示につれて、題名そのものの曲『輝ける星』を歌うエルヴィスの声が流れ、「その星がまたたくとき、おれの寿命は尽きるだろう」といった不吉な意味あいをあたりに行きわたらせる。やがて遥かな山並みを背景とした途方もなく広い平原をこちらに近づいてくるちっぽけな二つの馬上の人影が画面手前まで達したところで、かろうじてその一人がエルヴィスだろうと察しがつく。いまひとりは、助演《Co-starring》と紹介されたスティーヴ・フォレストであるに違いあるまい。その寡黙な存在感が、いつになく見るものを惹きつけずにはおかない。

馬上の二人の容貌がかろうじて識別できた瞬間にショットが変わり、右手に大きな枝振りの樹影を配した光景が視界に浮きあがるのだが、遥か下方には風車を配した高い木組みの井戸の脇に小さな家を捉えた画面に「製作デヴィッド・ワイスバート」と「監督ドン・シーゲル」という二つの固有名詞の文字が浮かびあがる。この樹影を配した俯瞰ショットは、今後、多くの重要な場面の舞台背景となるだろう。

あまり聞きなれぬワイスバートという固有名詞は、いうまでもなくWB社でニコラス・レイ監督の『理由なき反抗』(1955)を製作した、寡作だが辣腕の製作者にほかならぬのだから、そのとき、これは矢鱈《やたら》な映画ではないというただならぬ予感が画面一面に走りぬける。その後、この息をのむしかない素晴らしい俯瞰ショットと同じ光景が、この作品の重要な場面に何度も描きだされるだろうと、誰もが気づくはずだ。

なお、ワイスバートとシーゲルの二人は、かつてWB社の編集者仲間だったので気心は知れている。二人は、あたかもこれがハリウッド映画であることを忘れさせずにはおかぬ真摯さで妥協を排し、簡素な豊かさで物語を語り継いで行くことだろう。シーゲルの自伝『シーゲル作品』*A Siegel Film: An Autobiography*（1993, Faber & Faber）によれば、最低十曲はエルヴィスに歌わせろという会社側の要求をすげなく拒絶し、クレジットの背景をのぞいて、彼には一曲（A Cane and A High Starched Collar）しか歌わせていないのも、二人の作品にこめる真摯な情熱によるものだろう。

「アメリカの夜」で撮られたこの素晴らしい俯瞰の夜景で、この豊かにして簡潔なクレジットは終わる。二人はどうやら長旅から自宅にもどったところらしいのだが、俯瞰されていた井戸に馬をつなぐと、家からは灯りが漏れておらず、背後に馬囲いの見える夜景の中、「静かすぎる」(Too quiet）の一語が兄と思われるスティーヴ・フォレストの口から洩れる。それに続く室内の光景についてはさしあたって詳しくは触れずにおくが、このさして長くはないクレジットの間に、すべてが語りつくされているという事実だけは、ぜひとも指摘しておかねばなるまい。つまり、ペイサーと呼ばれるエルヴィスに相応しい若い女優が、一人としてクレジットされていないことに誰もが気づくからである。

実際、助演として提示されているやや年かさのバーバラ・イーデンは兄の恋人であるにすぎないのだから、主演のエルヴィス・プレスリーは、抱擁はおろか、キスすべき女性すら奪われたま

『燃える平原児』

ったき孤独な存在にほかならない。いったい、主演男優が恋人まで奪われた存在だといったハリウッド映画を、容易く想像できるものがいるだろうか。実際、これは、西部劇でありながら、間違っても「活劇」ではなく、純粋の「悲劇」にほかならない。すでに『殺し屋ネルソン』で活劇的な資質を存分すぎるほど発揮していたドン・シーゲルが、ここではその資質を意図的に自粛し、撮ることの事件性に徹している。その努力が実を結んでいるこの作品の視覚的な統一感がショットごとに確かめられることの、何という快楽。これが、会社の企画通りにフランク・シナトラとマーロン・ブランド主演で撮られなかったことを、心から祝福せずにはいられない。

ここで、歌手ではなく、まぎれもない一人の役者としてエルヴィスが演じているのは、同じく《Co-starring》と紹介されていた牧場主役ジョン・マッキンタイアと彼の妻であるカイオワ族出身の女性ドロレス・デル・リオとの間に生まれた混血児という設定である。そして、エルヴィスが演じる青年ペイサーが暗い家の前で口にする唯一の固有名詞は、文字通り「ママ」の一語なのだ。

その「ママ」というエルヴィスの声につれて描かれる室内には不意に灯りが点り、多くの男女が待ち受けている。彼の兄の誕生日を祝うべく、灯りを消して家族や近隣の住民たちが待ちうけていたのである。バーバラ・イーデンがプレゼントとして鏡つきのひげ剃り台を贈ると――この小道具のみ、後に活用されるあてのない無駄な描写と判断せざるをえないのだが――、エルヴィスがギターを弾きながら《A Cane and A High Starched Collar》を歌い始める。その日本語題名は不幸にして知ることはないが、招待客たちがいっせいに踊り始めるのはいうまでもない。

このとき、食卓に座りこむ彼に恋人のような視線を送るのは、母親役のドロレス・デル・リオにほかならない。さらに歌い続けるエルヴィスは、キッチンで料理に忙殺されている彼女に近づき、歌声を囁きかける。それにあわせて歩調をとり、あたかも踊り出しそうになる彼女の長いスカートの裾にのぞく足首のクローズアップが短く挿入されている瞬間を、間違っても見逃してはならぬ。恋人のいないエルヴィスにとって、愛を捧げるにふさわしい女性は、まぎれもなく母親その人なのだ。

この賑やかな招待客の一組の夫婦が、帰宅時にカイオワ族に惨殺されることで、エルヴィス一家は、彼の出自とその原住民だった母親の存在故に、町民から白眼視されることになる。また、酋長の一家に属していたので安全だと思っていたドロレス・デル・リオの地位もまた、新酋長の即位によって微妙なものとならざるをえない。

その酋長が、長い戦闘のための槍を手に、夜中に戸外に立ってエルヴィス＝ペイサーの立ち位置を問う場面が素晴らしい。見知らぬ「敵」の接近を予期して男たちが木製の重い閂《かんぬき》を窓にはめ、扉の上から取りだした銃を構える仕草の連鎖に無言のドロレス・デル・リオの表情が挿入され、いっきにサスペンスが高まるからだ。それに先だち、右手に高い井戸の木組みを配した家の夜景が独立したショットとして挿入されるのだが、そのリズムが素晴らしい。その家のシルエットは、その後も何度かくり返されるのだが、そのつど、フィルムの全域に緊張を走らせ、同時に奇妙な安心感をもたらす。ここでは、木製の窓覆いの隙間から、エルヴィスが夜中に話はできないと相手に告げ、その言葉を信じて新酋長は去って行くのだが、バッファロー・ホーンと名乗るその新酋長は、こんどは昼間の父親と兄の留守中にまた一家の扉の前に立ち、多くのカイオワ族の戦士たちにかこまれて、エルヴィスにこちらの味方として闘ってくれと要請する。

その言葉に、母親は旧酋長一家への土産物を整えはじめ、父親と兄に置き手紙を残し馬車で原住民の部落へと出発しようとエルヴィスを促す。ここでも、無蓋の馬車の助手席に、あたかも恋人のように腰を落ちつけるのはドロレス・デル・リオにほかならず、女性たちの中でもっとも親しい存在がその母親でしかない事実を、映画は端的に示している。ただ、勘違いしてほしくないのは、そこに近親相姦的な色彩などひとかけらもこびりついてはいないという事実である。ここでは、彼のかたわらに存在しうる女性は母親しかいないというエルヴィスの絶対的な孤立だけが、強調されているからである。そして、いつもそのかたわらに位置する母親は、姉からも白眼視され、馬車での真夜中の帰宅途中に、虐殺を免れていた白人の一人の銃弾を受けとめ、したたかに傷ついてしまう。

彼女が、「燃える星」に誘われるまま重傷のベッドを抜けだし、大きな白い布をまとって息え絶えに戸外にさまよい出て、闇を貫くように家を遠ざかり、大きな岩のかたわらで倒れ、息絶えるまでの「アメリカの夜」で撮られた流動的な撮影の素晴らしさ。それを追う夫たるジョン・マッキンタイアの身振りの悲痛さも的確に添えられており、あたかもこのシーンのためにこの作品が撮られたかのように、感傷を排しながらも抒情味豊かに撮られたこの光景の充実ぶりには、誰もが息をのまずにはおられまい。そして、彼女が埋葬されるのも、クレジット・タイトルの製作者と監督の名前が浮きあがったショットと同じ、右手に大きな樹影を配した遥かに家を望む俯瞰ショットなのである。そして、息子たちから離れてその場に佇んでいた父親が、漸くにして家を目ざす「アメリカの夜」で撮られたロングショットの素晴らしさはどうか。部落へと発とうと

『燃える平原児』

するエルヴィスに、俺があの女と結婚したばかりに、お前に迷惑をかけたと真摯に詫びを入れる姿が痛々しい。しかも、エルヴィスが知らぬ間にインディアンに惨殺された父親が埋葬されるのもまた、この同じ俯瞰ショットであることはいうまでもあるまい。

かくして、エルヴィス＝ペイサーにとってかけがえのない肉親は、兄一人しかいなくなるのだが、カイオワ族の攻撃で傷ついた兄を救うべく、弟は乱闘を繰りひろげることになり、それもまた「アメリカの夜」で撮られた暗さの中でのことである。何とか兄を助けた彼は自宅に戻り、賢い馬に乗せて白人の部落まで辿りつかせることになるだろう。手当を受けた兄が目覚めると、何やらあたりが騒がしい。窓から眺めると、もはや帽子もかぶらず、破れたシャツを身にまとっただけのエルヴィス＝ペイサーが、瀕死の様相で遥かな丘陵地帯を近づいてくる。そのロングショットは、あたかもこの作品で、昼間の陽光を浴びて撮られた唯一の光景であるかのように、胸を打つ。

キャメラがエルヴィスに近づくと、怪我をして片足を引きずりながら迎える兄に向かって、俺はもう瀕死で、手当をして貰っても助かるまい。兄さんの無事を確かめに来ただけで、もう、「燃える星」を見てしまったのだから、山に戻ってひそかに命が尽きるのを待つだけだとつぶやく。それは、その最後に立ちあったわけでもない母親がみずからそうしたように、エルヴィスその人もまた、人目を避けてこの世界からひそかに遠ざかるというカイオワ族にふさわしい最後を演じようとしていることを意味する。彼は、遥かな山並みに向けて馬を走らせ、視界から遠ざかって行く。

ここで、エルヴィスによる『輝ける星』の歌声が改めて響いてきたりしたら、すべてが壊れてしまうだろう。だが、それが愚かな危惧でしかなかったというかのように、ドン・シーゲルは、聡明にも、遥かに遠ざかるその小さな姿にあっさりとエンド・マークを浮きあがらせてみせる。そうすることで、観客たちから言葉という言葉を奪うのはいうまでもない。あらゆる意味での審美主義からは思いきり遠く、これしかないという的確なショットによって撮ることの事件性に徹することで、監督がスクリーンから意味という意味を消滅させてしまっているといってもよい。

かりにこれが「傑作」でないというなら、いったい、いかなる作品を傑作と呼べばよいというのか。

『実践編』へのあとがき

それをめぐるテクストをこの書物に収録することはかなわなかったが、すでに公開されているケリー・ライカート監督の『ファースト・カウ』(2019)はまぎれもない傑作である。そこでのショットのことごとくが、文字通り「穏やかな厳密性」におさまっているからだ。例えば地平線について、ジョン・フォードが若き日のスピルバーグに、その構図における唯一性を強調したといわれているが、ライカートはといえば、そんなことなど本能的に心得ている。

例えば、『ファースト・カウ』の冒頭のいつとも知れぬ一時期になだらかな河面を移動する貨物船の場面を思いだしてみるがよい。それが物語とどう関わるかなどといった疑念とはいっさい関わりなく、それしかないという厳密な川岸の直線性のみなぎるような必然性をその構図から受けとめる。しかも、それは、およそ押しつけがましさとは無縁の自然さにおさまっている。だから、その定義などいっさい心得ていない誰もが、これこそ映画だと呟《つぶや》かざるをえない。

この書物には、その著者による「これこそ映画だ」という呟きがみちている。そうした瞬間がとりわけ顕著に認められるのは、ストローブ＝ユイレ論かもしれない。それが書かれたのは遥か前世紀のことだが、以来、著者の視点はいっさい変わっていない。その不動の姿勢を肯定してくれるのは、例えばケリー・ライカート――あるいはデヴィッド・ロウリーでもよい――がそうであるように、優れた映画作家たちなのである。そうした映画作家たちへの感謝の念とともに、このあとがきを閉じる。永くにわたって書きついできた無数のテクストを書物に収めて下さった講談社の松沢賢二氏、株式会社ＣＴＢの三枝亮介氏のお二人には、改めて深く御礼申し上げる。

二〇二三年一二月一二日　小津安二郎の生誕一二〇周年を祝しつつ

著　者

写真
『殺し屋ネルソン』『イントレランス』『国民の創生』『嵐の孤児』『断崖』『イノセント』『ラルジャン』『クレールの膝』『緑の光線』『モード家の一夜』『夏物語』『友だちの恋人』『パリのランデブー』『春のソナタ』『冬物語』『海辺のポーリーヌ』『アンナ・マグダレーナ・バッハの日記』『ペイルライダー』『許されざる者』『悲情城市』『恋恋風塵』『牯嶺街少年殺人事件』『都会のアリス』『燃える平原児』（以上、川喜多記念映画文化財団）

『パリ、テキサス』『アネット』（Photofest/ アフロ）
『コロッサル・ユース』（Everett Collection/ アフロ）

『イメージの本』
Blu-ray & DVD 発売中
Blu-ray 5,720円（税込）、DVD 4,290円（税込）
発売元：レスペ+コムストック・グループ
販売元：株式会社ハピネット・メディアマーケティング

カバー写真
『牯嶺街少年殺人事件』Blu-ray & DVD発売中
Blu-ray 7,480円（税込）、DVD 6,380円（税込）
発売元：株式会社ハピネットファントム・スタジオ
販売元：株式会社ハピネット・メディアマーケティング

初出・出典

『殺し屋ネルソン』——あるいはこの上なく不自然な自然さについて…書き下ろし
単純であることの穏やかな魅力　D・W・グリフィス論…「季刊リュミエール」1986.12.10
防禦と無防備のエロス——「断崖」の分析…「シネアスト　映画の手帖」1985.7.10
周到さからもれてくるもの　ヒッチコック『めまい』の一シーンの分析…「ルプレザンタシオン」1992.4.20
囁きと銃声　ルキノ・ヴィスコンティの『イノセント』…「季刊リュミエール」1987.12.20
緋色の襞に導かれて　ロベール・ブレッソンの『ラルジャン』…「季刊リュミエール」1986.9.20
揺らぎに導かれて—グル・ダット讃—…「グル・ダット傑作選 DVD-BOX」（解説リーフレット『55年夫妻』に封入）2007.5.26 紀伊國屋書店
エリック・ロメール　または偶然であることの必然…「ユリイカ」2002.11.1
透明な痛みのために　『アンナ・マグダレーナ・バッハの日記』…「季刊リュミエール」1985.12.20
孤独と音響的宇宙　クリント・イーストウッドの西部劇…「ユリイカ」2009.4.27
彷徨える断片の確かな痕跡について　ジャン＝リュック・ゴダール監督『イメージの本』…「イメージの本」パンフレット 2019.4.20 コムストック・グループ
寡黙なイマージュの雄弁さについて——侯孝賢試論——…「文學界」2006.2.7
静穏な透明さを超えて——エドワード・ヤン監督『牯嶺街少年殺人事件』…フィルムアート編「エドワード・ヤン——再考／再見」2017.8.25 フィルムアート社
ガラスの陶酔——ヴィム・ヴェンダース論…「季刊リュミエール」1985.9.20
「撮る」ことの成熟、あるいはその理不尽な禁止について——『アネット』をめぐって…『レオス・カラックス 映画を彷徨うひと』2022.3.26 フィルムアート社
「冒険」について——ペドロ・コスタ試論——…「新潮」2008.4.7←『ペドロ・コスタ 世界へのまなざし Pedro Costa Film Retrospective in Sendai 2005』プログラムブック 2005.3. せんだいメディアテークを増補、加筆修正
『燃える平原児』　見るものから言葉という言葉を奪うこの知られざる傑作について…「ストレンジャーマガジン 005」2023.1.20

編集協力　三枝亮介

装幀　吉見友希

蓮實重彦（はすみ・しげひこ）

映画批評家、文芸批評家、フランス文学者。1936年、東京都生まれ。東京大学仏文学科卒業。パリ大学にて博士号を取得。東京大学教授を経て、東京大学第26代総長。78年、『反＝日本語論』で読売文学賞、89年、『凡庸な芸術家の肖像』で芸術選奨文部大臣賞、2016年、『伯爵夫人』で三島由紀夫賞を受賞。1999年にはフランス芸術文化勲章コマンドールを受章する。著書に『フーコー・ドゥルーズ・デリダ』『夏目漱石論』『表層批評宣言』『監督　小津安二郎』『「ボヴァリー夫人」論』『ショットとは何か』『ジョン・フォード論』他多数がある。

ショットとは何《なに》か　実《じっ》践《せん》編《へん》

二〇二四年三月一八日　第一刷発行
二〇二四年五月一〇日　第二刷発行

著者　蓮實《はすみ》重彦《しげひこ》
発行者　森田浩章
発行所　株式会社講談社
〒一一二‐八〇〇一　東京都文京区音羽二‐一二‐二一
電話　出版　〇三‐五三九五‐三五〇四
販売　〇三‐五三九五‐五八一七
業務　〇三‐五三九五‐三六一五

本文データ制作　講談社デジタル製作
印刷所　株式会社ＫＰＳプロダクツ
製本所　株式会社国宝社

KODANSHA

ISBN978-4-06-534269-5